비전공자나 **초보자**가 기본이 탄탄한 실력 있는 개발자가 되기 위한 기본서!

동작 원리를 그림으로 설명한
컴퓨터 구조와 운영체제

비전공자부터 개발자까지 쉽게 이해하는! 그림 해설 중심 학습서!

동작 원리를 그림으로 설명한
컴퓨터 구조와 운영체제

비전공자부터 개발자까지 쉽게 이해하는! 그림 해설 중심 학습서!

초판 1쇄 발행 | 2025년 03월 30일

지은이 | C.I.K 저
펴낸이 | 김병성
펴낸곳 | 앤써북

출판사 등록번호 | 제 382-2012-0007 호
주소 | 경기도 파주시 탄현면 방촌로 548
전화 | 070-8877-4177
FAX | 031-942-9852
도서문의 | 앤써북 카페 http://cafe.naver.com/answerbook

ISBN | 979-11-93059-47-0 13000

- 이 책의 일부 혹은 전체 내용을 무단 복사, 복제, 전재하는 것은 저작권법에 저촉됩니다.
- 본문 중에서 일부 인용한 모든 프로그램은 각 개발사(개발자)와 공급사에 의해 그 권리를 보호합니다.
- 앤써북은 독자 여러분의 의견에 항상 귀기울이고 있습니다.

[안내]
- 이 책은 다양한 전자 부품을 활용하여 예제를 실습할 수 있습니다. 단, 전자 부품을 잘못 사용할 경우 파손 외 2차적인 피해가 발생할 수 있으니, 실습 시 반드시 책에서 표시된 내용을 준수하여 사용해야 함을 고지합니다.
- 이 책에 내용을 기반으로 실습 및 운용 결과에 대해 저자, 소프트웨어 개발자 및 제공자, 앤써북 출판사, 서비스 제공자는 일체의 책임지지 않음을 안내드립니다.
- 이 책에 소개된 회사명, 제품명은 각 회사의 등록 상표 또는 상표이며 본문 중 TM, ©, ® 마크 등을 생략하였습니다.
- 이 책은 소프트웨어, 플랫폼, 서비스 등은 집필 당시 신 버전으로 설명하였습니다. 단, 독자의 학습 시점에 따라 책의 내용과 일부 다를 수 있습니다.

Preface
머리말

컴퓨터는 세상에 나 온지 불과 70년만에 세상을 바꾼 혁명적 도구가 되었습니다. 사람의 생활 방식, 소통 방식, 작업 방식, 생각하는 방식까지 많은 부분을 크게 바꾸어 놓았죠. 먼 미래에서 이 시대를 평가한다면 아마 인간이 최초로 불을 이용하기 시작한 것과 같은 혁명적인 시기로 여겨질 듯합니다.

현대 산업에서 컴퓨터는 없어서는 안될 필수 도구가 되었습니다. 과거에는 관련 없어 보였던 자동차, 물류, 금융, 유통, 건축, 방송, 조선 등을 포함한 대부분의 산업에서 다방면으로 활용되고 있고 잘 활용하지 못한다면 기업 경쟁력을 유지하기 어려울 만큼 그 비중이 높아졌죠.

세계 시가 총액 10위 중[1] 과반 이상 이 컴퓨터의 하드웨어와 소프트웨어를 제작하는 회사들인 것만 봐도 컴퓨터가 얼마나 많이 사용되는 도구라는 것을 알 수 있습니다.

이러한 시대에 컴퓨터를 활용할 수 있는 인재가 크게 각광받고 있습니다. 특히 컴퓨터를 동작시키는 소프트웨어를 개발할 수 있는 능력을 보유한 개발자의 인기는 대단 합니다. 기업들에게 개발자의 인력난은 어제 오늘의 이야기가 아닙니다. 수많은 기업에서 실력 있는 개발자를 데려오기 위한 구인 경쟁이 치열하고 이를 위해 개발자에 대한 연봉, 복지 등의 대우도 나날이 좋아지고 있는 것이 현실이죠. 상황이 이렇다 보니 턱없이 부족한 개발자의 자리를 메꾸기 위해 비전공자라도 실력만 있다면 기꺼이 채용하고 있습니다. 이렇게 비전공자에게도 기회가 열리자 많은 이들이 소프트웨어 개발자가 되기 위한 도전을 하고 있습니다.

하지만 안타깝게 비전공자는 전공자에 비해 실력 있는 개발자로 성장하기 어렵습니다. 실력 있는 소프트웨어 개발자로 성장하기 위해서는 반드시 컴퓨터 공학(또는 컴퓨터 과학)을 배워야 하는데, 그 기회가 적기 때문이죠.

이 책은 컴퓨터 공학에서 가장 중요한 컴퓨터 구조와 운영체제를 다룬 것으로 실력 있는 개발자로 성장하고 싶은 비전공자 혹은 입문자가 혼자서도 공부할 수 있도록 구성하였습니다.

이 책을 통해 누군가 실력 있는 개발자로 성장한다면 필자는 충분한 보람을 느낄 것 같습니다.

C.I.K.

---

[1] 2025년 기준으로 애플, 마이크로소프트, 구글, NVIDA, 아마존, 메타, 테슬라

Reader Support Center
독자 지원 센터

[책 소스 다운로드 / 정오표 / Q&A / 긴급 공지]

이 책의 실습에 필요한 책 소스 파일 다운로드, 정오표, Q&A 방법, 긴급 공지 사항 같은 안내 사항은 PC 기준으로 안내드리면 앤써북 공식 카페의 [종합 자료실]에서 [도서별 전용 게시판]을 이용하시면 됩니다.

앤써북 네이버 카페에서 [종합 자료실] 아이콘(❶)을 클릭한 후 종합자료실 게시글에 설명된 표에서 216번 목록 우측 도서별 전용 게시판 링크 주소(❷)를 클릭하거나 아래 QR 코드로 바로가기 합니다. 도서 전용 게시판에서 설명하는 절차로 책소스 파일 다운로드, 정오표, 필독사항 등을 안내 받을 수 있습니다.

➡ 앤써북 공식 네이버 카페 종합자료실
https://cafe.naver.com/answerbook/5858

➡ 도서 전용게시판 바로가기
https://cafe.naver.com/answerbook/7634

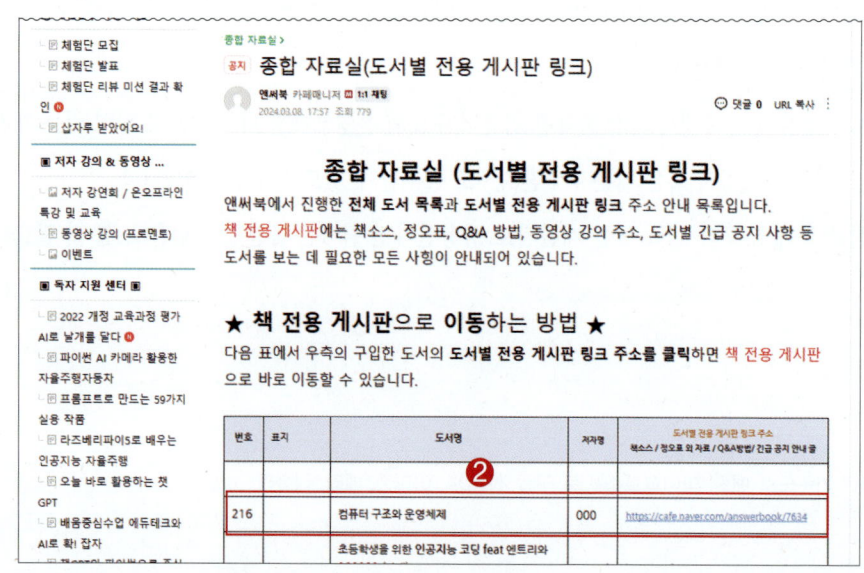

[앤써북 공식 체험단]

앤써북에서 출간되는 도서와 키트 등 신간 책을 비롯하여 연관 상품을 체험해 볼 수 있습니다. 체험단은 수시로 모집하기 때문에 앤써북 카페 공식 체험단 게시판에 접속한 후 "즐겨찾기" 버튼(❶)을 눌러 [채널 구독하기] 버튼(❷)을 눌러 즐겨찾기 설정해 놓거나, 새글 구독을 우측으로 드래그하여 ON으로 설정해 놓으면 새로운 체험단 모집 글(❸)을 메일로 자동 받아보실 수 있습니다.

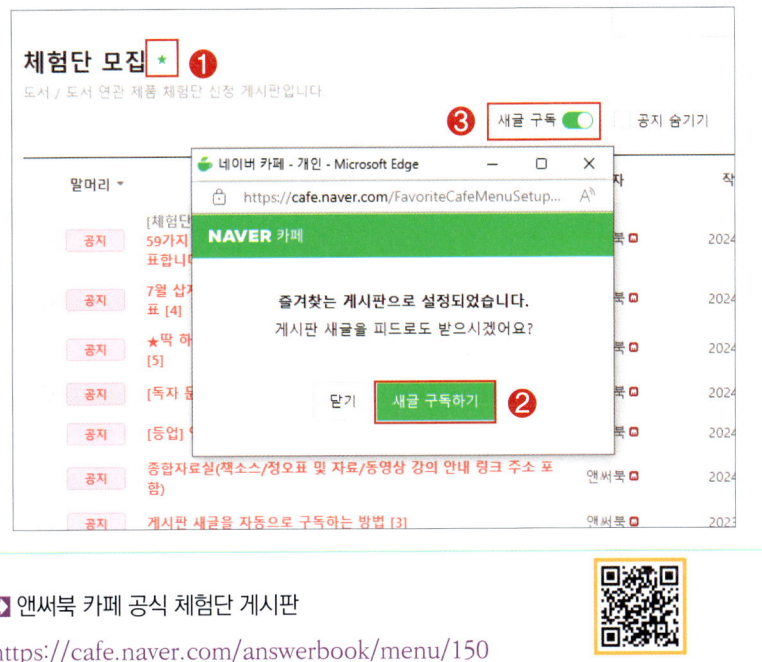

▶ 앤써북 카페 공식 체험단 게시판
https://cafe.naver.com/answerbook/menu/150

▲ 체험단 바로가기 QR코드

[저자 강의 안내]

앤써북에서 출간된 책 관련 주제의 온·오프라인 강의는 특강, 유료 강의 형태로 진행됩니다. 강의 관련해서는 아래 게시판을 통해서 확인해주세요. "앤써북 저자 강의 안내 게시판"을 통해서 앤써북 저자들이 진행하는 다양한 온·오프라인 강의를 확인할 수 있습니다.

▶ 앤써북 강의 안내 게시판
https://cafe.naver.com/answerbook/menu/144

▲ 저자 강의 안내 게시판 바로가기 QR코드

Contents
목 차

CHAPTER 1 컴퓨터 구조에 들어가기 전 알아야 하는 것

1.1 컴퓨터 구조를 배우는 이유 • 14
   1.1.1 입문자를 위한 컴퓨터 구조 • 15
   1.1.2 운영체제도 함께 배워야 하는 이유 • 16

1.2 컴퓨터의 종류 • 17
   1.2.1 데스크톱, 랩톱 • 17
   1.2.2 스마트폰, 태블릿 • 19
   1.2.3 임베디드 시스템 • 19
   1.2.4 메인 프레임 • 20

1.3 컴퓨터가 다루는 데이터란? • 22
   1.3.1 비트로 이루어진 데이터 • 22
   1.3.2 비트를 논리 연산하는 논리 게이트 • 24
   1.3.3 문자 데이터 • 26
   1.3.4 색상 데이터 • 29
   1.3.5 소리 데이터 • 30

1.4 마무리 • 31

CHAPTER 2 컴퓨터를 구성하는 장치

2.1 컴퓨터의 기본 구성 장치 • 34
   2.1.1 CPU • 34
   2.1.2 메모리 • 35
   2.1.3 주변 장치 • 35
   2.1.4 메인보드 • 36

2.2 CPU • 37
   2.2.1 CPU 기본 구성 • 37
   2.2.2 CPU 동작 과정 • 39
   2.2.3 산술 논리 장치 • 41
   2.2.4 CPU의 성능을 향상시키는 기술 • 46
   2.2.5 CPU vs MPU vs MCU vs AP • 49

2.3 메인보드 • 52
   2.3.1 시스템 버스 • 52
   2.3.2 구성 장치 • 53

2.4 메모리 • 56
　2.4.1 CPU와 상호 동작 • 56
　2.4.2 메모리의 종류 • 57
　2.4.3 내부 구성 • 60
　2.4.4 속도 향상 기술 • 64

2.5 마무리 • 67

CHAPTER 3 CPU는 어떻게 사칙 연산 할까?

3.1 정수의 사칙 연산 • 70
　3.1.1 정수의 구조와 종류 • 70
　3.1.2 정수 가산기 • 74
　3.1.3 정수 감산기 • 79
　3.1.4 정수 곱셈기 • 84
　3.1.5 정수 나눗셈기 • 86
　3.1.6 이동기 • 89

3.2 실수 • 91
　3.2.1 실수 구조 • 91
　3.2.2 사칙 연산 • 96

3.3 마무리 • 103

CHAPTER 4 CPU가 처리하는 명령어

4.1 명령어들의 집합체, 프로그램 • 106
　4.1.1 프로그램을 만드는 과정 • 106
　4.1.2 프로그램의 실행 • 107

4.2 명령어 • 108
　4.2.1 명령어 구조 • 108
　4.2.2 명령어 테이블 • 109
　4.2.3 주소 지정 방식 • 113

4.3 명령어 처리 • 116
　4.3.1 명령어 처리 준비 • 116
　4.3.2 명령어를 처리하기 위한 CPU 내부 구조 • 118

Contents
목 차

    4.3.3 명령어 주기 • 120
    4.3.4 명령어 처리 과정 • 121
  4.4 마무리 • 125

CHAPTER 5 페이지화

  5.1 페이지화 • 128
    5.1.1 외부 단편화 문제 • 128
    5.1.2 페이지화 해보기 • 130
  5.2 논리적 공간과 물리적 공간 • 132
    5.2.1 논리적 공간을 물리적 공간으로 사상 • 132
    5.2.2 페이지 테이블 • 133
    5.2.3 메모리 관리 장치 • 136
  5.3 페이지 교체 • 138
    5.3.1 1단계: 페이지 폴트 인터럽트 • 139
    5.3.2 2단계: 스왑 아웃 • 130
    5.3.3 3단계: 스왑 인 • 141
  5.4 마무리 • 142

CHAPTER 6 다양한 기억 장치

  6.1 기억 장치의 종류 • 146
  6.2 레지스터 • 147
  6.3 캐시 • 148
  6.4 메모리 • 151
    6.4.1 램 • 151
    6.4.2 롬 • 151
  6.5 스토리지 • 153
    6.5.1 SSD • 153
    6.5.2 HDD • 154
    6.5.3 USB 플래시 드라이브 • 154
  6.6 마무리 • 155

CHAPTER 7 데이터 전달 구조

7.1 데이터 지역성 • 158
    7.1.1 반복문에서 나타나는 데이터 지역성 • 158
    7.1.2 데이터 전달 구조 • 161

7.2 캐시 • 164
    7.2.1 캐시 내부 구조 • 164
    7.2.2 캐싱 • 166
    7.2.3 캐시 적중률 • 171

7.3 마무리 • 171

CHAPTER 8 주변 장치

8.1 주변 장치 종류 • 174

8.2 주변 장치의 구조와 연결 방식 • 176
    8.2.1 일반적인 구조 • 176
    8.2.2 연결 방식 • 178
    8.2.3 응용 프로그램에서 주변 장치 접근 방법 • 182

8.3 아날로그 신호와 디지털 데이터의 상호 변환 • 184
    8.3.1 ADC와 DAC • 184
    8.3.2 신호의 변환 과정 • 185

8.4 HDD와 SSD • 187
    8.4.1 HDD • 187
    8.4.2 SSD • 193

8.5 GPU • 195
    8.5.1 CPU vs GPU • 195
    8.5.2 동작 과정 • 197

8.6 데이터 입출력 방법 • 198
    8.6.1 프로그램 입출력 • 198
    8.6.2 인터럽트 • 199
    8.6.3 직접 메모리 접근 • 200

8.7 마무리 • 201

Contents
목 차

CHAPTER 9 인터럽트

- 9.1 인터럽트 종류 • 2034
  - 9.1.1 트랩 • 204
  - 9.1.2 외부 인터럽트 • 2045
  - 9.1.3 내부 인터럽트 • 208
- 9.2 인터럽트 처리 과정 • 210
  - 9.2.1 1단계: 인터럽트 서술자 테이블에서 엔트리 가져오기 • 211
  - 9.2.2 2단계: 프로세스의 상태 저장 • 212
  - 9.2.3 3단계: 인터럽트 함수 실행 • 213
  - 9.2.4 4단계: 프로세스 상태 복원 • 214
- 9.3 마무리 • 215

CHAPTER 10 직접 메모리 접근

- 10.1 DMA 제어기 • 218
  - 10.1.1 시스템 버스 사용권 요청 • 218
  - 10.1.2 데이터 전송 • 220
- 10.2 직접 메모리 접근 쓰기 • 221
  - 10.2.1 1단계: 설정 • 221
  - 10.2.2 2단계: 전송 • 223
  - 10.2.3 3단계: 종료 • 224
- 10.3 직접 메모리 접근 읽기 • 225
  - 10.3.1 1단계: 설정 • 225
  - 10.3.2 2단계: 전송 • 226
  - 10.3.3 3단계: 종료 • 228
- 10.4 마무리 • 229

CHAPTER 11 운영 체제

- **11.1 전체적으로 살펴보기** • 232
  - 11.1.1 운영체제의 종류 • 232
  - 11.1.2 운영체제의 역할 • 235
  - 11.1.3 운영체제의 구조 • 237
  - 11.1.4 운영체제의 부팅 • 240
- **11.2 프로세스 관리** • 241
  - 11.2.1 프로세스 제어 블록 • 241
  - 11.2.2 프로세스 스케줄링 • 243
  - 11.2.3 프로세스 상태 • 245
  - 11.2.4 문맥 전환 • 246
- **11.3 마무리** • 247

CHAPTER 12 프로세스의 구조

- **12.1 공간 구조** • 250
  - 12.1.1 코드 영역 • 251
  - 12.1.2 데이터 영역 • 251
  - 12.1.3 힙 영역 • 251
  - 12.1.4 스택 영역 • 252
- **12.2 스레드** • 255
  - 12.2.1 다중 스레드 • 255
  - 12.2.2 다중 스레드 vs 다중 프로세스 • 256
- **12.3 자원 공유 위반** • 258
  - 12.3.1 문제가 발생하는 상황 • 258
  - 12.3.2 문제 해결하기 • 260
- **12.4 마무리** • 261

CHAPTER

1

컴퓨터 구조에 들어가기 전 알아야 하는 것

이번 장에서는 본격적인 컴퓨터 구조에 들어가기 앞서 알아야 할 기본 지식들을 가볍게 다루어 보겠습니다.

1.1 컴퓨터 구조를 배우는 이유

컴퓨터는 세상에서 가장 복잡한 전자 장치입니다. 또한 체계적이고 논리적으로 동작하는 장치이기도 하죠. 컴퓨터는 CPU, 메모리, 주변 장치 등의 다양한 장치들로 구성됩니다. 컴퓨터 구조는 이러한 장치들이 어떻게 맞물려 조화롭게 동작하는지 그 기본 원리를 이해하는 과목입니다.

컴퓨터를 동작 시키기 위해서는 소프트웨어가 필요한데, 컴퓨터 구조를 이해하고 있어야 이 소프트웨어를 잘 개발할 수 있습니다. 한번 글을 쓰는 작가를 생각해 보세요. 작가는 스토리를 머릿속으로 상상하고 그것을 글로 표현합니다. 만약 스토리를 제대로 상상하지 못한다면 글로 표현하기 어려울 것입니다. 소프트웨어 개발자도 마찬가지입니다. 컴퓨터가 어떻게 동작할지 선명하게 상상을 할 수 없다면 코드를 제대로 작성할 수 없습니다. 따라서 컴퓨터 구조를 배워두면, 그 동작 원리를 이해하면서 효율적으로 코드를 작성하는 실력 있는 개발자가 될 수 있습니다. 실력 있는 개발자가 되기 위해서는 컴퓨터 구조, 운영체제, 네트워크, 자료구조, 데이터베이스, 멀티미디어 등을 배워야 하는데, 그 중에서도 특히 컴퓨터 구조와 운영체제는 컴퓨터의 동작 원리를 각각 하드웨어와 소프트웨어 관점에서 다루는 것으로, 가장 처음 배워야 하는 중요한 과목입니다.

▲ 작가

▲ 소프트웨어 개발자

1.1.1 입문자를 위한 컴퓨터 구조

컴퓨터 학부에서는 컴퓨터에 필요한 여러 가지를 개발할 수 있게 가르칩니다. 예를 들면 CPU, 메모리, 주변 장치 같은 하드웨어와 운영체제나 응용 프로그램[1], 프로그래밍 언어, 컴파일러(Compiler)[2], 동영상 압축, 음성 압축 수준의 소프트웨어입니다. 이에 따라 깊고 폭넓게 배워야 하고 어려운 수학도 많습니다. 하지만 이 모든 것을 다 습득할 필요는 없습니다. 대부분은 응용 프로그램 개발에 집중되어 있으므로 이것을 개발할 수 있는 지식만 얻어가면 충분합니다.

이 책은 응용 프로그램을 잘 개발할 수 있도록 일반적인 동작 원리를 거시적인 관점에서 다루었습니다. 따라서 소프트웨어 입문 개발자로, 컴퓨터 구조나 운영체제를 처음 배우거나 접해본 경험이 적은 분들을 대상으로 합니다. 중학교 수준의 수학 지식만 있다면 이 책을 가지고 혼자서 공부하는 데 아무런 문제가 없으니 앞으로 차근차근 잘 따라와 주세요.

---

[1] 사용자가 사용하는 프로그램으로 워드, 크롬, 엑셀 등을 일컫습니다.
[2] C, Java, C#의 프로그래밍 언어를 CPU가 인식할 수 있는 기계어로 변환해주는 프로그램

1.1.2 운영체제도 함께 배워야 하는 이유

컴퓨터 자체는 하드웨어입니다. 이것을 동작하게 만드는 것이 소프트웨어이죠. 컴퓨터는 하드웨어만으로 동작하지 못하고 그것을 동작 시키기 위한 소프트웨어가 필요합니다. 운영체제는 응용 프로그램과 컴퓨터 하드웨어 사이에서 동작하는 프로그램으로 응용 프로그램이 하드웨어에 접근하고 싶을 때 중간에서 대리 접근해준다고 볼 수 있습니다. 따라서 운영체제는 컴퓨터의 동작 원리를 이해하기 위한 아주 중요한 소프트웨어라고 할 수 있습니다. 하드웨어 동작만 다루면 전체 동작 원리를 완전히 이해하기 어렵기 때문에 운영체제도 함께 알고 있어야 합니다.

이 책에서는 컴퓨터 구조를 중심으로 운영체제도 함께 다룹니다. 운영체제도 깊이 들어가면 분량이 방대해지지만, 응용 프로그램을 잘 만들기 위한 수준으로만 공부해도 충분하므로 여기서는 필요한 내용 위주로 담았습니다.

> **Note 실력있는 개발자가 되기 위한 두 가지 역량**
>
> 실력 있는 개발자가 되기 위해서는 여러 역량을 갖춰야 합니다. 그 중에서도 2가지를 꼽자면 바로 논리 사고력과 컴퓨터 공학 지식입니다.
>
> 먼저 논리 사고력입니다. 컴퓨터를 동작 시키려면 명령어를 작성해야 합니다. 그러한 작업을 코딩이라고 하죠. 이 코딩은 고도의 논리적 사고 능력을 요하는 작업으로 개발자에게 매우 필요한 능력이라고 할 수 있습니다. 보통 수학과 알고리즘을 공부하면서 그 능력을 향상시킬 수 있습니다. 많은 회사가 채용 과정에서 코딩 테스트를 하는 이유도 바로 여기에 있습니다.
>
> 다음으로 컴퓨터 공학 지식이 필요합니다. 컴퓨터 공학은 컴퓨터가 어떻게 만들어 졌으며 어떻게 동작하는지 그 원리를 이해하는 학문입니다. 만약 제대로 이해하지 못한다면 제대로 된 소프트웨어를 개발을 할 수 없습니다. 역시 채용 과정의 면접 단계에서 컴퓨터 공학 지식을 얼마나 이해하고 있는지를 테스트하고 있습니다.
>
> 이 두 가지 능력이 충분한 상태가 되어야 비로소 코딩도 잘 할 수 있는 것입니다. 하지만 대부분은 이 두 가지 능력을 키우려는 노력 대신 파이썬(Python)[3]이나 자바(Java)[4] 등 그 언어 자체에 대한 공부만 몰두합니다. 그런 방식으로는 실력이 잘 늘지 않습니다. 만약 프로 농구 선수가 되고 싶다고 가정해 봅시다. 그런데 운동 선수가 되기 위한 기본 능력인 운동 신경과 기초 체력이 없는 상태에서 레이-업, 덩크-슛 등 표면적인 농구 기술만 연습하면 과연 실력 있는 농구 선수로 성장할 수 있을까요? 마찬가지입니다. 개발자에게는 위에서 언급한 두 가지 기본 능력이 뒷받침되어야 코딩을 잘 할 수 있는 것입니다.

---

[3] 데이터를 수집하고 분석하며 시각화하기 용이한 프로그래밍 언어입니다. 그래서 데이터를 다루는 딥러닝, 빅데이터 분야에서 많이 사용됩니다.

[4] 객체지향 프로그래밍 언어로 스마트폰의 안드로이드, 웹 서버 등 여러 분야에서 폭 넓게 사용되고 있습니다.

1.2 컴퓨터의 종류

세상에는 많은 종류의 컴퓨터가 있습니다. 목적에 따라 분류하면 크게 데스크톱, 랩톱, 스마트폰, 태블릿, 임베디드 시스템, 메인 프레임으로 나눌 수 있습니다. 컴퓨터의 종류가 워낙 다양해 그것을 이루는 각각의 기술도 많이 달라 보입니다. 하지만 모든 컴퓨터의 기본 구조와 동작 원리는 크게 다르지 않습니다. 이러한 기본을 이해하고 나면 세상의 다양해 보이던 컴퓨터들도 그 원리는 별반 다르지 않다는 것을 알 수 있습니다. 이러한 근본 원리인 컴퓨터 구조를 이해하기 앞서 컴퓨터의 종류와 종류별로 어떤 목적을 가지는지 먼저 알아보겠습니다. 또한 운영체제는 어떤 것들이 사용되고 있는지도 알아보겠습니다.

1.2.1 데스크톱, 랩톱

데스크톱(Desktop)은 용어 그대로 책상 위에 올려 놓고 사용한다는 의미를 가집니다. 사무실이나 가정에서 사무용, 인터넷용, 게임용으로 널리 사용되고 있습니다. 사용자는 입력 장치로 보통 키보드, 마우스를 사용해서 컴퓨터를 조작하게 됩니다. 이 데스크톱은 그 위에서 돌아가는 운영체제의 종류에 따라 크게 두 가지로 분류할 수 있습니다. 바로 마이크로소프트사(Microsoft)의 윈도우(Windows)를 사용하는 컴퓨터와 애플(Apple)사의 macOS를 사용하는 컴퓨터입니다. 둘은 서로 호환되지 않아 각자 독자적인 생태계를 구축하고 있습니다. 운영체제가 다르면 그 위에서 돌아가는 프로그램의 구조가 다르고 그 컴퓨터가 처리하는 명령어 구조도 달라지기 때문에 서로 호환할 수 없습니다.

랩톱(Laptop)은 데스크톱 기능은 그대로 가져오되, 휴대할 수 있게 만든 컴퓨터입니다. 휴대가 편하다는 장점이 있지만 키보드, 터치패드❺, 모니터, 본체가 일체형으로 만들어져 부품을 교체하기 어렵다는 단점이 있습니다. 데스크톱과 마찬가지로 윈도우와 macOS를 운영체제로 사용합니다. 흔히 노트북이라고 부릅니다.

1.2.1.1 윈도우 컴퓨터

윈도우 운영체제를 사용하는 컴퓨터들은 대부분 IBM 호환 컴퓨터입니다. 여기서 IBM 호환(IBM PC compatible)이란 IBM사에서 공개한 컴퓨터의 하드웨어 및 소프트웨어 규격으로, 이 규격에 맞게 제작된 제품들끼리 자유롭게 설치 및 교체할 수 있는 기술을 말합니다. 시장에는 이 규격에 맞는 CPU, 메모리, 그래픽 카드 등의 장치가 다양하게 판매되고 있어 이것들을 자유롭게 선택하여 맞춤형 컴퓨터를 만들 수 있습니다.

▲ Windows가 설치된 랩톱

1.2.1.2 macOS 컴퓨터

macOS 운영체제를 사용하는 애플사의 컴퓨터입니다. 모니터와 본체❻ 가 합쳐진 올인원(All-In-One) 형태로 만들어 집니다. 그래서 다른 부품으로 자유롭게 교체하기 어렵다는 단점이 있습니다.

▲ macOS

---

❺ 랩톱에서 마우스 대신하여 사용할 수 있는 입력 장치
❻ CPU, 메모리, 메인보드, 스토리지, 그래픽 카드 같은 장치들이 모아져 설치된 컴퓨터의 큰 단위 구성품

1.2.2 스마트폰, 태블릿

스마트폰(Smart Phone)은 휴대 가능한 작은 크기의 컴퓨터로 보통 전화 기능도 같이 제공하고 있어 세상에서 가장 폭 넓게 사용되고 있습니다. 휴대가 용이한 대신 화면이 작고 입력으로 터치 스크린을 사용하므로 입력이 정교하기 어렵습니다. 그래서 그래픽 작업, 문서 작성, 소프트웨어 개발 등의 전문 작업용으로 사용되기는 어렵고 보다 간단한 조작으로 사용할 수 있는 SNS, 인터넷 서핑, 메일 작성 등의 용도로 사용됩니다. 운영체제로는 iOS❼와 안드로이드❽ 가 있습니다.

▲ iOS가 설치된 스마트폰

태블릿(Tablet)은 스마트폰의 기능과 거의 같고 보다 큰 화면을 제공합니다.

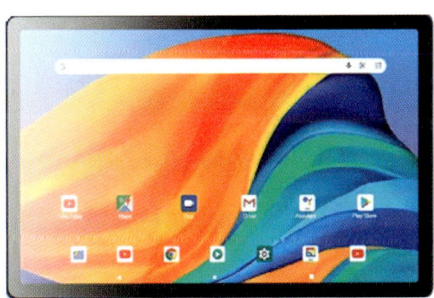

▲ 안드로이드가 설치된 태블릿

1.2.3 임베디드 시스템

임베디드 시스템(Embedded System)은 특정 기능만을 수행하도록 만들어진 컴퓨터로서 드론(Drone), 셋톱 박스❾(Set-Top Box), 키오스크(Kiosk), CCTV, 세탁기, TV, 전자레인지, 블랙박스, 네비게이션, 자동차 등이 있습니다. 데스크톱, 랩톱, 스마트폰, 태블릿

---

❼ 애플의 아이폰, 아이패드, 아이팟 같은 모바일 컴퓨터에 설치되는 운용체제입니다.
❽ 스마트폰, 태블릿 같은 모바일 컴퓨터에 설치되는 리눅스 기반의 운영체제입니다. 구글에서 개발하고 있습니다.
❾ 케이블/위성 방송이나 인터넷 스트리밍 같이 텔레비전 수상기에서 자체적으로 수신할 수 없는 방송을 수신할 수 있게 도와주는 장치

은 사용자가 다양한 프로그램을 자유롭게 설치하고 삭제할 수 있습니다. 이에 반해 임베디드 시스템은 특정 기능을 수행하는 소수의 소프트웨어만 들어갑니다. 그러므로 임베디드 시스템은 그 소프트웨어를 돌리는데 문제없을 정도의 최소 또는 최적의 하드웨어로 만들어집니다. 운영체제로는 특히 리눅스[10]가 많이 사용되는데, 오픈 소스라서 필요한 기능만을 넣어 경량화 할 수 있기 때문입니다. 심지어 운영체제 없이 응용 프로그램 한 개 만 설치되어 동작하는 컴퓨터도 있습니다[11]. 요즘 떠오르는 IoT(Internet of Things, 사물 인터넷)는 이 임베디드 시스템에 인터넷 기능이 들어간 것입니다.

▲ 드론 - 임베디드 시스템

1.2.4 메인 프레임

메인 프레임(Mainframe)은 대용량 데이터를 고속 처리할 수 있는 고성능 컴퓨터입니다. 보통 인터넷을 통한 다량의 클라이언트 요청을 처리할 수 있는 서버용 컴퓨터로 사용됩니다. 그래서 고성능의 멀티 코어 CPU 또는 멀티 CPU, 고용량 스토리지, 고용량 메모리 등이 들어 갑니다. 무겁고 크기 때문에 한번 설치되면 거의 이동 없이 고정된 위치에서 사용됩니다. 또한 소음이 크고 안정적인 전력을 필요로 하므로 IDC(Internet Data Center)[12] 같은 곳에 설치되고 주로 외부에서 인터넷으로 접속하여 컴퓨터를 조작하게 됩니다. 요즘 '클라우드'라고 표현하는 경우가 있는데, 그것의 실체가 바로 이 메인 프레임입니다. 운영체제로는 리눅스(Linux)와 윈도우가 많이 사용되고 있습니다.

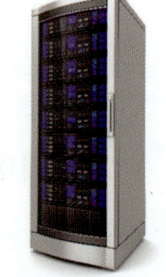

▲ 메인 프레임

---

[10] 오픈소스 운영체제로서 개발자가 자유롭게 코드를 수정, 배포할 수 있는 이점이 있어, 스마트폰, 메인 프레임, 임베디드 시스템 등의 운영체제로 다양한 분야에서 폭 넓게 사용되고 있습니다.
[11] 11.1.1.2에서 설명합니다.
[12] 안정적인 인터넷과 전원 공급, 화재 예방, 누수 방지, 온 습도 조절 등의 시설이 갖추어진 곳으로, 메인 프레임에 최적의 환경을 제공하는 시설

Note 서버와 클라이언트

컴퓨터 간에 데이터를 주고받기 위해서는 먼저 네트워크 기술을 이용해 접속을 맺어야 합니다. 이때 접속을 요청하는 측을 클라이언트(Client), 접속 요청을 받아들이는 측을 서버(Server)라고 합니다. 그래서 클라이언트와 서버는 N:1 관계를 가집니다. 보통은 데스크톱, 랩톱, 태블릿, 모바일의 개인용 컴퓨터(Personal Computer, PC)가 클라이언트가 됩니다. 서버는 다량의 클라이언트 요청을 처리해야 하므로 고성능의 메인 프레임 컴퓨터가 주로 사용됩니다.

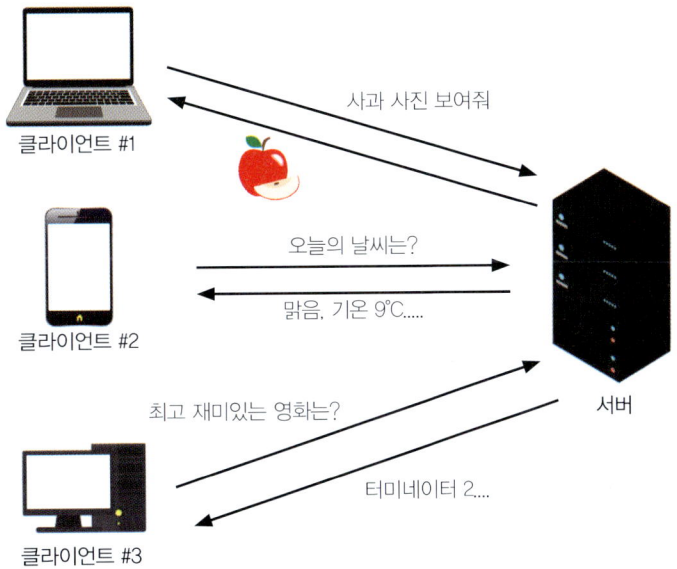

서버는 주로 "서비스 제공자" 역할을 하고 클라이언트는 서비스를 요청하는 "서비스 소비자" 역할을 합니다. 예를 들어 검색하기 위해 모바일 등에서 크롬 등의 웹-브라우저를 사용할 때를 생각해 봅시다. 이것이 바로 구글 검색 서버에 접속할 수 있는 클라이언트 프로그램이 됩니다. 사용자(클라이언트)가 검색어를 입력해 구글 서버(서버)에 관련 정보를 요청하면, 구글 서버는 그 검색 결과를 보내 줍니다.

1.3 컴퓨터가 다루는 데이터란?

컴퓨터는 디지털 데이터를 다루는[13] 장치라고 할 수 있습니다. 이 데이터는 비트로 이루어져 있는데, 컴퓨터는 이것을 숫자로 인식하여 계산할 수 있을 뿐만 아니라, 문자, 색상, 소리 등으로도 나타낼 수도 있습니다. 이러한 데이터는 무엇인지 알아보겠습니다.

1.3.1 비트로 이루어진 데이터

컴퓨터에서 데이터는 0과 1 이렇게 두 가지 상태만 가질 수 있는 비트로 구성됩니다. 그래서 0과 1 이렇게 두 개의 숫자만을 사용하는 2진수[14]로 표현합니다.

$$01011100$$
⊢——— 8비트 ———⊣

1.3.1.1 데이터 양

비트가 1이 증가할수록 데이터 양은 2배씩 증가합니다. 그래서 비트 길이에 따라 표현할 수 있는 데이터 양은 다음과 같이 계산할 수 있습니다.

$$2^n \text{ 비트} = \text{데이터 양}$$

8비트로 나타낼 수 있는 데이터 양은 $256(=2^8)$개이고 16비트는 $65536(=2^{16})$개가 됩니다.

---

[13] 여기서 다룬다는 말은 추상적인 표현으로 데이터의 복사, 입/출력, 연산 등의 동작을 의미합니다.
[14] 0과 1이라는 두 개의 숫자만을 사용하여 수를 나타내는 진법을 말합니다. 미적분학의 창시자이기도 한 고트프리트 빌헬름 라이프니츠가 고안하였습니다.

1.3.1.2 데이터 단위

1비트로 담을 수 있는 정보양은 너무 적기 때문에 컴퓨터는 8비트를 묶은 1바이트를 기본 단위로 사용합니다. 다음은 컴퓨터에서 데이터의 단위를 나타냈습니다.

1바이트(Byte)	8비트(Bit)
1킬로 바이트(Kilo Byte)	1000바이트
1메가 바이트(Mega Byte)	1000킬로 바이트
1기가 바이트(Giga Byte)	1000메가 바이트
1테라 바이트(Tera Byte)	1000기가 바이트

▲ 데이터 단위

1.3.1.3 16진수 표현

데이터를 2진수로 표현할 경우 비트가 길어지면 보기 어렵다는 문제가 있습니다. 그래서 16진수로 바꾸어 표현하는 경우가 많습니다. 보통은 10진수 체계로 사고하는데 익숙해져 있기 때문에 처음 2진수, 16진수를 접하게 되면 어려움을 느낍니다. 하지만 처음에만 그렇지 계속 보다 보면 금방 익숙해질 것입니다. 8비트 길이의 데이터를 10진수, 2진수, 16진수로 표현하면 다음과 같습니다. 이때 2진수는 0b❺, 16진수는 0x❻를 앞에 추가하여 진수를 표기합니다.

10진수	2진수	16진수
0	0b00000000	0x00
1	0b00000001	0x01
2	0b00000010	0x02
3	0b00000011	0x03
4	0b00000100	0x04
5	0b00000101	0x05
6	0b00000110	0x06
7	0b00000111	0x07
8	0b00001000	0x08
9	0b00001001	0x09
10	0b00001010	0x0A
11	0b00001011	0x0B
12	0b00001100	0x0C
13	0b00001101	0x0D
14	0b00001110	0x0E
15	0b00001111	0x0F
16	0b00010000	0x10
17	0b00010001	0x11
18	0b00010010	0x12
⋮	⋮	⋮

▲ 10진수, 2진수, 16진수

❺ b는 binary(=2개라는 의미)의 첫번째 글자입니다.
❻ x는 hex decimal(=16개라는 의미)의 세번째 글자입니다.

1.3.2 비트를 논리 연산하는 논리 게이트

이렇게 2진수로 표현되는 비트는 논리 게이트(Logic gate)를 통해 논리 연산을 합니다. 논리 게이트는 반도체[17] 로 만들어지며, 이 논리 게이트를 조합 및 연결하면 CPU, 메모리, 주변 장치 등 컴퓨터를 구성하는 다양한 하드웨어 장치들을 만들 수 있습니다. 논리 연산할 때 논리 게이트의 입력과 출력에 비트의 0 또는 1 신호가 흐르게 됩니다. 실제 전기적으로는 0이면 0V 전압이, 1이면 5V 또는 3.3V 전압[18]이 흐르게 됩니다. 논리 게이트를 알아보겠습니다.

논리 연산	설명	진리표	기호
NOT	입력을 반전(Invert)[19] 하여 출력[20] 합니다.	A X 0 1 1 0	
AND	A, B 두 입력이 1인 경우에만 출력 X가 1이 됩니다.	A B X 0 0 0 0 1 0 1 0 0 1 1 1	
NAND	AND 연산의 출력을 반전합니다.	A B X 0 0 1 0 1 1 1 0 1 1 1 0	
OR	A, B 두 입력이 0인 경우에만 출력 X가 0이 됩니다.	A B X 0 0 0 0 1 1 1 0 1 1 1 1	
NOR	OR 연산의 출력을 반전합니다.	A B X 0 0 1 0 1 0 1 0 0 1 1 0	

[17] 반도체는 도체와 부도체의 중간 성질을 가진 물질입니다. 쉽게 말하면 이 물질에 전기가 흐르게 할 수도 흐르지 않게 할 수도 있습니다. 반도체는 이렇게 전기적인 제어를 할 수 있는 소자입니다.
[18] 전압은 컴퓨터에 따라 다릅니다.
[19] 0을 반전하면 1, 1을 반전하면 0이 됩니다
[20] 입력된 비트에 대해 논리 연산한 결과를 의미합니다.

연산	설명	A	B	X
XOR	A, B 두 입력이 같으면 0, 다르면 1을 X로 출력합니다.	0	0	0
		0	1	1
		1	0	1
		1	1	0
NXOR	XOR 연산의 출력을 반전합니다.	0	0	1
		0	1	0
		1	0	0
		1	1	1

1.3.3 문자 데이터

컴퓨터가 처리하는 데이터 그 자체는 0과 1로 이루어진 숫자입니다. 그래서 문자를 사용하기 위해 문자 코드를 만들어 사용합니다. 이 문자 코드는 사용하려는 문자마다 코드(숫자)를 부여한 것입니다. 현재는 다양한 문자 코드의 종류가 있지만 가장 많이 사용되는 아스키 코드와 유니코드에 대해 알아보겠습니다.

1.3.3.1 아스키 코드

아스키 코드(American Standard Code for Information Interchange, ASCII)는 컴퓨터 초창기에 지정되어 여전히 널리 사용되고 있습니다. 아스키 코드는 7비트를 사용한 0~127(=0x7F)까지로 주로 로마자 위주의 문자가 지정 되어있습니다. 이 아스키 코드는 현재 대부분의 문자 코드의 근간이 됩니다.

제어 문자			공백 문자		구두점		알파벳		숫자
10진수	16진수	문자	10진수	16진수	문자	10진수	16진수	문자
0	0x00	NUL	43	0x2B	+	86	0x56	V
1	0x01	SOH	44	0x2C	,	87	0x57	W
2	0x02	STX	45	0x2D	-	88	0x58	X
3	0x03	ETX	46	0x2E	.	89	0x59	Y
4	0x04	EOT	47	0x2F	/	90	0x5A	Z
5	0x05	ENQ	48	0x30	0	91	0x5B	[
6	0x06	ACK	49	0x31	1	92	0x5C	₩
7	0x07	BEL	50	0x32	2	93	0x5D	]

8	0x08	BS	51	0x33	3	94	0x5E	^
9	0x09	HT	52	0x34	4	95	0x5F	_
10	0x0A	LF	53	0x35	5	96	0x60	`
11	0x0B	VT	54	0x36	6	97	0x61	a
12	0x0C	FF	55	0x37	7	98	0x62	b
13	0x0D	CR	56	0x38	8	99	0x63	c
14	0x0E	SO	57	0x39	9	100	0x64	d
15	0x0F	SI	58	0x3A	:	101	0x65	e
16	0x10	DEL	59	0x3B	;	102	0x66	f
17	0x11	DC1	60	0x3C	<	103	0x67	g
18	0x12	DC2	61	0x3D	=	104	0x68	h
19	0x13	DC3	62	0x3E	>	105	0x69	i
20	0x14	DC4	63	0x3F	?	106	0x6A	j
21	0x15	NAK	64	0x40	@	107	0x6B	k
22	0x16	SYN	65	0x41	A	108	0x6C	l
23	0x17	ETB	66	0x42	B	109	0x6D	m
24	0x18	CAN	67	0x43	C	110	0x6E	n
25	0x19	EM	68	0x44	D	111	0x6F	o
26	0x1A	SUB	69	0x45	E	112	0x70	p
27	0x1B	ESC	70	0x46	F	113	0x71	q
28	0x1C	FS	71	0x47	G	114	0x72	r
29	0x1D	GS	72	0x48	H	115	0x73	s
30	0x1E	RS	73	0x49	I	116	0x74	t
31	0x1F	US	74	0x4A	J	117	0x75	u
32	0x20	SP	75	0x4B	K	118	0x76	v
33	0x21	!	76	0x4C	L	119	0x77	w
34	0x22	"	77	0x4D	M	120	0x78	x
35	0x23	#	78	0x4E	N	121	0x79	y
36	0x24	$	79	0x4F	O	122	0x7A	z
37	0x25	%	80	0x50	P	123	0x7B	{
38	0x26	&	81	0x51	Q	124	0x7C	|
39	0x27	'	82	0x52	R	125	0x7D	}
40	0x28	(	83	0x53	S	126	0x7E	~
41	0x29	)	84	0x54	T	127	0x7F	DEL
42	0x2A	*	85	0x55	U			

▲ 아스키 코드 목록

1.3.3.2 유니코드

세계의 많은 문자들을 표현하기 위해 새로운 유니코드(Unicode)가 재정됩니다. 유니코드에는 1114111(=0x10FFFF)개의 세계 문자가 지정 되어있습니다[21]. 이 유니코드는 기존 아스키 코드와 호환하기 위해 0~127(=0x7F)까지는 아스키 코드와 동일하게 만들었습니다.

U+	0	1	2	3	4	5	6	7	8	9	A	B	C	D	E	F
000x	[NUL]	[SOH]	[STX]	[ETX]	[EOT]	[ENQ]	[ACK]	[BEL]	[BS]	[HT]	[LF]	[VT]	[FF]	[CR]	[SO]	[SI]
001x	[DEL]	[DC1]	[DC2]	[DC3]	[DC4]	[NAK]	[SYN]	[ETB]	[CAN]	[EM]	[SUB]	[ESC]	[FS]	[GS]	[RS]	[US]
002x	[SP]	!	"	#	$	%	&	'	(	)	*	+	,	-	.	/
003x	0	1	2	3	4	5	6	7	8	9	:	;	<	=	>	?
004x	@	A	B	C	D	E	F	G	H	I	J	K	L	M	N	O
005x	P	Q	R	S	T	U	V	W	X	Y	Z	[	₩	]	^	_
006x	`	a	b	c	d	e	f	g	h	i	j	k	l	m	n	o
007x	p	q	r	s	t	u	v	w	x	y	z	{			}	~	[DEL]
30Ax	゠	ァ	ア	ィ	イ	ゥ	ウ	ェ	エ	ォ	オ	カ	ガ	キ	ギ	ク
30Bx	グ	ケ	ゲ	コ	ゴ	サ	ザ	シ	ジ	ス	ズ	セ	ゼ	ソ	ゾ	タ
30Cx	ダ	チ	ヂ	ッ	ツ	ヅ	テ	デ	ト	ド	ナ	ニ	ヌ	ネ	ノ	ハ
30Dx	バ	パ	ヒ	ビ	ピ	フ	ブ	プ	ヘ	ベ	ペ	ホ	ボ	ポ	マ	ミ
30Ex	ム	メ	モ	ャ	ヤ	ュ	ユ	ョ	ヨ	ラ	リ	ル	レ	ロ	ワ	ヮ
AC0x	가	각	갂	갃	간	갅	갆	갇	갈	갉	갊	갋	갌	갍	갎	갏
AC1x	감	갑	값	갓	갔	강	갖	갗	갘	같	갚	갛	개	객	갞	갟
AC2x	갠	갡	갢	갣	갤	갥	갦	갧	갨	갩	갪	갫	갬	갭	갮	갯
AC3x	갰	갱	갲	갳	갴	갵	갶	갷	갸	갹	갺	갻	갼	갽	갾	갿
AC4x	걀	걁	걂	걃	걄	걅	걆	걇	걈	걉	걊	걋	걌	걍	걎	걏
AC5x	걐	걑	걒	걓	걔	걕	걖	걗	걘	걙	걚	걛	걜	걝	걞	걟
2E50x	蚅	蚆	蚇	蚈	蚉	蚊	蚋	蚌	蚍	蚎	蚏	蚐	蚑	蚒	蚓	蚔
2E51x	蚕	蚖	蚗	蚘	蚙	蚚	蚛	蚜	蚝	蚞	蚟	蚠	蚡	蚢	蚣	蚤
2E52x	蚥	蚦	蚧	蚨	蚩	蚪	蚫	蚬	蚭	蚮	蚯	蚰	蚱	蚲	蚳	蚴
2E53x	蚵	蚶	蚷	蚸	蚹	蚺	蚻	蚼	蚽	蚾	蚿	蛀	蛁	蛂	蛃	蛄
2E54x	蛅	蛆	蛇	蛈	蛉	蛊	蛋	蛌	蛍	蛎	蛏	蛐	蛑	蛒	蛓	蛔
2E55x	蛕	蛖	蛗	蛘	蛙	蛚	蛛	蛜	蛝	蛞	血	衁	衂	衃	衄	衅
2E56x	衆	衇	行	衍	礼	祄	衲	衳	衱	衵	衶	衷	衸	衹	袈	祝

▲ 유니코드 일부

---

[21] https://en.wikibooks.org/wiki/Unicode/Character_reference에서 모든 유니코드를 확인할 수 있습니다.

유니코드를 데이터로 저장하는 방식, 즉 인코딩(Encoding) 방식으로는 UTF-8[22], UTF-16[23], UTF-32[24]등이 있는데 이 중 UTF-8 방식이 가장 많이 사용되고 있습니다.

UTF-8은 8비트 단위의 가변 길이 인코딩 방식입니다. 그래서 한 문자가 1~4바이트로 가변적인 크기를 가집니다. 아스키 코드와 같이 많이 사용되는 문자 일수록 좀 더 적은 데이터를 사용한다는 이점이 있기 때문에 가장 많이 사용되고 있습니다. 다음은 유니코드를 어떻게 UTF-8로 인코딩 하는지 나타냈습니다.

유니코드		UTF-8(2진수)			
비트 자릿수	코드 범위	1바이트	2바이트	3바이트	4바이트
0~7비트	0x00 ~ 0x7F	0xxxxxxx[25]			
8~11비트	0x80 ~ 0x7FF	110xxxxx	0xxxxxxx		
12~16비트	0x800 ~ 0xFFF	1110xxxx	10xxxxxx	10xxxxxx	
17~21비트	0x10000~0x1FFFF	11110xxx	10xxxxxx	10xxxxxx	10xxxxxx

▲ 유니코드 범위에 따른 UTF-8 길이

다음은 유니코드 'A', 'π', '한' 이 어떻게 UTF-8로 인코딩 되는지 나타냅니다.

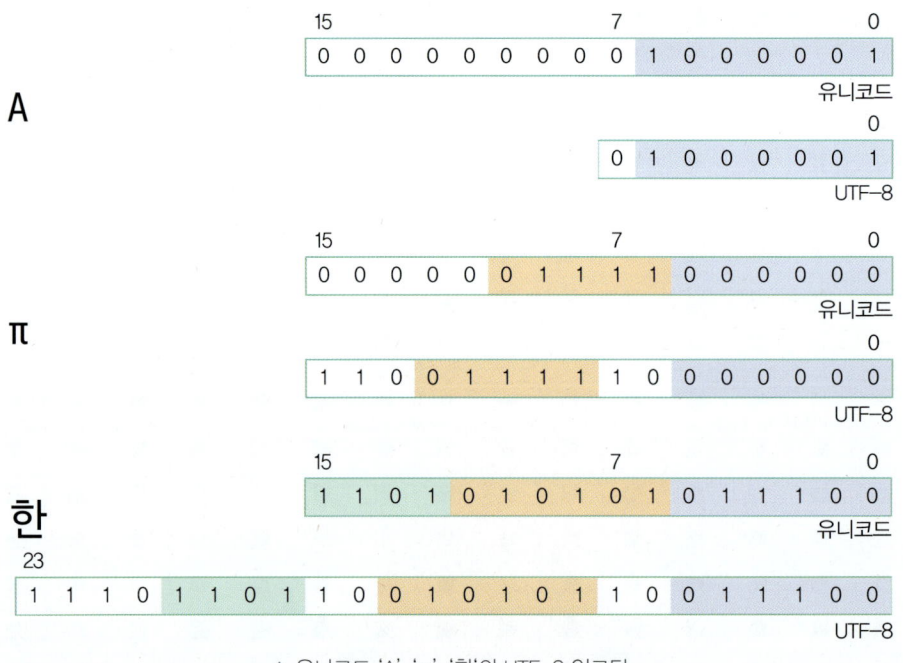

▲ 유니코드 'A', 'π', '한'의 UTF-8 인코딩

[22] UTF는 Universal Coded Character Set와 Transformation Format을 더한 약자입니다.
[23] 16비트 단위의 가변 길이 인코딩 방식입니다. 그래서 한 문자가 2바이트(=16비트) 또는 4바이트(=32비트)의 가변적인 크기를 가집니다.
[24] 32비트의 고정 길이 인코딩 방식입니다. 그래서 한 문자는 무조건 4바이트(=32비트)의 고정 크기를 가집니다.
[25] 아스키 코드의 0~127까지는 UTF-8의 1바이트로 동일하게 표현할 수 있습니다.

1.3.4 색상 데이터

컴퓨터에서 이미지, 동영상 등을 표현하기 위한 색상 데이터는 삼원색인 빨강(Red), 초록(Green), 파랑(Blue)으로 나누어 각각의 밝기 정도를 저장하게 됩니다. 16비트, 24비트, 그리고 투명도(Alapha)가 포함된 32비트 등의 다양한 색상 데이터 구조가 있습니다. 당연히 많은 비트를 사용할 수록 표현 가능한 색상이 많아집니다. 대신 그만큼 더 많은 저장 공간을 차지하고 처리 비용도 늘어납니다.

▲ 색상 데이터 구조

▲ 24비트 컬러 코드 일부

1.3.5 소리 데이터

소리는 공기가 진동하는 파동입니다. 이러한 연속적인 아날로그 신호를 비연속적인 디지털 데이터로 나타낼 수 있습니다. 파동을 X축으로 등간격으로 나눕니다. 그리고 Y축으로 등간격으로 나누어 그곳의 높이를 양자화[26] 하면 디지털 데이터로 저장할 수 있습니다. 아날로그 신호를 디지털 데이터로 변환하는 과정은 8.3에서 더 자세히 다루겠습니다.

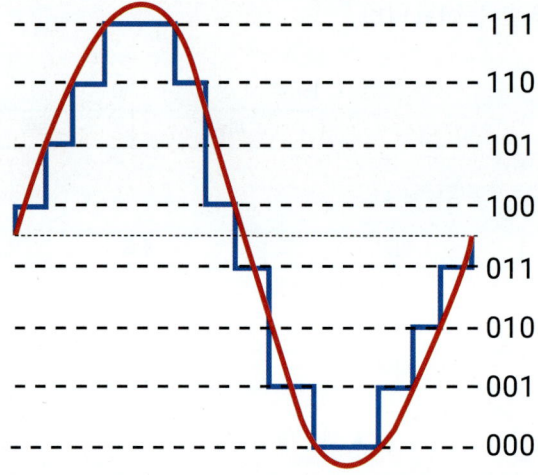

---

[26] 양자화는 5.23232323… 같은 연속성인 값을 5와 같이 이산적인 값으로 변환하는 것을 말합니다.

1.4 마무리

　이번 장에서는 본격적인 컴퓨터 구조에 들어가기 전 알아야 할 기본 지식들을 공부했습니다. 먼저 컴퓨터 구조와 운영체제를 왜 공부해야 하는지 알아봤습니다. 소프트웨어를 개발하기 위해서는 컴퓨터 공학을 이해할 필요가 있는데 이 중 특히 컴퓨터 구조와 운영체제는 처음 배워야 하는 과목으로 매우 중요하다는 것을 알았습니다.

　다음으로 컴퓨터 종류를 알아봤습니다. 다양한 컴퓨터 종류가 있고 그것들은 각기 다른 특징과 목적을 가지고 있었습니다. 그리고 사용하는 운영체제도 다르다는 것을 알았습니다.

　마지막으로 컴퓨터가 다루는 디지털 데이터를 알아봤습니다. 디지털 데이터로 숫자 외에 문자, 소리, 색을 어떻게 표현할 수 있는지 알 수 있었습니다.

　다음 장에서는 컴퓨터를 구성하는 주요 장치들을 알아보겠습니다.

CHAPTER 2

컴퓨터를 구성하는 장치

컴퓨터의 원리를 이해하기 위한 첫 걸음은 컴퓨터의 주요 구성 장치들의 역할을 이해하는 것입니다. 2장에서는 컴퓨터를 구성하는 장치에는 어떤 것들이 있고, 각 장치들이 어떤 역할을 하는지 하나하나 살펴봅니다.

2.1 컴퓨터의 기본 구성 장치

컴퓨터는 크게 CPU, 메모리, 주변 장치, 메인보드 이렇게 4가지 장치로 이루어져 있습니다. 이 4가지 장치가 컴퓨터 내에서 어떤 역할을 하는지 알아봅시다.

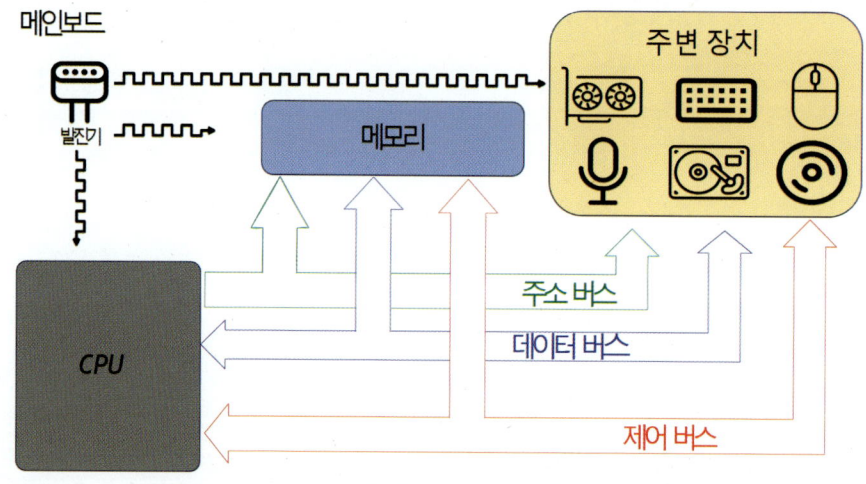

▲ 컴퓨터 구성 장치

2.1.1 CPU

CPU(Central Processing Unit, 중앙 처리 장치)는 컴퓨터에서 두뇌 역할을 하는 핵심 장치입니다. 메모리에 있는 명령어와 데이터를 가져와서 해석하고 실행합니다. 여기서 명령어(Instruction)란 CPU가 특정 연산을 수행하라는 명령 정보가 담긴 기계어[1] 입니다.

---

[1] 인간은 한국어, 영어 같은 언어를 이해합니다. 마찬가지로 컴퓨터는 1, 0의 비트로 이루어진 기계어(Machine Code)를 이해합니다.

CPU가 수행하는 연산의 종류로는 산술 연산[2], 논리 연산[3], 보수 연산[4], 이동 연산[5], 비교 연산[6] 이 있습니다. 그래서 CPU는 명령어를 해석해 이러한 연산들을 수행합니다. 명령어는 4장에서 자세히 알아보겠습니다.

2.1.2 메모리

메모리(주기억 장치, Primary Memory, Main memory)는 데이터를 저장하는 기억 장치 중 하나입니다. CPU는 메모리에 있는 명령어와 데이터를 가져와서 실행하고 그 결과를 다시 메모리에 저장합니다. 기억 장치의 종류에는 롬(Read Only Memory, ROM), 램(Random Access Memory, RAM), 캐시(Cache)[7], 레지스터(Register)[8], 스토리지(Storage)[9] 등 다양하게 있는데, 그 중 메모리는 롬과 램을 말합니다. 메모리는 2.4절에서 자세히 알아보겠습니다.

2.1.3 주변 장치

주변 장치(Peripherals)는 컴퓨터 외부에 연결되어 데이터를 입력 받거나 출력하는 모든 장치를 가리킵니다. 그래서 외부 입출력 장치(Input Output Device) 또는 간단히 I/O(Input Output Device)라고도 합니다. 구체적으로 SSD(Solid State Drive, 솔리드 스테이트 드라이브), HDD(Hard Disk Drive, 하드 디스크 드라이브), 사운드 카드, 마이크로폰, 카메라, 그래픽 카드, 네트워크 카드, 키보드, 마우스, 프린터, 스캐너 등의 장치들이 여기에 해당합니다. 키보드, 마우스, 마이크로폰, 카메라, 스캐너는 데이터가 입력되므로 입력 장치가 됩니다. 반면 그래픽, 프린터, 사운드는 데이터를 출력하므로 출력 장치가 됩니다. SSD, HDD는 데이터를 읽기(입력), 저장(출력) 하므로 입출력 장치가 됩니다.

---

[2] 수치 데이터를 대상으로 하는 덧셈, 뺄셈, 곱셈, 나눗셈의 사칙 연산을 말합니다.
[3] 입력 값을 논리식으로 판단해 0 또는 1로 출력하는 연산입니다. 연산의 종류로는 NOT, AND, NAND, OR, NOR, XOR, NXOR 등이 있습니다.
[4] 부호 있는 정수에 대한 연산입니다. 3.1.1에서 설명하겠습니다.
[5] 비트열을 왼쪽 또는 오른쪽으로 n칸 이동하는 연산입니다. 3.1.6에서 설명하겠습니다.
[6] 두 수에 대해 '크다', '작다', '같다'를 비교하는 연산입니다.
[7] 고속의 기억 장치로 CPU와 메모리 사이에 설치됩니다. 7.2절에서 설명합니다.
[8] CPU가 연산하기 위해 데이터, 명령어를 임시로 저장하는 고속 기억 장치입니다. 7.1.2에서 설명합니다.
[9] HDD, SSD, USB, CD 같은 보조 기억 장치를 의미합니다. 8.4에서 자세히 설명합니다.

> **Note** 컴퓨터에서 내부 장치는?
>
> 컴퓨터에서 내부 장치는 CPU, 메모리, 시스템 버스를 의미합니다. 이것들은 컴퓨터가 동작하는 데 반드시 필요한 장치이기 때문에 내부 장치로 간주합니다. 반면 주변 장치는 컴퓨터가 동작하는 데 굳이 없어도 되는 부가 장치로 간주합니다. 가령 클라우드(Cloud)는 그래픽 카드, 사운드 카드, 키보드, 마우스 같은 주변 장치가 없어도 문제없이 목적에 맞게 동작합니다.

2.1.4 메인보드

메인보드(Mainboard 또는 Motherboard)는 CPU, 메모리, 주변 장치들을 통합해 서로 유기적으로 동작하도록 만드는 장치입니다. 메인보드는 주소 버스, 데이터 버스, 제어 버스를 제공하는데, 이를 통해 CPU, 메모리, 주변 장치들이 서로 연결되어 데이터를 주고받게 됩니다. 메인보드는 2.3절에서 자세히 알아보겠습니다.

2.2 CPU

CPU(Central Processing Unit, 중앙 처리 장치)는 컴퓨터에서 두뇌 역할을 하는 핵심 장치입니다. CPU는 메모리에 있는 명령어와 데이터를 가져와서 해석하고 해석한 결과에 따라 논리 연산, 산술 연산, 보수 연산, 이동 연산, 비교 연산을 합니다. 현대의 CPU는 종류도 다양하고 세부적으로 다르지만 기본 구성에는 큰 차이가 없습니다.

2.2.1 CPU 기본 구성

CPU는 크게 제어 장치, 산술 논리 장치, 레지스터, 캐시로 구성됩니다. 다음은 간단히 기본 구성만 나열한 것이고, 오늘날 CPU는 훨씬 다양하고 복잡한 장치들이 들어갑니다.

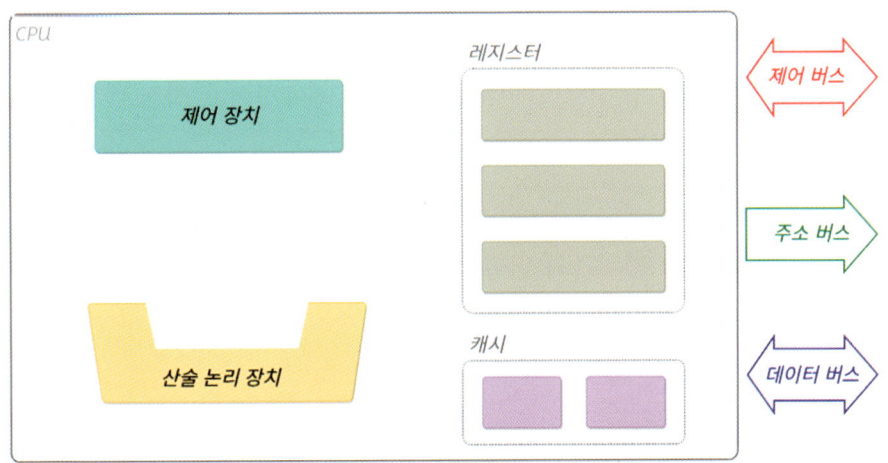

▲ CPU 기본 구성

- 제어 장치(Control unit): CPU를 구성하는 모든 장치에게 동작을 지시하는 장치입니다. CPU는 메모리에서 명령어를 가져오고 해석하고 실행하는데, 이때 제어 장치는 이러한 일련의 절차를 각 장치들을 제어하여 진행시킵니다. 4장에서 자세히 다루겠습니다.
- 산술 논리 장치(Arithmetic and Logical Unit, ALU): 산술 연산, 논리 연산 등의 연산을 하는 CPU의 핵심 장치입니다.
- 레지스터(Register): CPU가 연산하기 위해 데이터, 명령어를 임시로 저장하는 고속 기억 장치입니다. 종류로는 주소 레지스터(MAR, Memory Address Register), 데이터 레지스터(MBR, Memory Buffer Register), 프로그램 카운터(PC, Program Counter), 명령어 레지스터(IR, Instruction Register), 누산기(AC, Accumulator), 스택 포인터(SP, Stack Pointer) 등이 있고, 각기 고유 목적을 가집니다. 4장에서 자세히 다루겠습니다.
- 캐시(Cache): CPU가 자주 사용하는 데이터를 임시 저장하는 고속의 기억 장치입니다. CPU가 자동차 속도로 요청한다면 메모리는 자전거 속도로 응답할 정도로 CPU에 비해 아주 느린 장치입니다. 그래서 자주 사용하는 데이터일 수록 고속의 캐시에 올려 놓고 사용합니다. 그러므로 캐시는 CPU와 메모리 간의 속도 차이로 인한 지연 문제를 줄이는 역할을 합니다. 7장에서 자세히 다루겠습니다.

CPU는 외부의 메모리, 주변 장치와 주소 버스, 데이터 버스, 제어 버스로 연결됩니다. 주소 버스는 주소를 보내는 통로로 출력만 하므로 단방향인 반면, 데이터 버스는 데이터 및 명령어를 보내는 통로로 입출력하므로 양방향이 됩니다. 제어 버스는 여러 신호선으로 구성되는데, 종류에 따라 입출력 방향은 각기 다릅니다. 대표적으로 데이터의 쓰기 읽기 동작을 결정하는 신호선은 출력 방향이고, 인터럽트[12] 요청 신호선이나 직접 메모리 접근[13] 요청 신호선은 입력 방향이 됩니다. 주소 버스, 데이터 버스, 제어 버스는 2.3절에서 자세히 다룹니다.

다음은 Z80 CPU로 시스템 버스와 연결되는 입출력 포트를 나타냅니다.

---

[12] 9장에서 자세히 다룹니다.
[13] 10장에서 자세히 다룹니다.

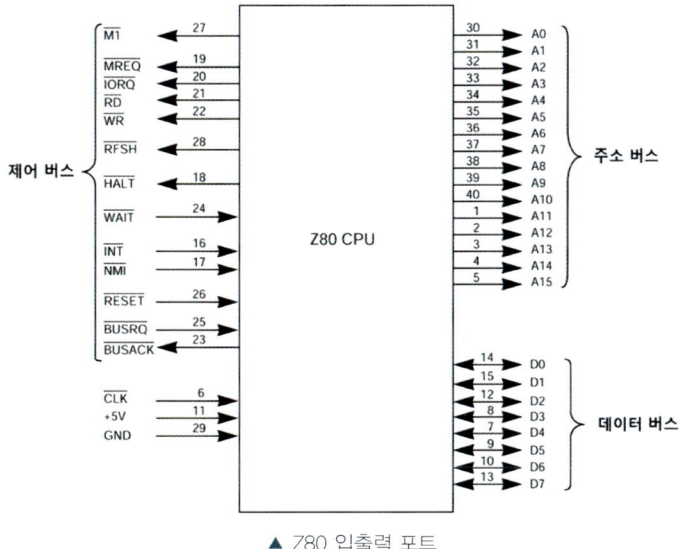

▲ Z80 입출력 포트

2.2.2 CPU 동작 과정

CPU는 메모리에 있는 명령어와 데이터를 가져와서 다양한 연산을 한다고 했었습니다. 이번에는 CPU를 구성하는 장치들이 어떻게 동작하면서 이 작업을 진행하는지 간략하게 알아보겠습니다. 간단히 3과 5를 더하는 연산을 한다고 가정하겠습니다. 보다 자세한 과정은 4장에서 설명할 예정입니다.

2.2.2.1 명령어 인출

먼저 제어 장치가 3과 5를 더하라는 명령어를 메모리에서 가져옵니다.

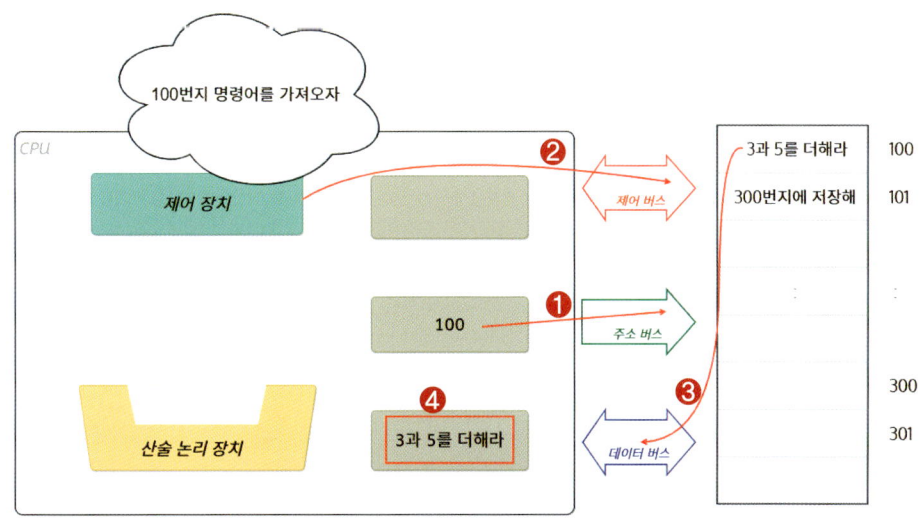

▲ 명령어 인출

Chapter 02 컴퓨터를 구성하는 장치 39

❶ 제어 장치는 명령어가 레지스터에 저장된 주소를 주소 버스로 출력합니다.

❷ 제어 장치는 제어 버스를 통해 읽기 신호를 출력합니다.

❸ 메모리는 받은 주소에 있는 명령어를 데이터 버스로 내보냅니다.

❹ 명령어는 데이터 버스를 통해 레지스터로 들어갑니다.

2.2.2.2 덧셈 명령어 실행

제어 장치는 레지스터에 있는 덧셈 명령어를 실행합니다.

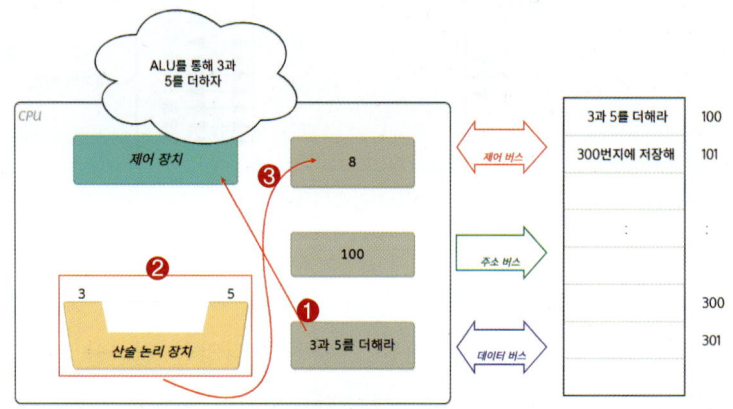

▲ 덧셈 명령어 실행

❶ 제어 장치는 레지스터에 저장된 명령어를 해석합니다.

❷ 해석한 결과, 덧셈 명령어이므로 산술 논리 장치를 통해 덧셈합니다.

❸ 연산 결과는 레지스터에 저장됩니다.

2.2.2.3 명령어 인출

제어기는 다음 명령어를 메모리에서 가져옵니다. 과정은 2.2.2.1과 같습니다.

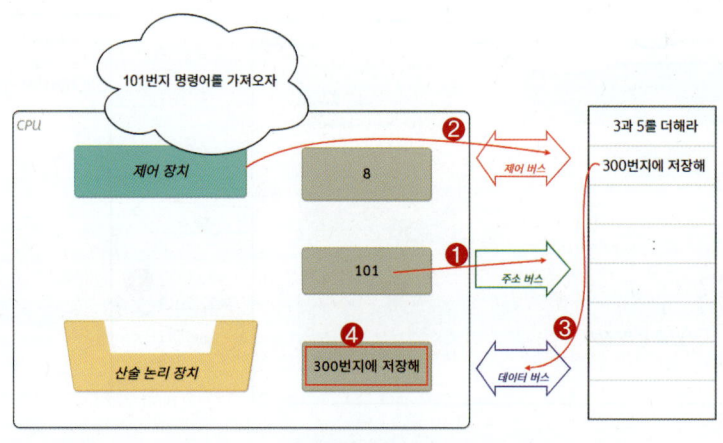

▲ 명령어 인출

❶ 제어 장치는 명령어가 레지스터에 저장된 주소를 주소 버스로 출력합니다.

❷ 제어 장치는 제어 버스를 통해 읽기 신호를 출력합니다.

❸ 메모리는 받은 주소에 있는 명령어를 데이터 버스로 내보냅니다.

❹ 명령어는 데이터 버스를 통해 레지스터로 들어갑니다.

2.2.2.4 저장 명령어 실행

제어 장치는 레지스터에 있는 저장 명령어를 실행합니다.

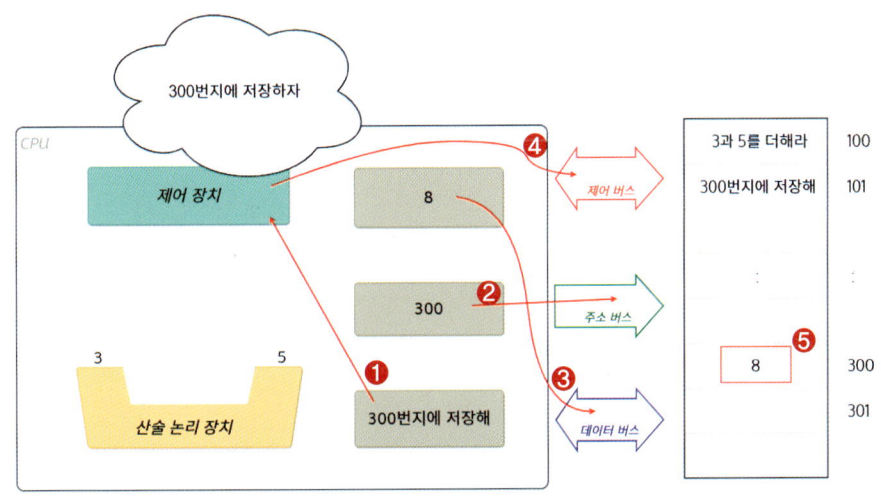

▲ 저장 명령어 실행

❶ 제어 장치는 레지스터에 명령어를 해석합니다. 해석한 결과 저장 명령어이므로 아래 절차들을 진행합니다.

❷ 저장할 주소를 레지스터를 거쳐 주소 버스로 출력합니다.

❸ 레지스터에 있는 저장할 데이터를 데이터 버스로 출력합니다.

❹ 제어 장치는 제어 버스에서 쓰기 신호를 출력합니다.

❺ 메모리는 입력 주소에 받은 데이터를 저장합니다.

2.2.3 산술 논리 장치

CPU는 명령어를 가져와 산술 연산, 논리 연산, 보수 연산, 이동 연산 등의 연산을 한다고 했었습니다. CPU 안에서 이 연산을 하는 핵심 장치가 바로 산술 논리 장치(Arithmetic and Logical Unit, ALU)입니다. 먼저 산술 논리 장치가 어떻게 동작하는지 그 외부 구조부터 알아봅시다.

2.2.3.1 외부 구조

외부 구조를 알아보기 위해 먼저 연산을 나타내는 수식의 구조를 살펴보겠습니다. 보통 수식 구조는 다음과 같이 수치 데이터와 연산으로 이루어져 있습니다.

$$A \triangle B = Y$$

여기서 A, B는 피연산자로 수치 데이터이고, △는 덧셈, 뺄셈 같은 연산자가 됩니다. 그리고 연산 결과는 수치 데이터 Y가 됩니다. 산술 논리 장치는 이러한 수식 구조에 맞는 외부 구조를 가집니다.

먼저 수치 데이터 A, B 그리고 연산자(=△)를 나타내는 연산 코드(Operation Code, Opcode)가 입력으로 들어갑니다. 그리고 수치 데이터 Y가 연산 결과로 출력됩니다. 만약 A와 B에 각각 5와 3을 입력하고 연산 코드로 덧셈하라는 코드를 입력하면 Y로는 8을 출력합니다.

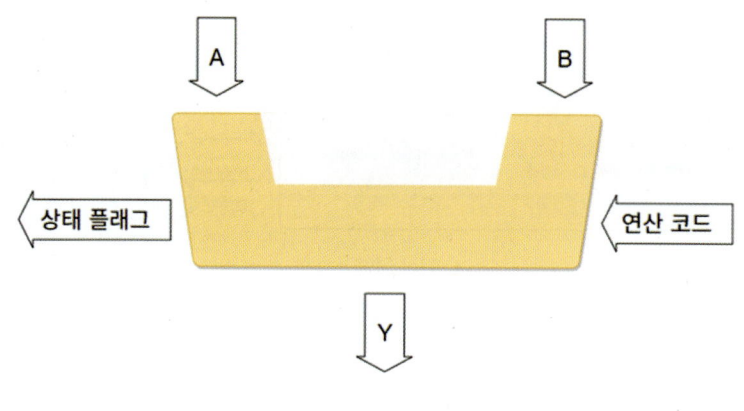

▲ 산술 논리 장치

> **Note** 연산 코드
>
> 산술 논리 장치는 입력으로 들어오는 연산 코드로 어떤 연산을 할지 결정합니다. 다음은 간단한 예시로 연산 코드에 따른 연산의 종류를 나타낸 표입니다.
>
> | 연산 코드(2진수) | 연산 종류 |
> |---|---|
> | 0b00 | 덧셈 |
> | 0b01 | 뺄셈 |
> | 0b10 | OR |
> | 0b11 | AND |
>
> ▲ 연산 코드 표
>
> 표와 같이 4(=2^2)개의 연산을 제공하는 산술 논리 장치라면 연산 코드로 2비트를 사용합니다. 참고로 임베디드 시스템에서 많이 사용되는 MIPS CPU(32비트 기준)의 경우, 6비트를 연산 코드로 사용합니다. 그래서 64(=2^6)개의 연산 코드를 제공합니다

2.2.3.2 상태 플래그

앞의 그림을 자세히 보면 상태 플래그란 것도 출력합니다. 이 상태 플래그는 무엇일까요? 먼저 플래그란 컴퓨터에서 특정 조건의 성립 유무를 비트로 나타낼 때 사용하는 일반화된 용어입니다. 플래그는 한국어로 깃발이죠? 그래서 조건이 성립하면 깃발을 올린다는 의미로 해당 비트를 1로 나타내고 조건이 성립하지 않으면 깃발을 내린다는 의미로 해당 비트를 0으로 나타내게 됩니다.

상태 플래그(Status Flag)는 연산 결과에서 특정의 조건 성립 유무를 나타낸 값으로 상태 레지스터(Status Register 또는 Flag Register)란 곳에 저장된 후 사용됩니다. 특히 프로그램 실행에서 분기할 때 참조합니다. 여기서 분기란 특정 조건이 성립했을 때, 실행의 흐름을 다른 곳으로 건너 뛰게 하는 것을 말합니다. 그림은 상태 레지스터의 간단한 예시[14]로 대표적인 플래그 SF, ZF, CF, OF를 나타냅니다.

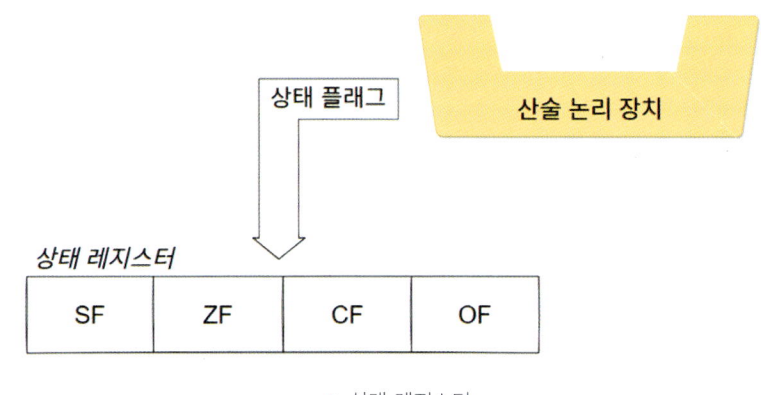

▲ 상태 레지스터

다음은 SF, ZF, CF, OF가 어떤 조건이 성립했을 때 값을 설정하는지 나타냅니다.

플래그 종류	설명
SF(Sign Flag, 부호 플래그)	연산 결과가 음수이면 1, 양수이면 0이 됩니다.
ZF(Zero Flag, 제로 플래그)	연산 결과가 0이면 1, 아니면 0이 됩니다.
CF(Carry Flag, 캐리 플래그)	연산 결과에서 최상위 비트(MSB, Most Significant Bit)[15] 를 넘어가는 오버플로우(Overflow)[16]가 발생하면 1, 아니면 0이됩니다.
OF(Overflow Flag, 오버 플로우 플래그)	연산 결과에서 최상위 비트에서 오버플로우(Overflow)가 발생하면 1, 아니면 0이됩니다.

---

[14] 현대의 CPU는 64비트 크기의 상태 레지스터를 가집니다.
[15] 반대로 최하위 비트는 LSB(Least Significant Bit)라고 합니다.
[16] 연산 결과가 표현 범위를 넘어가는 경우를 말합니다. 예를 들어 4비트 정수 연산인데 두 수를 덧셈해서 5비트 결과가 나온다면 표현 범위가 넘어가므로 잘못된 연산 결과가 됩니다.

그럼 프로그램에서 어떻게 상태 레지스터를 참조해 분기하는지 알아볼까요? 제로 플래그를 활용한 경우를 알아보겠습니다. 다음은 두 수 3과 3이 같은 지 비교한 후 그 결과에 따라 실행 여부가 결정되는 코드입니다.

```
if(3==3) //두 수가 같은 지 비교
{
    ★ //제로 플래그가 1이면 이곳을 실행
}
```

이러한 비교 연산은 내부적으로 뺄셈을 하게 됩니다. 그래서 산술 논리 장치를 통해 3에서 3을 빼게 됩니다.

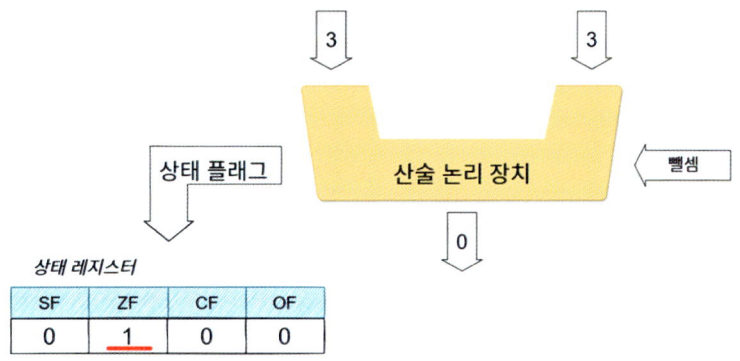

그러면 연산 결과는 0이 되고, 상태 레지스터의 제로 플래그에는 1이 저장됩니다. 다음으로 CPU는 제로 플래그를 확인합니다. 그리고 결과가 1이므로 코드(★)를 실행(또는 분기)합니다. 만약 0이었다면 코드(★)를 건너 뛰게(실행하지 않게)될 것입니다.

2.2.3.3 내부 구조

산술 논리 장치의 내부 구조를 알아볼 텐데, 간단히 4개의 연산을 할 수 있는 산술 논리 장치라고 가정하겠습니다. 내부에는 4개의 연산 장치(연산기 #1 ~ 연산기 #4)와 1개의 선택기(Selector)로 이루어집니다. 여기서 선택기란 여러 입력 중 하나를 선택해서 출력하는 장치입니다. 내부 동작을 간략히 설명하면, 먼저 수치 데이터 A, B는 각 연산 장치로 입력됩니다. 다음으로 각 연산 장치는 연산 결과를 선택기로 입력합니다. 마지막으로 선택기는 여러 입력 중 연산 코드가 가리키는 것 한 개를 선택해 출력합니다.

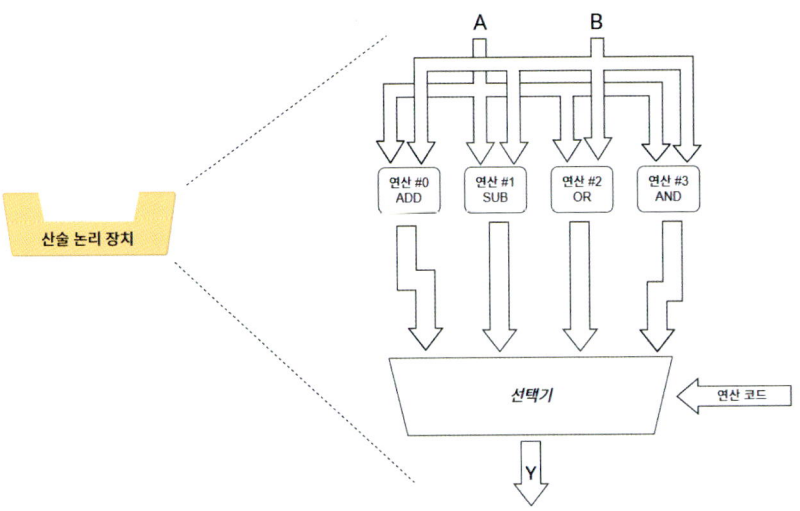

▲ 4개의 연산 기능이 있는 산술 논리 장치

> **Note** 선택기
>
> 선택기는 입력 중 하나를 선택해 출력하는 장치로 먹스(Multiplexer, MUX)라고도 합니다. 다음은 4개의 입력 중 한 개를 선택하는 4:1 선택기입니다. 입력 4개 중 하나를 선택해야 하므로 선택 신호인 S는 2비트(2^2=4)가 필요합니다.
>
>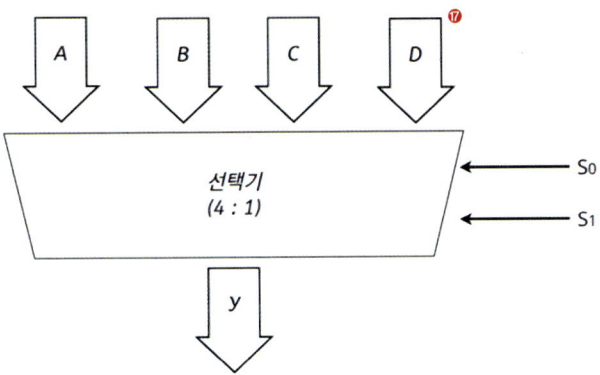
>
> 다음은 입력 S에 대해 어떤 입력을 선택하여 출력하는지를 나타낸 것입니다.
>
> | S_0 | S_1 | Y |
> |---|---|---|
> | 0 | 0 | A |
> | 0 | 1 | B |
> | 1 | 0 | C |
> | 1 | 1 | D |

⑰ 내부 회로는 다음에서 확인할 수 있습니다. https://www.eeweb.com/understanding-4-to-1-multiplexer

2.2.4 CPU의 성능을 향상시키는 기술

초기에는 CPU의 성능을 올리기 위해 클럭 수를 높여가는 방향으로 한동안 발전하였습니다. 하지만 전력 소모와 발열 문제가 점점 커져 한계에 다다르게 됩니다. 그래서 CPU 제작사들은 성능을 올리기 위한 여러 기술들을 개발합니다. 그것들로는 멀티 코어(Multi Core), 파이프라인(Pipeline), 하이퍼-스레딩(Hyper Threading)이 있습니다.

2.2.4.1 멀티 코어

멀티 코어 CPU는 단일 칩에 독립적인 작업을 할 수 있는 코어가 2개 이상 들어간 것입니다. 그래서 각 코어에는 산술 논리 장치, 레지스터, L1 캐시 등의 장치들이 개별적으로 들어가 있습니다. 그리고 L2 캐시는 프로세스 안에 있는 코어끼리 공유하고, L3 캐시는 모든 프로세스가 공유합니다. 현재 시중의 대부분의 CPU는 멀티 코어(Multi Core) 방식입니다.

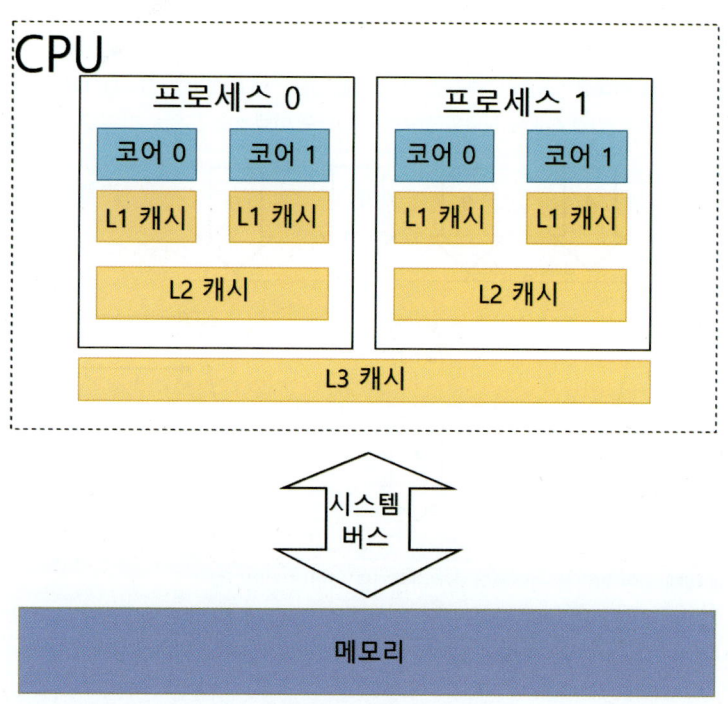

▲ 4-코어 프로세스

현대 컴퓨터는 프로그램들을 멀티 프로세스로 운영합니다. 그래서 음악을 들으면서 메일을 작성할 수 있고, 영화를 보면서 파일을 다운로드 할 수 있는 것이죠. 이러한 멀티 프로세스는 멀티 코어 CPU에 적합합니다. 성능 좋은 싱글 코어가 멀티 프로세스를 시분할(시간을 나누어)해서 작업하기 보다는, 개별 코어의 성능은 비교적 낮더라도 멀티 코어로 각각 프로세스들을 독립적으로 작업하는 편이 더 좋은 성능이 나옵니다.

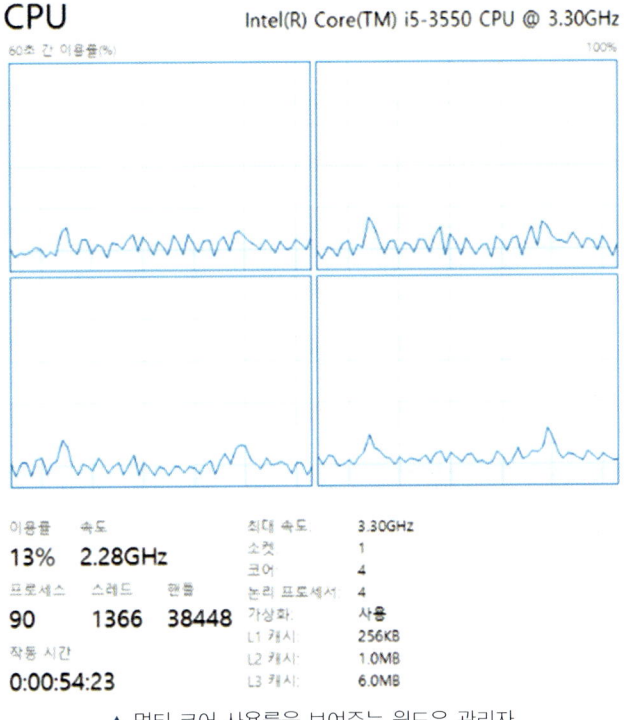

▲ 멀티 코어 사용률을 보여주는 윈도우 관리자

그렇지만 멀티 코어 배수만큼 성능이 향상되지는 못합니다. 가령 1-코어에 비해 2-코어의 성능이 2배 향상이 아닌 대략 1.5배 정도의 성능 향상을 가져옵니다. 컴퓨터에서 메모리, 시스템 버스, 주변 장치들은 코어들이 동시 접근해서 사용할 수 없습니다. 그러므로 한 코어가 이 장치들에 접근하려고 할 때 이미 다른 코어가 사용 중이라면 대기해야 합니다. 그래서 지연 시간(Latency)이 발생하게되어 멀티 코어 배수만큼 성능이 향상되지는 못합니다.

2.2.4.2 파이프라인

파이프라인은 공장에서 컨베이어 벨트와 유사한 개념입니다. 예를 들어 자동차를 조립한다면 컨베이어 벨트가 이동하면서 엔진, 바퀴, 문짝 등을 차례대로 조립하게 됩니다. 이렇게 컨베이어 벨트를 이용하면 일련의 작업을 병렬적으로 처리할 수 있으므로 생산성이 좋아집니다. 파이프라인도 이와 비슷한 개념입니다.

CPU가 명령어를 처리하는 단계가 있습니다. 명령어의 인출, 해석, 실행 단계로서 이것을 명령어 주기[18] 라고 합니다. 파이프라인은 이러한 일련의 명령어 처리 단계를 병렬적으로 처리하는 기술입니다. 각 단계 사이에는 입출력을 중계하는 버퍼가 있습니다. 이것이 곧 컨베이어 벨트 역할을 하게 되죠.

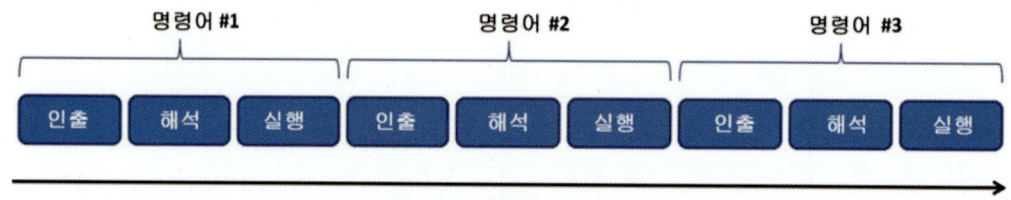

▲ 파이프 라인이 없는 명령어 처리 과정

그림에서 3개의 명령어의 각 단계를 차례대로 처리하므로 시간이 오래 걸립니다.

▲ 파이프 라인이 있는 명령어 처리 과정

반면 파이프라인을 이용하면 3개의 명령어의 각 단계를 병렬적으로 처리하므로 시간이 적게 걸립니다.

2.2.4.3 하이퍼-스레딩

하이퍼-스레딩(Hyper-Threading)기술은 물리적 코어 한 개를 논리적 코어 두 개로 사용할 수 있게 하는 기술입니다. CPU는 항상 100% 사용되지 못합니다. 가령 메모리, 주변 장치 등에 작업을 요청하고 응답이 올 때까지 CPU는 아무것도 하지 못하는 대기 시간이 발생할 수 있습니다. 그 대기 시간에 다른 스레드[19]를 가져와 처리할 수 있습니다. 결국 물리적 코어 한 개를 2개의 논리적 코어로 사용할 수 있는 효과가 있죠.

---

[18] 4장에서 자세히 다룹니다.
[19] 프로세스의 실행을 구성하는 실행 단위입니다. 12장에서 자세히 설명합니다.

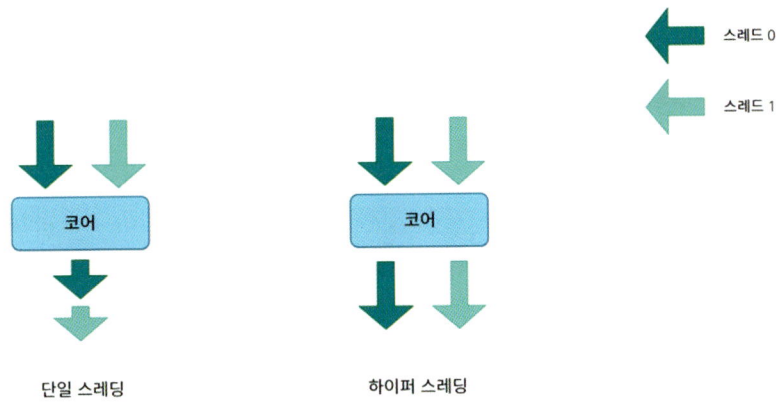

▲ 단일 스레딩 vs 하이퍼-스레딩

이렇게 2개의 논리적 코어로 서로 다른 2개의 스레드를 가져와 작업할 수 있으므로 현대의 다중-스레딩(Multi-Threading)[20] 프로그램의 성능을 향상시킵니다. 하지만 2개의 논리적 코어가 되었어도 성능이 2배나 향상되지는 않습니다. 실제로 하이퍼-스레딩에 의한 성능 향상은 고작 5~10% 정도입니다. 이것 또한 다중 스레드라면 성능이 향상되지만 만약 단일 스레드라면 효과를 볼 수 없습니다.

2.2.5 CPU vs MPU vs MCU vs AP

CPU는 MPU, MCU, AP를 통틀어 넓은 의미로 불리우는 용어입니다. 컴퓨터가 발전하면서 CPU의 기능이 점점 확장되었고, 이에 따라 MPU, MCU, AP로 발전되었습니다.

2.2.5.1 MPU

MPU(Micro Processor Unit, 마이크로 프로세서)는 CPU의 기본 기능인 산술 연산, 논리 연산 등의 연산만을 하는 장치입니다. 이를 위해 제어 장치, 산술 논리 장치, 레지스터 정도만으로 구성됩니다.

---

[20] 2개 이상의 스레드를 가지는 프로세스를 말합니다.

2.2.5.2 MCU

MCU(Micro Controller Unit, 마이크로 컨트롤러)는 MPU에 메모리와 주변 장치를 통합하여 단일 칩 형태로 만든 것입니다. MCU에 들어가는 주변 장치는 다양한데, 보통은 사용 빈도가 높은 타이머[21], 실시간 시계[22] 같은 장치들이 우선적으로 들어갑니다. 이 외에도 UART(Universal asynchronous receiver/transmitter, 범용 비동기화 송수신기)[23], 와치독(Watch Dog)[24] 등 다양한 장치가 들어갈 수 있습니다.

2.2.5.3 AP

AP(Application Processor, 어플리케이션 프로세서)는 스마트폰 용 MCU로 볼 수 있습니다. 스마트폰은 휴대할 수 있는 소형 컴퓨터로 웹 서핑, 게임, 유튜브, SNS, 채팅, 녹화, 녹음 등 다방면으로 활용됩니다. 그러한 목적을 위해 MCU, 메모리와 함께 여러 주변 장치들이 들어갑니다. 다음은 들어가는 주변 장치 목록입니다.

- GPU: 그래픽, 딥러닝, 빅데이터에 필요한 부동 소수점 연산을 빠르게 처리하는 장치입니다.
- 모뎀(Modem): 네트워크 연결에 필요한 장치입니다.
- VPU(Video Processing Unit): 초고화질 영상 처리 장치입니다.
- DSP(Digital Signal Processor): 오디오, 영상 신호 처리를 위한 장치입니다.
- GPS(Global Positioning System): 위성 항법 시스템
- ISP(Image Signal Processor): 디지털 카메라로 들어오는 이미지 처리 장치
- GLONASS: 음성 신호 처리 장치
- ASP(Audio Signal Processor): 오디오 신호 처리 장치

▲ AP - 삼성 엑시노스

---

[21] 8.1 참고
[22] 8.1 참고
[23] 시리얼 통신이라고 불리우는 RS232/RS485를 위한 통신 장치
[24] 8.6.1 참고

참고로 MPU, AP와 같이 여러 장치를 모아 단일 칩으로 만드는 기술을 학술적인 용어로 SoC(System on Chip)라고 합니다. 이와 같은 단일 칩으로 컴퓨터를 구성하면 개별 장치로 구성할 때 보다 저비용으로 구성할 수 있을 뿐만 아니라 크기가 작아져 소형화 할 수 있고, 전력 소모가 작다는 장점이 있습니다.

> **Note CPU 발전사**
>
> 현재 CPU 시장은 인텔, AMD, ARM이 치열하게 경쟁하고 있습니다. 어떻게 발전되어 왔는지 간단히 알아볼까요?
>
> 1990년대, 시장에서 컴퓨터 종류는 윈도우 운영체제를 사용하는 데스크톱이 거의 유일했습니다. 그리고 인터넷이 발달하면서 서버용 컴퓨터인 메인 프레임 시장도 태동하던 시기였죠. 당시에는 윈도우 데스크톱과 메인 프레임 등 대부분의 컴퓨터에는 인텔 CPU가 사용되었습니다. CPU하면 인텔이라고 말하던 시대였죠.
>
>
>
> ▲ 인텔 CPU
>
> 시간이 흘러 2007년에 아이폰이 세상에 나오면서 본격적인 스마트폰 시장이 열리게 됩니다. 스마트폰은 데스크톱, 메인 프레임과는 달리, 전원을 상시 받을 수 없는 휴대용 소형 컴퓨터입니다. 그래서 소비 전력을 작게 해 오랜 시간 휴대할 수 있게 하는 것이 중요합니다. 그 목적에 맞게 소비 전력을 적게 사용하도록 설계된 CPU가 바로 ARM입니다. 스마트폰은 폭발적으로 수요가 증가했고 전체 컴퓨터 시장의 점유율에서 데스크톱을 뛰어넘습니다. 이에 따라 ARM은 CPU 시장에서 점유율 1위가 되었습니다. 2025년 현재 스마트폰에는 ARM 제품이, 윈도우 데스크톱과 메인 프레임에는 인텔과 AMD의 제품이 주로 사용되고 있습니다.
>
> AMD는 인텔 CPU에 호환되는 데스크톱, 메인 프레임용 CPU를 만듭니다. 과거에는 강자 인텔을 상대로 IDT, VIA, AMD 등이 경쟁했습니다. 그런데 다른 경쟁자들은 모두 탈락했고 AMD만 인텔의 강력한 경쟁자로 유일하게 남았습니다. AMD는 GPU 시장에서도 1위 NVIDIA의 강력한 경쟁자입니다.
>
> 애플은 아이폰, 아이패드, 맥북, 아이맥 등 소프트웨어, 하드웨어를 하나로 묶는 일체형 컴퓨터들 제작, 판매하고 있습니다. 그리고 독자적이고 폐쇄적인 생태계를 구축하고 있죠. 얼마 전까지 제품군에 인텔 CPU를 사용했습니다. 그러다가 2020년에 ARM 기반의 M1을 독자 개발하면서 인텔을 떠나게 됩니다.
>
> ARM은 영국에 있는 회사로 CPU의 핵심만 설계합니다. 여러 CPU 회사들은 그 핵심 설계를 기반으로 나머지 전체를 추가로 설계해 최종 CPU를 만듭니다. 현재 스마트폰에서 가장 많이 사용되는 CPU입니다. 또한 GPU나 블랙박스, 네비게이션, 카메라 같은 임베디드 시스템에도 많이 사용되고 있습니다.

2.3 메인보드

컴퓨터는 구성 장치인 CPU, 메모리, 주변 장치들이 서로 데이터를 주고받으면서 동작합니다. 여기서 메인보드는 구성 장치 간에 데이터를 전송하는 통로인 시스템 버스를 제공합니다. 그래서 메인보드는 컴퓨터에서 순환계이자 신경계에 비유되기도 합니다. 시스템 버스를 포함한 구성 장치들을 알아보겠습니다

2.3.1 시스템 버스

시스템 버스는 주고받는 신호의 종류에 따라 데이터 버스, 주소 버스, 제어 버스로 나뉩니다.

2.3.1.1 주소 버스

주소 버스는 CPU가 데이터를 가져오고 저장할 때 그것의 위치 정보인 주소가 흐르는 통로입니다. 현재 64비트 컴퓨터 기준으로 48비트 버스를 사용하고 있습니다. 64비트 컴퓨터라고 해서 반드시 64비트 버스를 사용해야 하는 것은 아닙니다. 48비트 주소 버스만 가지고도 256(=2^{48})테라 바이트의 충분한 메모리 공간을 위치로 지정할 수 있으므로 굳이 64비트까지 사용할 필요가 없습니다. 2.1의 〈컴퓨터 구성 장치〉에는 하나의 굵은 화살표로 표현했지만, 48비트라면 실제로는 1, 0을 전달하는 신호선 48가닥이 있습니다.

2.3.1.2 데이터 버스

데이터 버스는 명령어, 데이터가 흐르는 통로입니다. 현재 64비트 컴퓨터 기준으로 64비트 버스가 사용되고 있습니다. 그러므로 한번에 8바이트(=64비트) 데이터를 가져올 수 있습니다.

2.3.1.2 제어 버스

제어 버스는 여러 종류의 제어를 위한 신호선으로 구성됩니다. 각 신호선마다 고유의 목적이 있습니다. 읽기 신호선은 CPU가 메모리 또는 주변 장치로부터 데이터를 읽어오기 위해 신호를 보내는 신호선입니다. 쓰기 신호선은 CPU가 메모리 또는 주변 장치에 데이터를 저장하기 위한 신호를 보내는 신호선입니다. 이 외에도 인터럽트를 위한 인터럽트 요청/응답 신호선, 직접 메모리 접근 요청/응답 신호선 등이 있습니다. 관련하여 9장 인터럽트, 10장 직접 메모리 접근에서 자세히 설명 드리겠습니다.

2.3.2 구성 장치

메인보드에는 시스템 버스 외에 CPU, 메모리, SATA, 주변 장치 등을 설치할 수 있는 각종 인터페이스와 노스 브릿지, 사우스 브릿지, 발진기 등이 설치되어 있습니다.

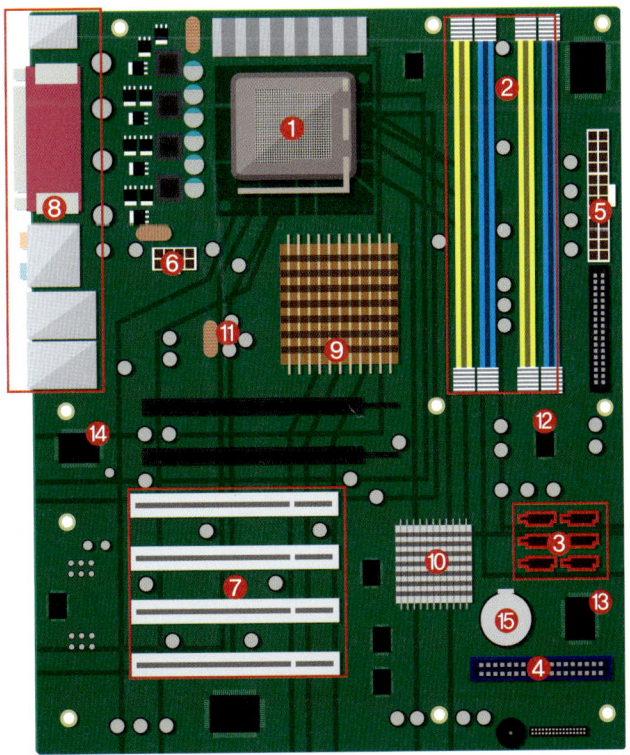

▲ 데스크톱용 메인보드

❶ **CPU 소켓(CPU Socket)**: CPU를 설치하는 인터페이스입니다.

❷ **램 슬롯(RAM Slot)**: 메모리 중 하나인 램을 설치하는 인터페이스입니다. 그림의 메인보드는 4개의 슬롯을 제공하고 있습니다.

❸ **SATA(Serial AT Attachment) 포트**: 케이블을 통해 HDD, SSD, CD 같은 스토리지와 연결됩니다.

❹ **PATA(Parallel AT Attachment) 포트**: 케이블을 통해 HDD, SSD, CD 같은 스토리지와 연결됩니다. SATA 이전에 사용했던 옛날 방식입니다. SATA가 나온 후 사라지고 있습니다.

❺ **주 전원**: 컴퓨터에 주 전원을 공급합니다.

❻ **보조 전원**: 컴퓨터에 보조 전원을 공급합니다.

❼ **I/O 슬롯**: 그래픽 카드, 네트워크 카드 같은 주변 장치들을 장착할 수 있습니다. 슬롯의 규격으로 PCI, AGP 등이 있습니다.

❽ **내장된 주변 장치**: 그래픽 카드, 네트워크 카드, 사운드 카드 등의 주변 장치들이 메인보드에 내장 설치되어 있습니다. 원래 이런 장치들은 메인보드의 필수 장치는 아니지만 보다 저렴하게 컴퓨터를 만들 수 있어 메인보드에 내장하는 경우가 많습니다.

❾ **노스 브릿지(North Bridge)**: 메모리, 그래픽 카드 같은 고속 입출력 장치들과 CPU 사이에서 인터럽트, 직접 메모리 접근 등을 관장하는 역할을 합니다. 인터럽트와 직접 메모리 접근은 9장, 10장에서 자세히 알아보겠습니다.

❿ **사우스 브릿지(South bridge)**: 키보드, 마우스, 스토리지 같은 저속 입출력 장치들과 CPU 사이에서 인터럽트, 직접 메모리 접근 등을 관장하는 역할을 합니다. 인터럽트와 직접 메모리 접근은 9장, 10장에서 자세히 알아보겠습니다.

⓫ **발진기(Oscillator)**: 전원이 들어가면 반복적인 0-1-0-1 신호인 클럭 주파수(Clock frequency)를 만듭니다. 컴퓨터는 0과 1로 이루어진 디지털 신호를 처리합니다. 클럭 주파수에서 실제로는 0은 0V, 1은 5V, 3.3V의 전압이 흐르는 것을 의미합니다. 사용 전압은 컴퓨터에 따라 다릅니다.

물질에 압력을 가하면 진동하는 현상이 있습니다. 이러한 물리 현상을 압전 효과(Piezoelectric Effect)라고 합니다. 발진기 내부에는 수정(Crystal)이 들어 있는데 그 곳에 압력을 가하면 압전 효과로 인해 진동하게 됩니다. 그것을 이용해 클럭 주파수를 만들어 CPU, 메모리, 그래픽 카드 등의 여러 장치로 공급합니다.

> **Note** 클럭 주파수란?
>
> 클럭 주파수(Clock frequency)는 컴퓨터에서 박자와 같습니다. 오케스트라에서 각기 악기들이 박자를 맞추어 연주해야 제대로 된 음악이 됩니다. 마찬가지로 컴퓨터에서 각 장치는 박자를 맞추어야 전체가 조화롭게 정상 동작할 수 있습니다. 발진기가 생성하는 클럭 주파수는 각 장치에 입력되어 박자, 즉 동작 타이밍을 알게 해줍니다.
>
> 박자가 빠르면 음악이 빠르듯이 클럭 주파수가 높을수록 처리 속도가 빠른 컴퓨터입니다. 그래서 클럭 주파수는 컴퓨터에서 성능을 나타내는 주요 지표 중 하나입니다. 클럭 주파수의 단위는 Hz(헤르츠)입니다. 4.0GHz라고 한다면 그것은 1초동안 4.0G 진동한다는 의미입니다.
>
>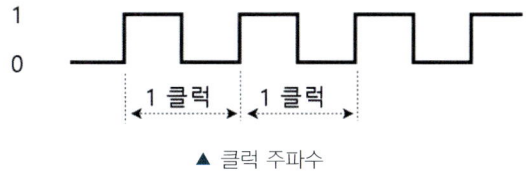
>
> ▲ 클럭 주파수

⓬ **롬(Read Only Memory, ROM)**: 메모리로 분류되는 롬에는 바이오스(Basic Input/Output System, BIOS) 프로그램이 들어가 있습니다. 롬은 읽기 전용 기억 장치로서 Mask ROM, PROM(Programmable ROM), EPROM(Erasable PROM), EEPROM(Electrically EPROM), 플래쉬 메모리가 있는데 최근에는 플래쉬 메모리를 가장 많이 사용하고 있습니다. 롬은 6.4에서 자세히 설명합니다.

⓭ **CMOS(Complementary Metal Oxide Semiconductor)**: 사용자가 BIOS에서 설정한 하드웨어 정보가 저장되는 곳입니다. 휘발성[25] 기억 장치이지만 외부 전원이 꺼져도 전지로부터 전원을 공급받게 되어 데이터를 유지합니다. CMOS에는 스토리지 위치 정보, 현재 시간, 시스템 클럭 등의 정보가 저장되는데, 운영체제 등의 소프트웨어에서 참조합니다.

⓮ **RTC(Real Time Clock)**: 실시간 시계입니다. 주변 장치로 분류할 수 있는데 보통은 메인보드에 내장 설치됩니다.

⓯ **전지(Battery)**: 외부 전원이 없을 때, CMOS와 RTC에 저장된 정보를 유지하기 위해 필요합니다. 만약 전지를 제거하면 CMOS에 설정된 정보와 RTC가 초기화됩니다.

---

[25] 전원이 꺼지면 데이터가 사라지는 특성을 가진 기억 장치

2.4 메모리

CPU가 작업자라면, 메모리(Primary Memory or Main Memory, 주기억 장치)는 명령어와 수치 데이터가 올라가 있는 작업대에 비유할 수 있습니다. 그래서 CPU는 메모리에서 명령어와 수치 데이터를 읽어와서 처리하고 결과를 다시 메모리에 저장합니다.

2.4.1 CPU와 상호 동작

CPU 입장에서 보면 메모리는 딱 2가지 동작만 합니다. 바로 데이터의 읽기, 쓰기입니다. 이 2가지 동작을 위해 CPU와 메모리는 시스템 버스로 상호 연결되어 신호를 주고받습니다. 각 동작에 대해 어떻게 신호를 주고받는지 알아보겠습니다.

2.4.1.1 읽기 동작

CPU는 메모리에서 데이터를 읽기 위해 신호를 보내는 과정입니다.

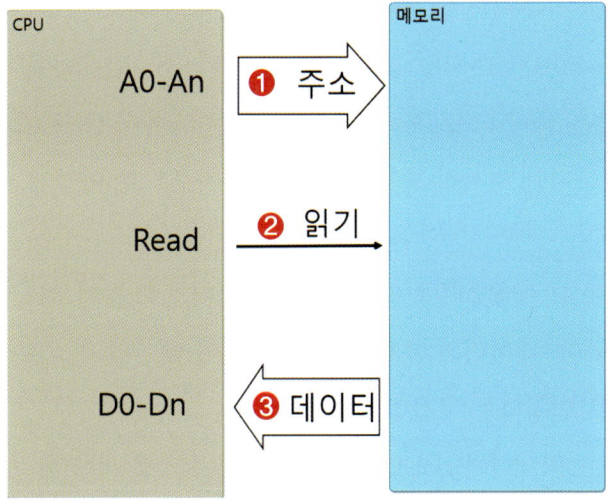

❶ CPU는 주소 버스를 통해 주소를 보냅니다.
❷ CPU는 제어 버스를 통해 읽기 신호를 보냅니다.
❸ 메모리는 받은 주소의 데이터를 데이터 버스를 통해 CPU에게 보냅니다.

컴퓨터의 장치들은 클럭 주파수에 맞춰 동작된다고 했었습니다. CPU와 메모리 사이의 데이터 입출력 과정 역시 클럭 주파수에 맞춰 동작하는데 그것을 나타낸 것을 타이밍 다이어그램(Timing Diagram)이라고 합니다. 다음은 읽기 과정을 나타낸 타이밍 다이어그램입니다.

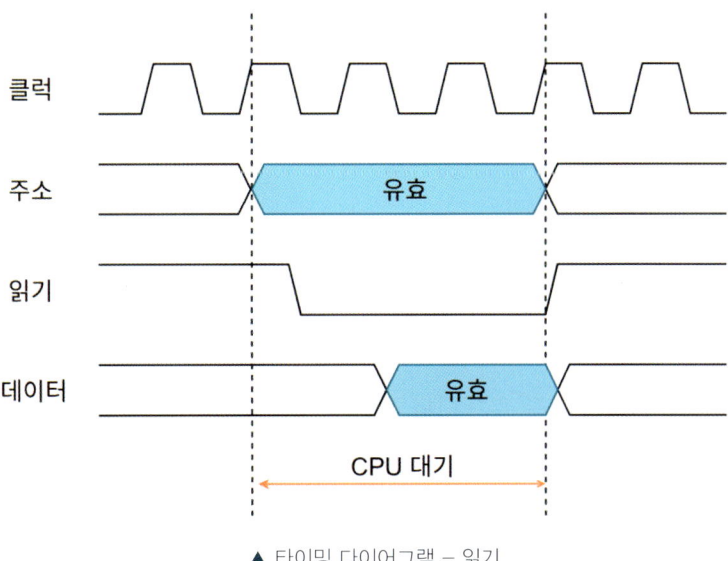

▲ 타이밍 다이어그램 – 읽기

그림을 보면 신호들이 수직 상승/하강하는 것이 아니라 대각선으로 상승, 하강하는 것을 볼 수 있습니다. 컴퓨터에서 디지털 값인 0과 1은 0v와 5v(컴퓨터에 따라 다름) 전압이라고 말씀드렸죠? 전압은 물리적으로 0v에서 5v로 또는 5v에서 0v로 즉시 바뀌지 못합니다. 매우 짧은 시간이긴 하지만 서서히 증가/감소하면서 바뀌므로 이렇게 대각선으로 표현하게 됩니다.

그림에서 주소의 유효는 메모리에 어떤 값이 주소 버스로 들어오고 있을 때 그것을 주소로 인정하는 구간입니다. 데이터의 유효는 CPU로 값이 데이터 버스로 들어오고 있을 때 그것을 유효한 데이터로 인정하는 구간입니다.

또한 그림을 보면 CPU 대기(IDEL) 시간이 있다는 것을 확인할 수 있습니다. 이것은 CPU에 비해 상대적으로 메모리가 느리기 때문에 발생하는 것입니다. 이러한 대기 시간에 다른 태스크를 가져와 실행하는 기술이 바로 하이퍼-스래딩(Hyper-Threading)입니다.

2.4.1.2 쓰기 과정

CPU는 메모리로 데이터를 쓰기 위해 신호를 보내는 과정입니다.

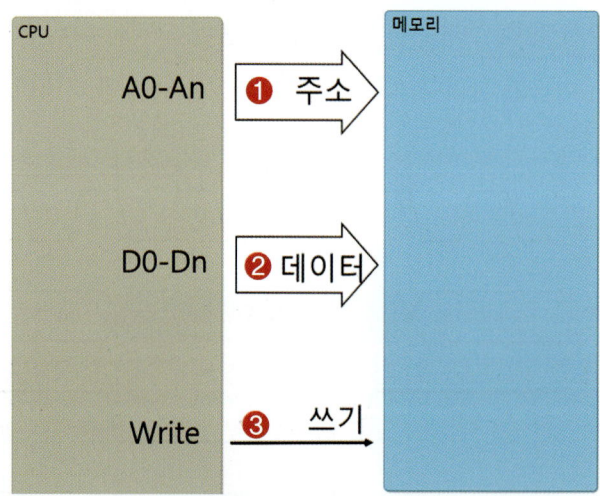

❶ CPU는 주소 버스로 주소를 보냅니다.
❷ CPU는 데이터 버스로 데이터를 보냅니다.
❸ CPU는 제어 버스에서 쓰기 신호를 보내면 메모리는 받은 데이터를 받은 주소에 저장합니다.

다음은 쓰기 과정을 나타낸 타이밍 다이어그램입니다.

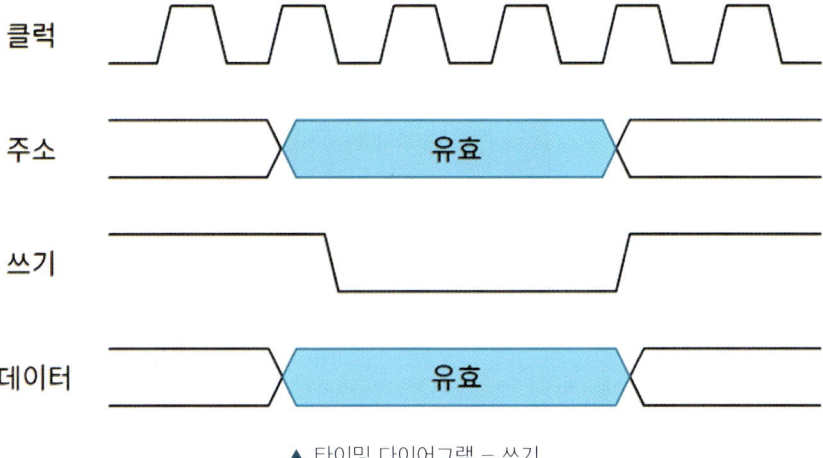

▲ 타이밍 다이어그램 – 쓰기

2.4.2 메모리의 종류

2.1.2에서 '기억 장치 종류에는 여러 가지가 있고 그 중 메모리는 램과 롬을 의미한다'고 했던 것을 기억하나요? 이 램과 롬은 어떻게 다른 지 알아봅시다.

2.4.2.1 램

램(Random Access Memory, RAM)은 실행되는 운영체제나 응용 프로그램의 소프트웨어들이 올라 가는 곳입니다. CPU는 그것들을 구성하는 명령어들을 이곳에서 가져와 처리하죠. 램은 데이터 위치에 상관없이 똑같은 속도로 접근해 읽거나 저장할 수 있는 특징을 가집니다. 또한 전원이 꺼지면 데이터가 사라지는 휘발성 기억 상지입니다.

▲ 램

2.4.2.2 롬

롬(Read Only Memory, ROM)은 램과 달리 데이터를 읽을 수만 있고 저장은 할 수 없는 장치입니다. 램과 반대로 전원이 꺼져도 데이터가 사라지지 않는 비휘발성 기억 장치입니다.

▲ 메인보드에 설치된 롬

롬은 공장에서 만들어질 때, 바이오스(BIOS, Basic Input/Output System) 프로그램이 설치됩니다. 바이오스는 펌웨어(Firmware)라고도 하는데 컴퓨터가 부팅하면서 처음 실행하는 특별한 프로그램입니다. 바이오스는 11.1.4에서 설명합니다.

2.4.3 내부 구성

메모리는 크게 칩과 해독기로 구성됩니다. 각각의 기능과 상호 동작을 알아보겠습니다.

2.4.3.1 칩

칩(Chip)은 데이터를 저장할 수 있는 용량을 가진 메모리의 부품으로, 보통 여러 개가 설치됩니다. 메모리에는 롬과 램이 있다고 했죠? 보통 롬으로는 한 개, 램으로는 수 십여 개의 칩이 들어가게 되는데, 이것들의 용량을 합하면 컴퓨터의 전체 메모리 용량이 됩니다. 메모리는 CPU와 시스템 버스로 연결된다고 했었습니다. 그래서 시스템 버스는 메모리 내부의 칩으로 이어집니다. 그림과 같이 시스템 버스의 읽기 신호, 쓰기 신호, 그리고 주소 버스, 데이터 버스는 각 칩으로 연결되고 신호에 따라 데이터의 읽기, 쓰기 동작을 하게 되는 것입니다.

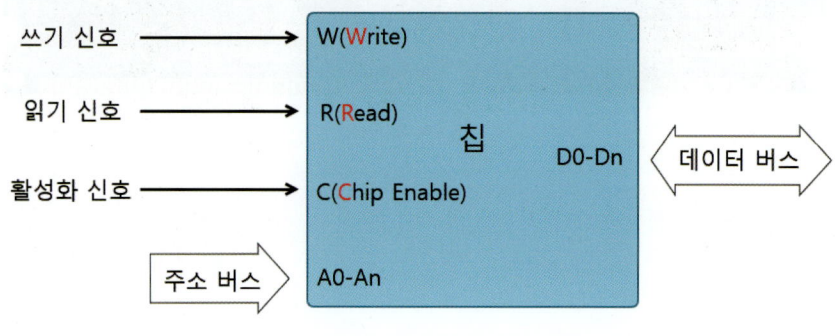

▲ 칩

그림을 자세히 보면 '칩 활성화 신호(Chip Enable Signal)'가 보입니다. 칩 활성화 신호는 전자 제품에서 전원을 On/Off 하는 것과 같이 칩의 동작 여부를 결정합니다. 전자 제품에서 전원이 Off된 상태에서는 어떤 사용자 입력이 있더라도 아무런 동작하지 않습니다. 마찬가지로 칩 선택 신호를 받지 않은 상태에서 다른 주소, 데이터, 읽기/쓰기 신호를 받더라도 아무런 동작하지 않습니다. 칩 활성화 신호를 받아야만 비로서 주소, 데이터, 읽기/쓰기 신호의 입력에 맞는 데이터의 읽기 또는 쓰기 동작을 하죠. 그렇다면 칩 활성화 신호는 굳이 왜 필요할까요? 메모리에는 다수의 칩이 들어가기 때문에 데이터를 입출력할 때 동작하는 칩 하나를 선택해야 합니다. 그러므로 칩 활성화 신호는 여러 칩 중 동작 시키려는 칩 하나를 선택하기 위해 필요합니다. 이 칩 활성화 신호는 해독기를 통해 전달받습니다.

2.4.3.2 해독기

해독기(Decoder)는 입력되는 n개의 신호를 해독한 후 2^n 개 중 하나를 선택해 출력하는 장치입니다. 따라서 2 to 4, 3 to 8, 4 to 16 등의 해독기가 있고, 컴퓨터 내의 여러 장치에서 두루 사용되는 중요한 장치입니다. 다음은 2 to 4 해독기로 입력 A, B 값에 따라 출력 $Y_0 \sim Y_3$ 중 하나를 선택해 출력하는 그림입니다.

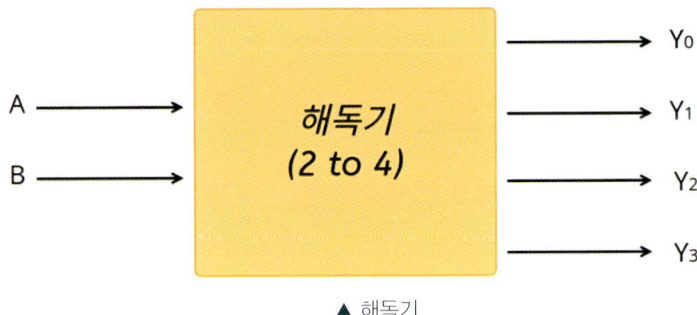

▲ 해독기

다음 진리표는 A, B의 입력에 따라 어떤 Yn 신호를 선택해 출력하는지 나타내고 있습니다.

입력		출력
A	B	선택신호
0	1	Y_0
1	0	Y_1
0	1	Y_2
1	1	Y_3

메모리로 들어온 주소 일부는 해독기로 입력됩니다. 이에 따라 해독기는 칩 하나를 활성화합니다. 만약 메모리가 4개의 칩으로 구성되어 있다면 주소 중 2비트(2^2=4)가 해독기로 입력됩니다. 그리고 4개의 출력 중 하나가 칩 하나를 활성화합니다.

2.4.3.3 메모리 내부 연결

CPU에서 메모리를 구성하는 해독기와 칩으로 이어지는 내부 연결은 어떻게 되는지 알아볼까요? 메모리는 128바이트 롬 칩 1개와 램 칩 3개로 구성되고 CPU는 A0~A15까지의 16비트 주소를 사용한다고 가정하겠습니다.

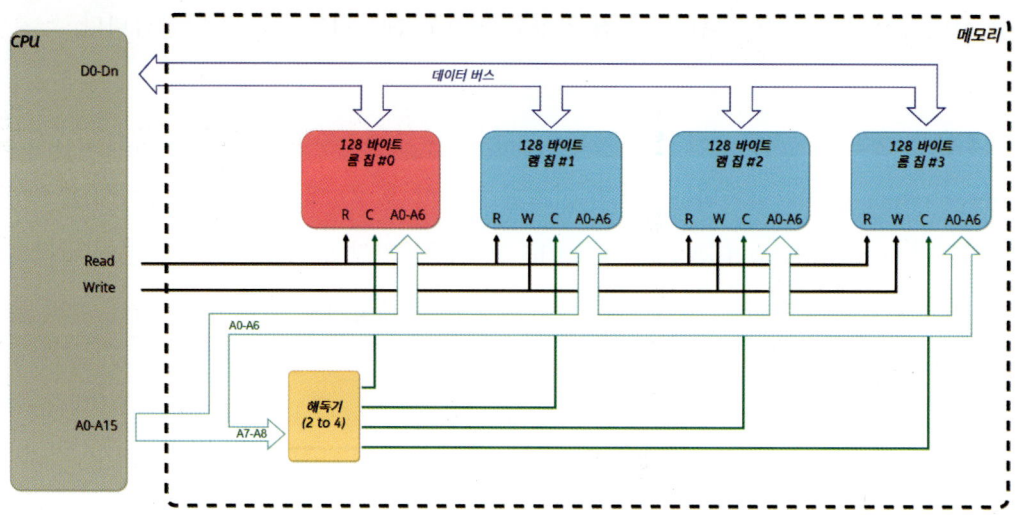

먼저 주소 버스는 어떻게 연결될까요? 각 칩의 128바이트 공간에서 위치를 지정하기 위해 필요한 주소는 7비트(2^7=128)이므로 A0~A6이 각 칩에 연결되어야 합니다. 해독기는 4개의 칩 중 하나를 선택해야 하므로 2비트(2^2=4) 주소가 필요합니다. 그래서 2비트 주소 A7~A8는 해독기로 입력됩니다. 해독기에서 나온 출력 4개는 각 칩의 칩 선택 신호로 들어갑니다. 나머지 A9~A15는 사용할 필요가 없으므로 연결되는 곳이 없습니다.

다음으로 데이터 버스, 읽기/쓰기 신호는 각 칩 별로 연결하면 됩니다. 그런데 여기서 롬 칩은 읽기 전용 장치이므로 쓰기 신호는 연결할 필요 없습니다!

CPU와 메모리가 위 그림과 같이 연결된다면 전체 메모리 공간에서 각 칩들이 위치한 주소는 다음과 같습니다.

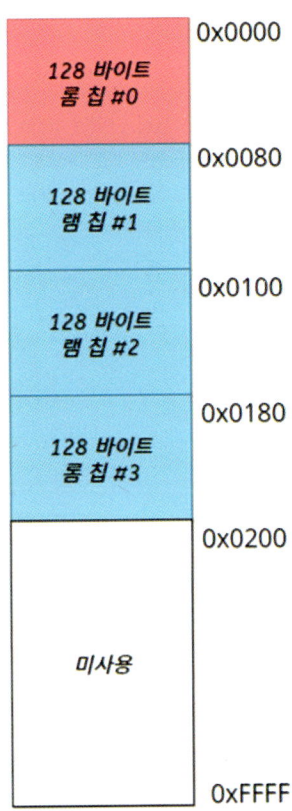

　CPU는 16비트 주소를 출력하므로 사용 가능한 최대 공간은 65536($=2^{16}$)바이트입니다. 그리고 주소는 0x0000~0xFFFF(10진수: 0~65535)를 가집니다. 하지만 그림에서 실제 설치된 것은 128바이트 용량을 가진 칩 4개이므로 실제 사용 공간은 총 512바이트(128바이트 x 4)가 됩니다. 주소는 0x0000~0x01FF(10진수: 0~511)를 가집니다.

> **Note** 메모리 저장 단위
>
> 셀(Cell), 워드(Word), 열(Row), 뱅크(Bank), 칩(Chip), DIMM(Dual Inline Memory Module, 양면 메모리 모듈)은 메모리에서 물리적인 저장 단위를 나타냅니다. 데이터의 최소 저장 단위는 1비트인데 메모리에서 1비트를 저장하는 반도체를 셀이라고 합니다. 컴퓨터에서 데이터를 바이트(=8비트) 단위로 저장하므로 셀은 8개 수준으로 묶어서 사용합니다. 이러한 셀의 집합을 워드라고 합니다. 워드의 집합은 열, 열의 집합은 뱅크, 뱅크의 집합은 칩, 칩의 집합은 DIMM이 됩니다. 보통 데스크톱용 램은 DIMM 단위의 개별 제품을 만들어 판매합니다.
>
>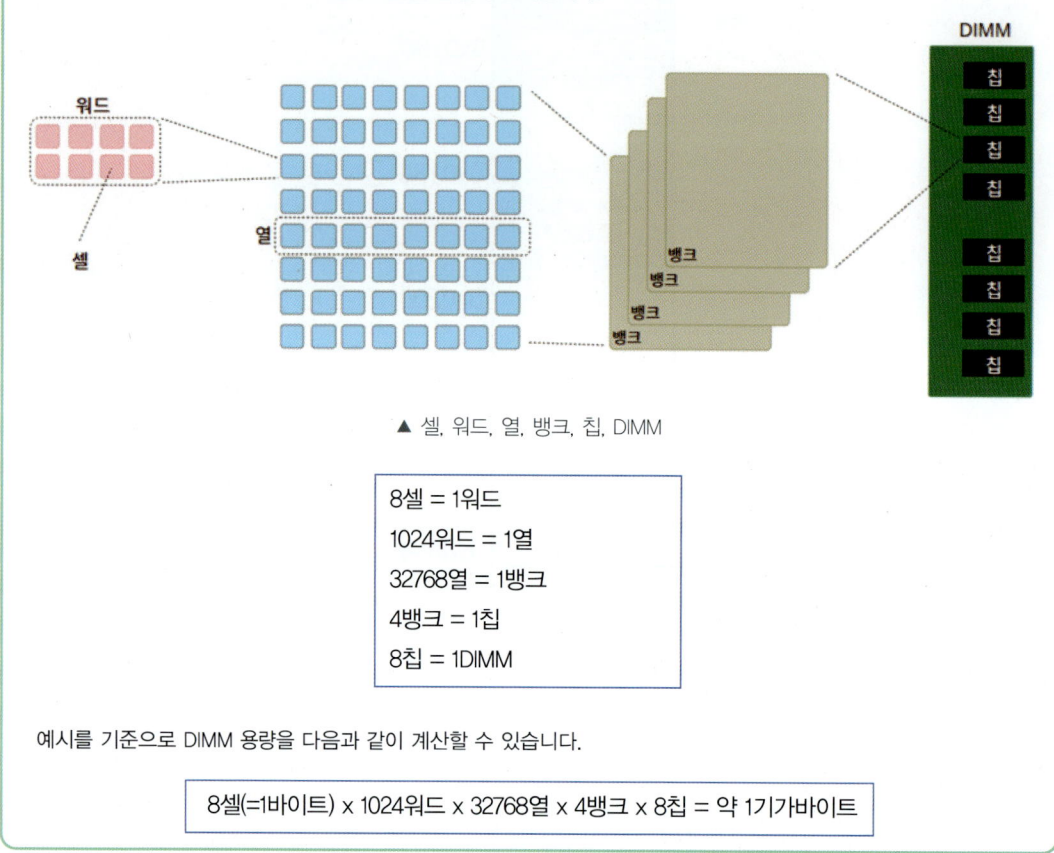
>
> ▲ 셀, 워드, 열, 뱅크, 칩, DIMM
>
> 8셀 = 1워드
> 1024워드 = 1열
> 32768열 = 1뱅크
> 4뱅크 = 1칩
> 8칩 = 1DIMM
>
> 예시를 기준으로 DIMM 용량을 다음과 같이 계산할 수 있습니다.
>
> 8셀(=1바이트) x 1024워드 x 32768열 x 4뱅크 x 8칩 = 약 1기가바이트

2.4.4 속도 향상 기술

메모리에서 램을 이루는 셀은 축전기(Capacitor)를 이용하는데, 물리적으로 전하의 충전/방전 속도가 상당히 느립니다. 속도를 올리기 위해 축전기의 충전 용량을 줄일 수도 있지만 데이터의 안정성이 문제가 되므로 이 방법은 물리적으로 한계가 있습니다. 그래서 속도를 올리기 위한 다른 방법으로 DDR 기술이 발전되었습니다.

---

[26] 과거에는 SIMM(Dual Inline Memory Module, 단면 메모리 모듈)이 였는데, 발전되어 현재는 DIMM만 사용되고 있습니다. DIMM은 SIMM보다 속도가 더 빠릅니다.

2.4.4.1 SDR vs DDR

초기에는 SDR(Single Data Rate) 기술을 사용했습니다. 클럭의 상승 순간에만 데이터를 입/출력하는 기술입니다. 그러다가 1988년에 DDR(Double Data Rate) 기술이 나왔습니다. DDR은 클럭의 상승 순간뿐만 아니라, 하강 순간에도 데이터를 입/출력할 수 있으므로 기존 SDR 대비 속도가 2배 향상되었습니다. 이러한 DDR의 속도 향상의 비밀은 바로 프리패치 기술입니다.

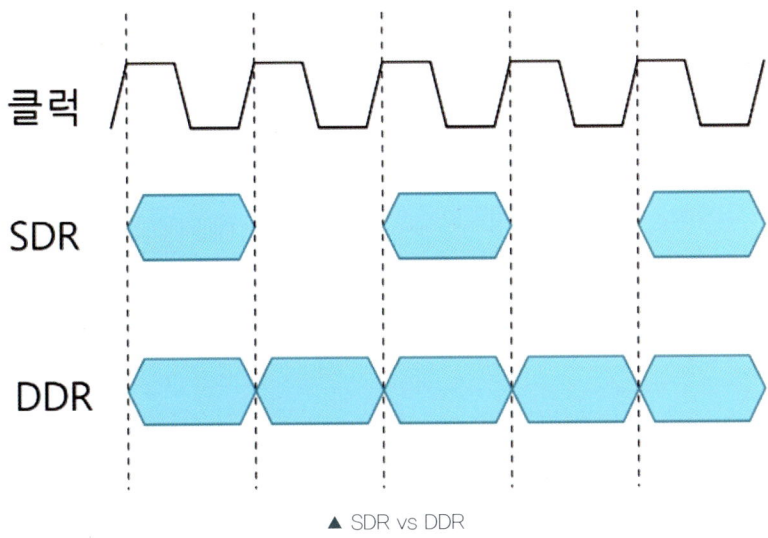

▲ SDR vs DDR

2.4.4.2 프리패치

프리패치(Prefetch)는 여러 뱅크를 그룹으로 묶어 병렬로 입/출력하는 것입니다. 내부의 개별 뱅크는 느리지만 빠른 I/O 버퍼로 한 번에 많은 데이터를 동시에 병렬로 입/출력하므로 외부로는 빠르게 직렬 입/출력할 수 있습니다. I/O 버퍼는 뱅크 방향으로 느리게 입/출력하므로 느린 내부 클럭에, 외부 방향으로 빠르게 입/출력하므로 빠른 외부 클럭에 맞추어 동작하게 됩니다.

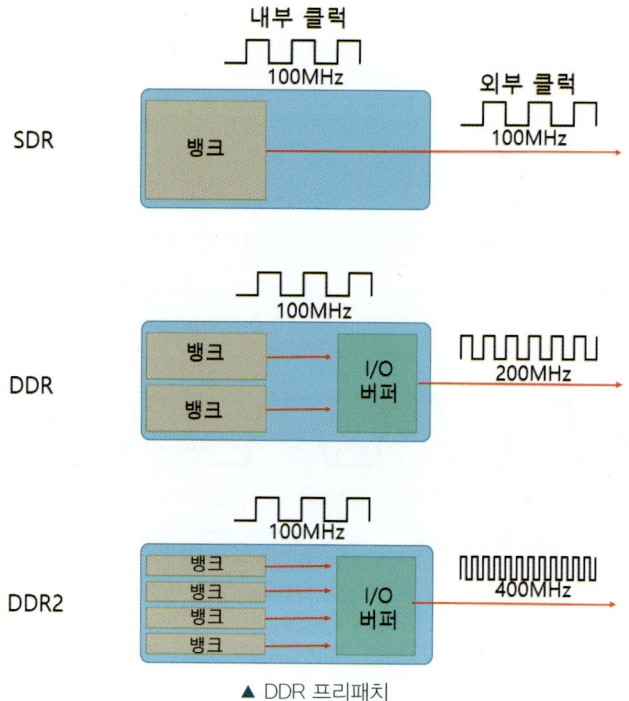

▲ DDR 프리패치

프리패치는 한번에 병렬로 가져올 수 있는 데이터 양이 2n, 4n, 8n으로 점점 발전했고 그에 따라 DDR, DDR2, DDR3 이름이 붙었습니다. 이러한 기술의 발전으로 현대의 DDR 내부 클럭은 아직 100~200MHz 수준에 머무르고 있지만, 외부 클럭은 3200MHz 이상 빠르게 동작할 수 있는 것입니다. 참고로 스토리지에서도 프리패치와 비슷한 기술인 RAID(Redundant Array of Independent Disk)[27] 가 있습니다.

이름	출시년	프리패치	외부 클럭(MHz)	속도(MT/S)[28]
SDR	1993	1n	100–166	100–166
DDR	2000	2n	133–200	266–400
DDR2	2003	4n	266–400	533–800
DDR3	2007	8n	533–800	1066–1600
DDR4	2014	8n	1066–1600	2133–3200
DDR5	2019	16n	1600–3200	3200–6400

▲ DDR 기술의 발전

[27] 여러 스토리지를 병렬로 연결해 데이터의 안정성과 속도를 향상시키는 기술
[28] MT/S(Mega-transfer/Second)는 32비트, 64비트 같은 버스 대역폭을 무시한 초당 전송 횟수

2.5 마무리

이번 장에서는 컴퓨터는 어떤 장치들로 구성되었는지 알아보았고 그 중에서 특히 CPU, 메모리, 메인보드에 대해 자세히 알아보았습니다.

메인보드를 통해 컴퓨터 구조의 대략적인 윤곽을 파악했습니다. 메인보드에는 중요한 시스템 버스를 제공하고 그 외에도 롬, 발진기 등이 들어가는 것을 알 수 있었습니다.

CPU를 구성하는 기본 장치들도 알아보았습니다. 그 중에서 산술 논리 장치를 자세히 알아보았는데요. 산술 논리 장치 내부에는 여러 연산 장치들과 선택기로 구성된다는 점 잘 기억하기 바랍니다.

컴퓨터를 구성하는 여러 장치들은 독립적으로 실행되지 않기 때문에 서로 연결 지어 살펴봐야 합니다. 앞으로 CPU, 메모리, 주변 장치들이 어떻게 상호 동작하는지 더 자세히 들어갈 것입니다.

다음 장에서는 CPU가 어떻게 사칙 연산을 하는지 알아보겠습니다.

CHAPTER

3

CPU는 어떻게 사칙 연산 할까?

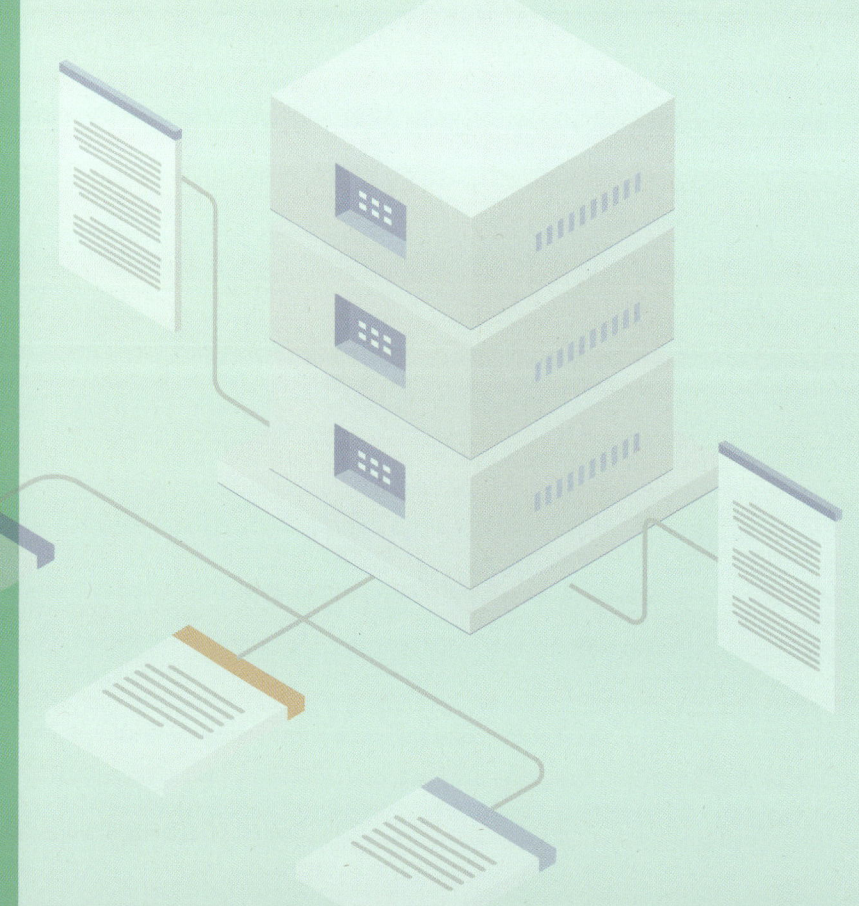

CPU 안에 있는 산술 논리 장치는 덧셈, 뺄셈, 곱셈, 나눗셈 등의 연산을 수행합니다. 컴퓨터 안에서 일어나는 대부분의 연산은 여기서 진행하지요. 이번 장에서는 산술 논리 장치 안에 들어 있는 사칙 연산 장치들을 알아보고, 실수와 정수에 따라 어떻게 연산하는지 살펴보겠습니다.
정수와 실수는 자료형이 다르기 때문에 연산을 처리하는 방식도 각기 다릅니다. 따라서 산술 논리 장치에는 정수에 대한 덧셈, 뺄셈, 곱셈, 나눗셈과 실수에 대한 덧셈, 뺄셈, 곱셈, 나눗셈의 장치가 각각 따로 들어갑니다.[1]
먼저 3.1절에서는 정수의 사칙 연산 장치들을 알아보고, 다음 3.2절에서는 실수 및 실수의 사칙 연산에 대해 알아보겠습니다.

---

[1] 2.2.3.3의 그림 '4개의 연산 기능이 있는 산술 논치 장치' 참고

3.1 정수의 사칙 연산

산술 논리 장치에는 정수에 대한 가산기(=덧셈 장치), 감산기(=뺄셈 장치), 곱셈기(=곱셈 장치), 나눗셈기(=나눗셈 장치), 이동기(=이동 장치)가 있습니다. 장치들을 설명하기에 앞서 컴퓨터에서 사용하는 정수의 구조와 종류부터 알아보겠습니다.

3.1.1 정수의 구조와 종류

정수는 -2, -1, 0, 1, 2 와 같이 소수점이 없는 수를 말합니다. 이러한 정수가 컴퓨터에서는 어떤 구조로 되어 있는지 먼저 이해해야, 뒤에 나올 가산기, 감산기, 곱셈기, 나눗셈기의 개념도 쉽게 파악할 수 있습니다.

3.1.1.1 정수의 구조

정수는 부호 사용 여부에 따라 부호 있는 정수(signed)와 부호 없는 정수(unsigned)로 나뉩니다.

- 부호 없는 정수

컴퓨터에서 부호 없는 정수는 0과 1, 2, 3 같은 양수만 나타낼 수 있는 자료형입니다. 데이터의 최소 단위는 2진수로 나타낼 수 있는 '비트'라고 언급했었죠? 10진수 5를 4비트[2]의 부호 없는 정수로 어떻게 나타낼 수 있을까요? 10진수를 비트, 즉 2진수로 변환하려면 10진수를 0이 될 때까지 2로 계속 나눈 뒤, 나머지들만 역순으로 읽으면 됩니다.

---

[2] 현재 컴퓨터에서 사용하는 데이터의 최소 단위는 8비트로, 4비트는 잘 사용되지 않습니다. 하지만 여기서는 보다 쉬운 이해를 위해 4비트를 사용하겠습니다. 어차피 8비트나 4비트나 비트수만 다를 뿐 원리는 같습니다.

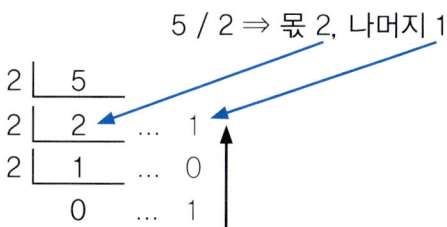

이렇게 2진수로 변환된 값을 4비트로 이루어진 부호 없는 정수의 구조에 넣는다면 다음과 같은 형태가 됩니다. 왼쪽의 모자란 비트는 0으로 채웁니다.

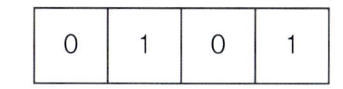

▲ 4비트로 이루어진 부호 없는 정수의 구조

역으로 위의 비트를 어떻게 10진수로 변환할 수 있을까요? 즉 2진수를 10진수로 변환하는 방법은 비트가 1인 자리의 인덱스[3]를 지수로 하는 2의 거듭 제곱을 모두 더하면 됩니다.

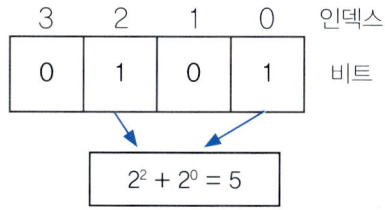

- 부호 있는 정수

컴퓨터에서 부호 있는 정수는 −2, −1과 같은 음수와 0, 양수 모두 나타낼 수 있는 자료형입니다. 부호 있는 정수를 이해하려면 2의 보수(2's complement)를 먼저 알아야 합니다. 2의 보수란 수의 부호를 바꿀 때 적용하는 규칙으로, 양수를 음수로, 음수를 양수로 바꾸는 것을 말합니다. 2의 보수의 규칙은 간단합니다. 모든 비트를 반전[4] 후 1을 더합니다. 다음과 같이 4비트인 5를 2의 보수를 적용하여 −5로 바꾸어 보겠습니다.

10진수	2진수
5	0101 [5]
	반전↓
부호 바뀜↓	1010
	더하기 1↓
−5	1011

---

[3] 비트열의 위치 번호, 가장 오른쪽을 0으로하고 왼쪽으로 1씩 증가합니다.
[4] 반전(Invert)이란 비트에서 0이면 1로, 1이면 0으로 바꾸는 것을 말합니다.
[5] 부호 없는 정수에서 배운 2진수를 10진수로 변환하는 방법으로 변환할 수 있습니다.

반대로 −5에 2의 보수를 적용하면 5가 됩니다.

10진수	2진수
−5	1011
	반전↓
부호 바뀜↓	0100
	더하기 1↓
5	0101

2의 보수의 규칙에 따라 부호 있는 정수에서 최상위 비트(=가장 왼쪽 비트)는 자동으로 부호를 나타내는 부호 비트(=Sign bit)가 된다는 것을 알 수 있습니다. 그러므로 부호 있는 정수를 n비트 자료형으로 나타낸다면 반($1/2^n$)은 최상위 비트를 0으로 하는 양수와 0을, 나머지 반($1/2^n$)은 1로 하는 음수가 됩니다. 다음은 2의 보수 규칙이 적용된 4비트 크기의 부호 있는 정수를 나열한 것입니다.

10진수	2진수	양수/음수/0	부호 비트
7	0111		
6	0110		
5	0101		
4	0100	양수	0
3	0011		
2	0010		
1	0001		
0	0000	0	
−1	1111		
−2	1110		
−3	1101		
−4	1100	음수	1
−5	1011		
−6	1010		
−7	1001		
−8	1000		

▲ 4비트로 나타낸 부호 있는 정수의 목록

4비트 크기이므로 총 16(=2^4)개의 수를 나타낼 수 있겠죠. 그 중에서 절반인 8개는 0과 양수를, 나머지 절반 8개는 음수(-1 ~ -8)가 됩니다. 절대값이 같은 음수와 양수는 서로 2의 보수 관계를 가지지만, 특별히 0과 음의 최대값(-8)은 2의 보수를 적용해도 값이 그대로인 점 유의하세요.

3.1.1.2 정수의 종류

수학에서 정수의 범위는 무한합니다. 하지만 컴퓨터는 물리적으로 제한된 저장 공간을 가지므로 유한한 범위의 정수만 다룰 수 있습니다. 컴퓨터에서 사용하는 정수의 자료형에는 여러 종류가 있고 그 종류에 따라 정수의 범위가 다릅니다. 다음은 정수의 종류에 따른 수의 범위를 정리해 놓은 표입니다. 프로그래밍 언어별로 다소 다를 수 있지만 대개 다음과 같습니다.

자료형	2진수	바이트	범위
부호 없는 정수	unsigned char	1	0~255
	unsigned short	2	0~65,535
	unsigned int	4	0~4,294,967,295
	unsigned long [6]	8	0~18,446,744,073,709,551,615
부호 있는 정수 [7]	char [8]	1	-128~127
	short	2	-32,768~32,767
	int	4	-2,147,483,648~2,147,483,647
	long [9]	8	-9,223,372,036,854,775,808~9,223,372,036,854,775,807

▲ 정수의 자료형

이렇게 다양한 자료형을 만들어 사용하는 이유는 무엇일까요? 바로 컴퓨터의 자원[10] 낭비를 최소화하기 위함입니다. 비트 수가 큰 자료형 일수록 메모리, 캐시 등의 공간을 더 많이 차지하고, CPU의 연산 시간도 더 걸립니다. 그래서 개발자는 코딩할 때 정수의 범위를 고려해 가능한 작은 크기의 자료형을 쓰는 것이 좋습니다. 그래야 불필요한 자원 낭비를 줄여 성능 좋은 소프트웨어를 개발할 수 있습니다.

---

[6] 8바이트 크기는 64비트 컴퓨터 기준이고, 32비트 컴퓨터는 4바이트를 사용합니다.
[7] 보통 부호 없는 정수에는 unsigned 키워드를 붙이지만, 부호 있는 정수에 붙는 signed 키워드는 생략합니다.
[8] character의 약자로 아스키 문자를 다룰 때 주로 사용하는 문자 자료형이지만, 1바이트 정수의 자료형으로도 사용할 수 있습니다.
[9] 8바이트 크기는 64비트 컴퓨터 기준이고, 32비트 컴퓨터는 4바이트를 사용합니다.
[10] 명령어 처리에 필요한 CPU, 클럭, 메모리, 스토리지 등을 의미합니다.

3.1.2 정수 가산기

정수의 덧셈을 담당하는 정수 가산기(=덧셈기)를 알아봅시다. 보통은 64비트[11] 또는 32비트[12] 가산기가 사용되지만, 여기서는 쉬운 이해를 위해 간단하게 4비트 가산기로 설명합니다. 4비트 가산기나 64비트 가산기나 비트 수만 다를 뿐, 원리는 같습니다. 가산기가 어떻게 동작하는지 이해하려면 먼저 정수의 덧셈 원리부터 알아야 합니다.

3.1.2.1 정수의 덧셈 원리

먼저 부호 없는 정수에 대한 덧셈 원리를 알아봅시다. 예로 두 수 A=3(0b0011), B=1(0b0001)을 더해봅시다. 2진수로 변환해서 비트별로 더하면 됩니다. 여기서 C는 올림수(Carry)가 됩니다.

```
          0   0   1   1  | C
                         | A
    +     0   0   0   1  | B
    ─────────────────────
                      0  | Y
```

❶ 최하위 비트(가장 오른쪽 자리)부터 덧셈합니다. 올림수에는 아무것도 없으니 C는 0입니다. C의 0, A의 1, B의 1을 더하면, 결과 Y는 0이 되고 다음 자리로 넘어가는 C는 1이 됩니다. A와 B만 더하면 되는데 일부러 C를 0으로 두고 같이 더하는 이유는 무엇일까요? A, B, C를 더한다 라는 규칙을 모든 위치에서 동일하게 만들기 위해서입니다.

```
              1   0      | C
          0   0   1   1  | A
    +     0   0   0   1  | B
    ─────────────────────
                      0  | Y
```

❷ 다음 자리 덧셈을 합니다. C의 1, A의 1, B의 0을 더하면 결과 Y는 0, 다음 자리로 넘어가는 C는 1이 됩니다

```
          1   1          | C
          0   0   1   1  | A
    +     0   0   0   1  | B
    ─────────────────────
                  0   0  | Y
```

---

[11] 64비트 컴퓨터 기준
[12] 32비트 컴퓨터 기준

❸ 다음 자리 덧셈을 합니다. C의 1, A의 0, B의 0을 더하면 결과 Y는 1, 다음 자리로 넘어가는 C는 0이 됩니다.

		0	1			C
		0	0	1	1	A
+		0	0	0	1	B
		1	0	0		Y

❹ 최상위 비트(가장 왼쪽 자리) 덧셈을 합니다. C의 0, A의 0, B의 0을 더하면 결과 Y는 0이 되고 다음 자리로 넘어가는 C는 0이 됩니다. 최상위 비트에서 발생한 C는 비트 범위를 넘어가므로 버려집니다.

0	0				C
	0	0	1	1	A
+	0	0	0	1	B
	0	1	0	0	Y

이번에는 부호 있는 정수의 덧셈을 해볼까요? 미리 말씀드리자면 부호 없는 정수나 부호 있는 정수나 덧셈 방법에는 아무런 차이가 없습니다. 부호 있는 정수에는 2의 보수 규칙이 적용된다고 했죠? 이 규칙이 적용된 2진수는 부호 없는 정수와 같은 방식으로 덧셈해도 정확하게 계산됩니다. 예를 들어 부호 있는 정수 A=-6(0b1010), B=2(0b0010)를 더해 보겠습니다. 이 두 값을 2진수로 변환해서 비트별로 더하면 됩니다.

	0	1	0	0	C
	1	0	1	0	A
+	0	0	1	0	B
	1	1	0	0	Y

결과는 부호 있는 정수 Y=-4(0b1100)로 정확하게 계산된다는 것을 알 수 있습니다. 한 개 더 해볼까요? 이번에는 부호 있는 정수 A=-5(0b1011), B=-2(0b1110)를 더해 보겠습니다.

```
                최상위 비트를 넘어가는 올림수는 버림

         1     1     1     0     0    C
                     1     0     1     1    A
           +   1     1     1     0    B
        ─────────────────────────────
               1     0     0     1    Y
```

결과는 부호 있는 정수 Y=-7(0b1001)로 정확하게 계산된다는 것을 알 수 있습니다. 최상위 비트를 넘어가는 올림수가 버려지더라도 결과는 정확하게 맞습니다.

이와 같이 부호 있는 정수나 부호 없는 정수나 신경 쓸 필요 없이 동일하게 일반적인 2진수 덧셈 방법을 적용하면 정확하게 계산됩니다.

하지만 덧셈 결과가 자료형의 범위를 넘어가는 경우 문제가 됩니다. 가령 A=-5(0b1011), B=-7(0b1001)로 두고 덧셈한다면 Y=-12가 올바른 결과이지만 그 결과는 4비트의 부호 있는 정수 범위(-8~7)를 넘어가므로 표현할 수 없습니다. 그래서 아래와 같이 두 수를 덧셈하면 결과는 부호 있는 정수 Y=4(0b0100)가 되어 틀린 값이 됩니다.

```
                최상위 비트를 넘어가는 올림수는 버림

         1     0     1     1     0    C
                     1     0     1     1    A
           +   1     0     0     1    B
        ─────────────────────────────
               0     1     0     0    Y
```

현대의 CPU는 정수를 덧셈할 때 부호 여부를 고려하지 않고 2진수로 된 비트를 그대로 덧셈하고 그 결과를 출력합니다. 그리고 연산 결과에서 최상위 비트를 넘어가는 값은 그냥 버립니다. 연산 결과가 자료형의 범위를 넘어가 값이 틀리더라도 CPU는 틀린 결과 그대로 출력합니다. 틀렸다고 친절하게 알려주지 않습니다. 따라서 개발자는 소프트웨어를 개발할 때 결과 값이 자료형의 범위를 넘어가는지 세심하게 살펴야 하고, 만약 넘어간다면 범위가 더 큰 자료형을 사용해야 합니다.

지금까지 2진수의 덧셈 방법을 알아보았는데요. 혹시 2진수 덧셈에는 규칙이 있다는 것을 발견하셨나요? 세로 방향의 3개의 비트 C, A, B 이렇게 3개 값을 더하고 그것의 결과 Y와 그 다음 자리로 넘어가는 C가 나온다는 규칙입니다. 현재 자리에서 덧셈하는 C를 C_in(input), 다음 자리로 넘어가는 C를 C_out(output)로 두었을 때 2진수 덧셈에 대한 진리표를 구할 수 있습니다.

입력			출력	
C_in	A	B	Y	C_out
0	0	0	0	0
1	0	0	1	0
0	0	1	1	0
1	0	1	0	1
0	1	0	1	0
1	1	0	0	1
0	1	1	0	1
1	1	1	1	1

▲ 2진수 덧셈 진리표

3.1.2.2 가산기

정수의 덧셈 원리를 이해했다면 이제 n비트 정수 가산기를 만들어 볼까요? 먼저 1비트를 덧셈하는 장치가 있는데 이것을 전가산기(Full Adder)라고 합니다. 〈2진수 덧셈 진리표〉를 만족하는 장치로, 다음과 같이 입력 3개와 출력 2개가 있습니다.

▲ 전가산기[13]

이것을 다음 그림과 같이 4개 연결하면 4비트 가산기를 만들 수 있습니다.

---

[13] 전가산기 회로 – https://upload.wikimedia.org/wikipedia/commons/a/a9/Full-adder.svg

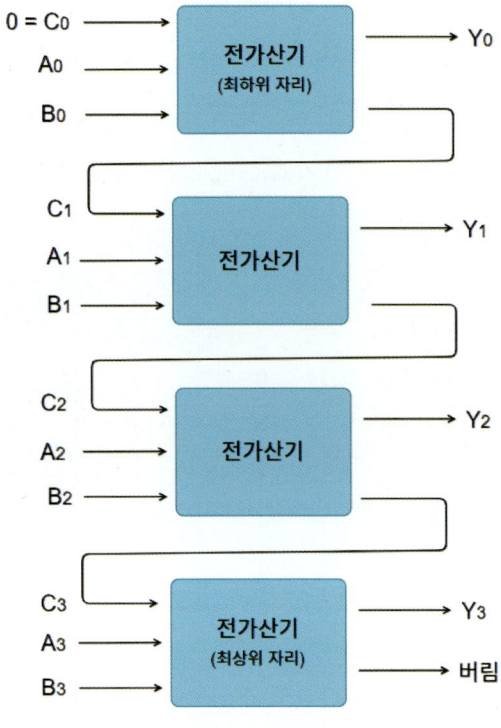

▲ 4비트 순차 자리 올림 가산기

이렇게 전가산기를 순차적으로 이어 붙인 것을 순차 자리 올림 가산기(Ripple Carry Adder, RCA)라고 합니다. 순차 자리 올림 가산기는 이전 자리 전가산기에서 나온 C_out은 다음 자리 전가산기의 C_in으로 들어갑니다. 최하위 자리의 C_in에는 0을 입력하고 최상위 자리에서 나온 C_out은 버려집니다. 이러한 방식으로 전가산기 32개를 연결하면 32비트 가산기, 64개를 연결하면 64비트 가산기를 만들 수 있는 것입니다.

하지만 순차 자리 올림 가산기는 가산기의 원리를 배우기 위한 기초 수준의 장치로 현대의 CPU에서는 잘 사용되지 않습니다. 하위 자리에서 계산된 올림수를 넘겨 받아야 상위 자리 계산을 할 수 있으므로 비트 수가 커진다면 올림수가 전파되는 단계가 많아져 그만큼 계산 시간이 오래 걸리는 단점이 있기 때문이죠. 그래서 이러한 단점을 개선한 올림수 예측 가산기(Carry Lookahead Adder, CLA)[14]와 자리 올림 저장 가산기(Carry Save Adder)[15]를 더 많이 사용합니다. 여러분은 CPU를 직접 설계할 것이 아니라면 순차 자리 올림 가산기만 알아도 충분합니다.

[14] 올림수 예측 가산기 회로 - https://en.wikipedia.org/wiki/Carry-lookahead_adder#/media/File:Four_bit_adder_with_carry_lookahead.svg
[15] 자리 올림 저장 가산기 회로 - https://vlsigyan.com/wp-content/uploads/2018/03/002_20_03_2018.jpg

3.1.3 정수 감산기

정수를 뺄셈하는 감산기(=뺄셈기)를 알아보겠습니다. 감산기도 2진수의 뺄셈 원리를 알아야 합니다. 2진수의 뺄셈 원리를 먼저 이해한 후 감산기는 어떻게 동작하는지 알아보겠습니다. 가산기와 마찬가지로 간단하게 4비트 감산기를 살펴보겠습니다. 감산기는 전감산기(Full Subtractor, FS)와 2의 보수기를 적용한 감산기, 두 가지가 있으므로 차례대로 설명하겠습니다.

3.1.3.1 정수의 뺄셈 원리

정수의 뺄셈 원리를 알아보기 위해 하나의 예로 A=13(0b1101)에서 X=7(0b0111)을 빼 보겠습니다. 2진수로 변환해서 비트별로 빼면 됩니다. 여기서 B는 빌림수(Borrow)를 나타냅니다.

```
            |   B
    1 1 0 1 |   A
  + 0 1 1 1 |   X
  ----------|------
            |   Y
```

❶ 최하위 비트(가장 오른쪽 자리)부터 뺄셈합니다. A의 1에서 X의 1과 B의 0을 빼면 결과 Y는 0, 다음 자리로 넘어가는 B는 0이 됩니다. A에서 X만 빼면 되는데 일부러 B를 0으로 두고 같이 빼는 이유는 무엇일까요? 'A에서 X와 B를 뺀다'라는 규칙을 모든 위치에서 동일하게 적용하기 위해서입니다.

```
          0   0  |   B
    1 1 0 1      |   A
  + 0 1 1 1      |   X
  ---------------|------
              0  |   Y
```

❷ 다음 자리 뺄셈을 합니다. A의 0에서 X의 1과 B의 0을 빼면 결과 Y는 1, 다음 자리로 넘어가는 B는 1이 됩니다.

```
        1 0     |   B
    1 1 0 1     |   A
  + 0 1 1 1     |   X
  --------------|------
          1 0   |   Y
```

❸ 다음 자리 뺄셈을 합니다. A의 1에서 X의 1과 B의 1를 빼면 결과 Y는 1, 다음 자리로 넘어가는 B는 1이 됩니다.

		1	1			B
		1	1	0	1	A
+		0	1	1	1	X
			1	1	0	Y

❹ 최상위 비트(가장 왼쪽 자리) 뺄셈을 합니다. A의 1에서 X의 0과 B의 1를 빼면 결과 Y는 0, 다음 자리로 넘어가는 B는 0이 됩니다. 최상위 비트에서 발생한 B는 비트 범위를 넘어가므로 버려지게 됩니다.

		0	1			B
		1	1	0	1	A
+		0	0	1	1	1	X
		0	1	1	0	Y

2진수 뺄셈에는 규칙이 있다는 것을 발견하셨나요? 세로 방향의 3개의 비트 A, X, B에 대해 뺄셈(A−X−B)하면 그것의 결과 Y와 그 다음 자리로 넘어가는 B가 나온다는 규칙입니다.

현재 자리에서 뺄셈하는 B를 B_in(input)로 하고 다음 자리로 넘어가는 B를 B_out(output)로 두었을 때 2진수 뺄셈에 대한 진리표를 구할 수 있습니다.

입력			출력	
B_in	A	B	Y	B_out
0	0	0	0	0
1	0	0	1	1
0	0	1	1	1
1	0	1	0	1
0	1	0	1	0
1	1	0	0	0
0	1	1	0	0
1	1	1	1	1

▲ 2진수 뺄셈 진리표

3.1.3.2 감산기

정수의 뺄셈 원리를 이해했다면 이제 n비트 정수 감산기를 만들어 볼까요? 먼저 1비트를 뺄셈하는 장치가 있는데 이것을 전감산기(Full Subtractor)라고 합니다. 〈2진수 뺄셈 진리표〉를 만족하는 장치로 다음과 같이 입력 3개와 출력 2개가 있습니다.

▲ 전감산기[16]

이것을 그림과 같이 4개 연결하면 4비트 가산기를 만들 수 있습니다.

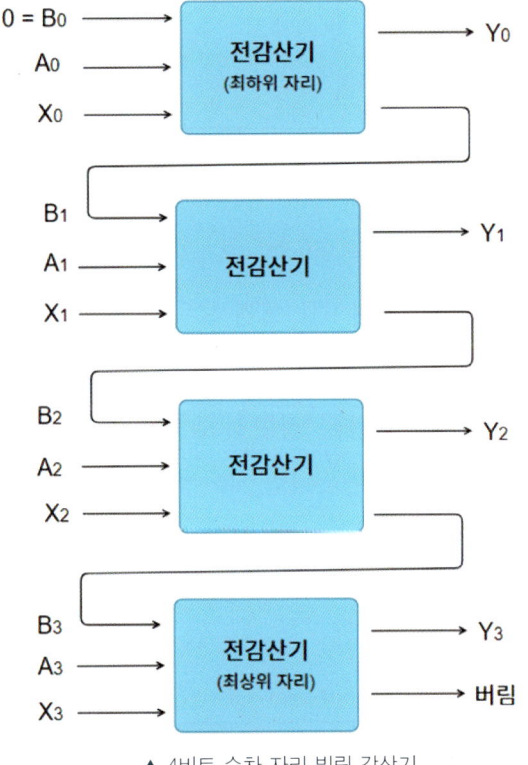

▲ 4비트 순차 자리 빌림 감산기

이렇게 전감산기를 순차적으로 이어 붙인 것을 순차 자리 빌림 가산기(Ripple Borrow Subtractor, RBS)라고 합니다. 이전 자리 전감산기에서 나온 B_out은 다음 자리 전감산기의 B_in으로 들어갑니다. 최하위 자리의 B_in에는 0을 입력하고 최상위 자리에서 나온 B_

---

[16] 전감산기 회로 - https://en.wikipedia.org/wiki/Subtractor#/media/File:Full-sub-Fixed.svg

out은 버려집니다. 같은 방식으로 전감산기 32개를 연결하면 32비트 감산기, 64개를 연결하면 64비트 감산기를 만들 수 있는 것입니다.

하지만 순차 자리 빌림 가산기는 감산기의 원리를 배우기 위한 기초 수준의 장치로 현대의 CPU에서는 잘 사용되지 않습니다. 하위 자리에서 계산된 빌림수를 넘겨 받아야 상위 자리를 계산을 할 수 있으므로 비트 수가 커진다면 빌림수가 전파되는 단계가 많아져 그만큼 계산 시간이 오래 걸리는 문제가 있기 때문이죠. 그래서 순차 자리 빌림 감산기보다는 2의 보수기를 적용한 감산기를 많이 사용합니다.

3.1.3.3 2의 보수를 적용한 뺄셈 원리

2의 보수기를 적용한 감산기를 알아보기 앞서, 2의 보수를 적용한 뺄셈 원리부터 알아보겠습니다. 수학에서 A에서 B를 빼는 것은 A에서 −B를 더하는 것과 같다는 것 아시죠? 2의 보수를 적용한 뺄셈도 같은 원리입니다.

$$A-B = A+(-B)$$

정수의 부호를 바꾸는 것, 즉 양수는 음수로, 음수는 양수로 바꾸는 것은 2의 보수를 적용하면 된다고 했습니다. 그래서 A에서 B를 뺄셈하는 방법은 B에 2의 보수를 적용 후 A와 더하면 됩니다.

그렇다면 2의 보수를 적용한 뺄셈은 정확하게 답이 나오지 확인해 볼까요? 예로 A=2(0b0010)에서 B=5(0b0101)를 빼겠습니다. 곧 B에 2의 보수를 적용하여 A와 더하는 것이죠. 그래서 B=5(0b0101)에 대한 2의 보수, 즉 B=−5(0b1011)로 두고 덧셈하겠습니다.

	0	0	1	0	0	C
		0	0	1	0	A
+		1	0	1	1	B
		1	1	0	1	Y

결과는 부호 있는 정수 Y=−3(0b1101)로 정확하게 계산된다는 것을 알 수 있습니다. 하나 더 해볼까요?

이번에는 A=−7(0b1001)에서 B=−3(0b1101)을 빼 보겠습니다. 그래서 B=−3(0b1101)에

대한 2의 보수, 즉 B=3(0b0011)로 두고 덧셈하겠습니다.

	0	0	1	1	0	C
		1	0	0	1	A
+		0	0	1	1	B
		1	1	0	0	Y

결과는 부호 있는 정수 Y=-4(0b1100)로 역시 정확하게 계산됩니다. 이렇게 2의 보수를 적용한 뺄셈은 정확하게 계산된다는 것을 알 수 있습니다.

3.1.3.4 2의 보수기를 적용한 감산기

2의 보수를 적용한 뺄셈 원리를 이해했다면 2의 보수기를 적용한 n비트 감산기[17]를 만들 수 있습니다.

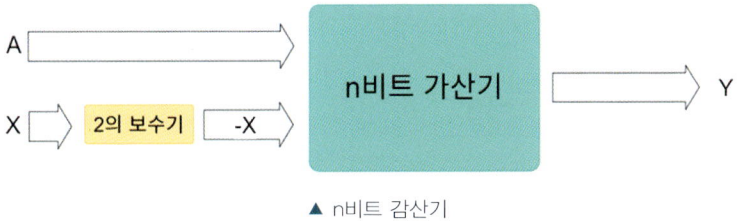

▲ n비트 감산기

그림을 보면 A는 가산기로 바로 입력되고, X는 2의 보수기를 통과해 -X로 바뀐 후 가산기로 입력됩니다. 결과적으로 뺄셈을 할 수 있게 되는 것이죠. 여기서 가산기는 3.1.2에서 설명한 순차자리 올림 가산기, 올림 수 예측 가산기, 자리 올림 저장 가산기 중 어떤 것이 와도 무방합니다.

---

[17] 2의 보수기를 적용한 n비트 감산기 회로 https://media.geeksforgeeks.org/wp-content/cdn-uploads/subtracter.png

3.1.4 정수 곱셈기

정수의 곱셈을 하는 정수 곱셈기에 대해 알아보겠습니다. 먼저 2진수의 곱셈 원리를 이해하고 그 원리에 맞게 동작하는 곱셈기를 만들어 보겠습니다. 여기서도 간단하게 4비트 곱셈기를 만들어 보는 것으로 하겠습니다.

3.1.4.1 정수의 곱셈 원리

곱셈기를 만들려면 정수의 곱셈 원리를 알아야 합니다. 정수의 곱셈도 마찬가지로 부호 없는 정수나 부호 있는 정수나 따로 구분할 필요 없이 동일하게 일반적인 2진수 곱셈 방법으로 계산하면 됩니다. 곱셈은 덧셈을 여러 번 하는 것이므로 당연한 이치라고 할 수 있습니다.

예로 부호 없는 정수 A=3(0b0011), B=5(0b0101) 이렇게 두 수를 곱셈하는 과정을 보겠습니다.

			0	0	1	1	A
	*		0	1	0	1	B
			0	0	1	1	$A*B_0$ [18]
		0	0	0	0		$A*B_1$
	0	0	1	1			$A*B_2$
0	0	0	0				$A*B_3$
			1	1	1	1	Y

최상위 비트를 넘어가면 버림

정수의 곱셈은 B를 비트별로 쪼개어 각각을 A와 곱하고, 그 결과들을 모두 더하면 됩니다. 여기서 B의 비트가 0과 1인 경우를 나누어 생각해 볼 수 있습니다. 먼저 0인 경우(예제에서 B_1, B_3의 경우), A 값과 상관없이 곱한 결과는 항상 0이 됩니다. 다음 1인 경우(예제에서 B_0, B_2의 경우), 그 값이 n번째 위치에 있다면 A가 왼쪽으로 n칸 이동한 값이 결과가 됩니다. 그러므로 곱셈의 원리는 B의 n번째 비트가 1인 경우만 A를 왼쪽으로 n칸 이동시킨 값들을 모두 더하면 됩니다. 최종 결과는 부호 없는 정수 Y=15(0b1111)로 정확하게 계산됩니다.

[18] B_n에서 n은 B의 n번째 비트 값을 나타냅니다.

이번에는 부호 있는 정수의 곱셈을 동일한 방법으로 계산하면 값이 정확하게 나오는지 볼까요? 부호 있는 정수 A=-4(0b1100), B=2(0b0010) 이렇게 두 수를 곱셈하겠습니다.

		1	1	0	0	A
*		0	0	1	0	B
		0	0	0	0	A * B₀ [19]
	1	1	0	0		A * B₁
0	0	0	0			A * B₂
0	0	0				A * B₃
		1	0	0	0	Y

최상위 비트를 넘어가면 버림

결과는 부호 있는 정수 Y=-8(0b1000)로 정확히 계산됩니다.

하나 더 알아볼까요? 부호 있는 정수 A=-3(0b1101), B=-1(0b1111) 이렇게 두 수를 곱셈하겠습니다.

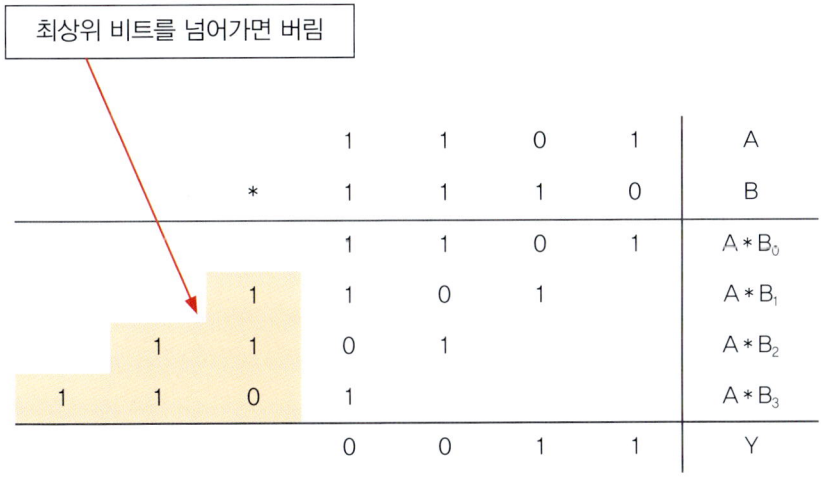

결과는 부호 있는 정수 Y=3(0b0011)로 정확히 계산됩니다. 이렇게 부호 있는 정수라도 동일하게 2진수 곱셈 방법으로 계산한다면 값이 정확하게 계산된다는 것을 확인할 수 있습니다.

---

[19] Bn에서 n은 B의 n번째 비트 값을 나타냅니다.

3.1.4.2 곱셈기

정수의 곱셈 원리를 이해했다면 이제 곱셈기[20]를 만들 수 있습니다. 입력 A와 B가 들어가면 곱한 결과 Y가 출력됩니다.

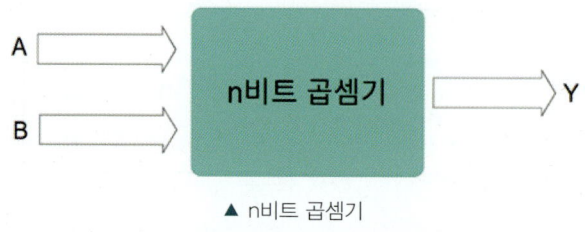

▲ n비트 곱셈기

곱셈을 해보면 비트 수만큼 덧셈을 해야 된다는 것을 알 수 있죠? 그래서 곱셈기 내부에는 가산기가 비트 수만큼 들어가게 됩니다. 여기서 가산기는 순차자리 올림 가산기, 올림수 예측 가산기, 자리 올림 저장 가산기 중 어떤 것이라도 무방합니다.

3.1.5 정수 나눗셈기

정수를 나눗셈하는 정수 나눗셈기를 알아보겠습니다. 먼저 2진수의 나눗셈 원리를 이해한 후 나눗셈기가 어떻게 동작하는지 알아보겠습니다. 여기서도 간단하게 4비트 나눗셈기를 살펴봅니다.

3.1.5.1 정수의 나눗셈 원리

나눗셈기 만들려면 정수의 나눗셈 원리를 알아야 합니다. 정수의 나눗셈은 다른 연산과 달리 부호 없는 정수와 부호 있는 정수의 연산 방법이 다릅니다.

먼저 부호 없는 정수의 나눗셈부터 알아보겠습니다. 예로 부호 없는 정수 P[21]=11(0b1011)을 D[22]=2(0b0010)으로 나누어 보겠습니다.

$$D=0010 \overline{\big)\begin{array}{l}\text{XXXX} = \text{몫} \\ 1011 = P\end{array}}$$

나눗셈 방법을 설명하자면 D를 P의 최상위 비트의 위치에서부터 왼쪽 이동하면서 뺄셈합니다. 그럼 과정을 자세히 볼까요?

---

[20] 곱셈기 회로 – https://www.electronicshub.org/wp-content/uploads/2015/06/4-bit-binary-multiplier.jpg
[21] Partial Remainder(=부분 나머지)의 앞 글자
[22] Divisor(=제수, 나누는 수)의 앞 글자

❶ 몫에서 최상위 비트를 구하는 단계입니다.

```
              0       = P에서 D를 뺄 수 없으므로 0
      0010 ⟌ 1011     = P
             0010     = D
             1011     = P(부분 나머지)
```

❷ 몫에서 다음 오른쪽 비트를 구하는 단계입니다.

```
              01      = P에서 D를 뺄 수 있으므로 1
      0010 ⟌ 1011
             0010
             1011     = P
             0010     = D
             0011     = P(부분 나머지)
```

❸ 몫에서 다음 오른쪽 비트를 구하는 단계입니다.

```
              010     = P에서 D를 뺄 수 없으므로 0
      0010 ⟌ 1011
             0010
             1011
             0010
             0011     = P
             0010     = D
             0011     = P(부분 나머지)
```

❹ 몫에서 최하위 비트를 구하는 단계입니다.

```
              0101    = P에서 D를 뺄 수 있으므로 1
      0010 ⟌ 1011
             0010
             1011
             0010
             0011
             0010
             0011     = P
             0010     = D
             0001     = P(최종 나머지)
```

P에서 D를 뺄 수 있다면 몫은 1, 뺄 수 없다면 몫은 0이 됩니다. P에서 D를 뺀 부분 나머지는 D를 왼쪽 한 칸 이동해 다시 빼기를 시도합니다. 이 과정을 비트 크기만큼 반복합니다. 나눗셈은 결과로 몫=5(0b0101), 나머지=1(0b0001)로 값이 정확하게 구해진다는 것을 알 수 있습니다.

부호 있는 정수의 나눗셈은 어떨까요? 부호 있는 정수는 피제수(=나누어지는 수), 제수(=나누는 수)를 양수로 바꾼 후 나눗셈합니다. 그 다음, 구해진 몫과 나머지의 부호는 아래와 같이 입력된 피제수와 제수의 부호에 따라 결정하면 됩니다.

입력		출력	
피제수	제수	몫	나머지
양수(0 포함)	양수	양수(0 포함)	양수(0 포함)
양수(0 포함)	음수	음수	양수(0 포함)
음수	양수	음수	음수
음수	음수	양수(0 포함)	음수

▲ 피제수와 제수의 부호에 따른 몫과 나머지의 부호

예를 들어 부호 있는 정수 P=-7(0b1001)을 D=3(0b0011)로 나누는 과정을 살펴보겠습니다. 먼저 피제수 P=-7(0b1001)로 음수이므로 2의 보수를 적용해 양수로 변환하여 P=7(b0111)로 만듭니다. 다음으로 P=7(b0111)에서 D= D=3(0b0011)를 나눕니다.

```
              0010  = 몫
      0011 ) 0111
             0011
             ────
             0111
             0011
             ────
             0111
             0011
             ────
             0001
             0011
             ────
             0001  = 나머지
```

나눗셈은 결과로 몫=2(0b0010), 나머지=1(0b0001)로 값이 구해졌습니다. 원래 피제수는 음수, 제수는 양수였으므로 〈피제수와 제수의 부호에 따른 몫과 나머지의 부호〉에 따라 몫과 나머지를 다시 음수로 변환해야 합니다. 2의 보수를 적용해 변환하면 최종적으로 몫=-2(0b1110), 나머지=-1(0b1111)이 됩니다.

3.1.5.2 나눗셈기

정수의 나눗셈 원리를 이해했다면 나눗셈기[23]를 만들 수 있습니다. 입력 P와 D가 들어가면 나눗셈한 결과인 몫과 나머지가 출력됩니다.

▲ n비트 나눗셈기

나눗셈을 해보면 여러 번 뺄셈을 해야 된다는 것을 알 수 있죠? 그래서 정수의 나눗셈기 내부에는 정수의 뺄셈기가 여러 개 들어가게 됩니다.

3.1.6 이동기

이동기(Shifter)는 비트열을 왼쪽 또는 오른쪽으로 n칸 이동시키는 장치입니다. 이동기를 통한 이동 연산(Shift Operation)은 생각보다 많이 사용되는 연산으로, 대부분의 프로그래밍 언어에서 다음과 같은 코드로 사용할 수 있습니다.

코드	설명
3 >> 2	정수 3의 비트열을 오른쪽으로 2칸 이동
-5 << 4	정수 -5의 비트열을 왼쪽으로 4칸 이동

이러한 이동 연산의 종류로는 논리 이동(Logical Shift), 산술 이동(Arithmetic Shift), 회전 이동(Rotate) 등이 있습니다. 이 중 가장 기본이 되는 논리 이동만 알면 충분합니다.

3.1.6.1 논리 이동

논리 이동은 전체 비트열 그대로 왼쪽 또는 오른쪽을 n칸 이동하는 연산입니다. 특히 부호 없는 정수를 왼쪽으로 n칸 이동하면 2^n 곱하는 결과를 가지게 되고, 오른쪽으로 n칸 이동하면 2^n으로 나누는 결과를 가지게 됩니다. 이렇게 2^n으로 곱하거나 나누는 연산을 할 때, 논리 이동기[24]가 곱셈기나 나눗셈기보다 속도가 빨라 대신 사용하면 성능을 높일 수 있습니다.

---

[23] 나눗셈기 회로 - https://digitalsystemdesign.in/wp-content/uploads/2019/05/SRRes-1.png
[24] 이동기 회로 - https://faculty.cs.niu.edu/~berezin/463/lec/gates/shifterm.gif

- **왼쪽 n칸 이동**: 부호 없는 정수 2(0b0010)를 왼쪽으로 한 칸 이동하면 4(0b0100)가 되고, 2칸 이동하면 8(0b1000)이 됩니다.

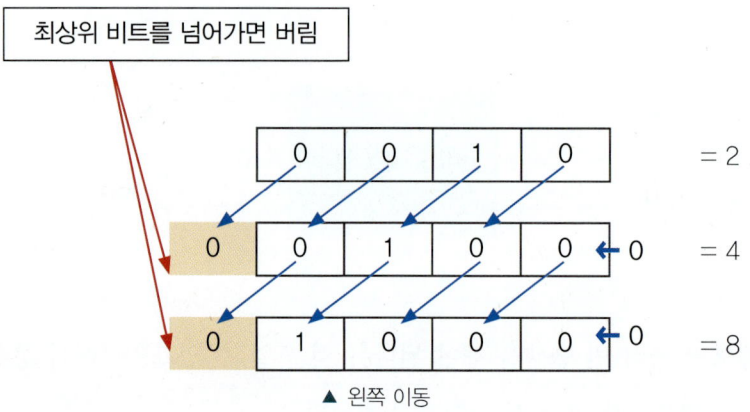

▲ 왼쪽 이동

- **오른쪽 n칸 이동**: 부호 없는 정수 10(0b1010)를 오른쪽으로 한 칸 이동하면 5(0b0101)가 되고, 2칸 이동하면 2(0b0010)가 됩니다.

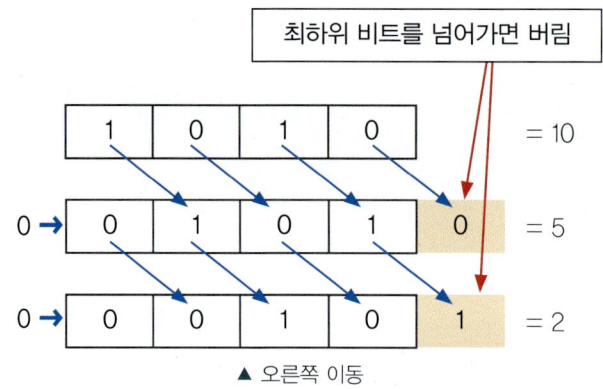

▲ 오른쪽 이동

3.2 실수

컴퓨터에서 실수를 어떻게 처리하는지 알아봅시다.

3.2.1 실수 구조

컴퓨터에서 실수는 수학에서의 0.35, -3.257 과 같은 소수점이 포함된 실수를 나타낼 수 있는 자료형입니다. 이러한 실수의 구조는 IEEE[25] 754의 규정을 따르는데 32비트와 64비트 실수가 있습니다. 보통 프로그래밍 언어에서 각각을 float과 double로 표현합니다. 둘의 구조에는 큰 차이가 없고 수를 표현할 때 32비트의 float보다 64비트의 double이 표현할 수 있는 수의 범위와 정밀도(Precision)가 더 크다고 할 수 있습니다. 여기서 정밀도란 얼마나 작은 수까지 정확하게 나타낼 수 있는지에 대한 척도입니다. 실수 구조는 다음과 같이 부호부, 지수부, 가수부로 구성됩니다.

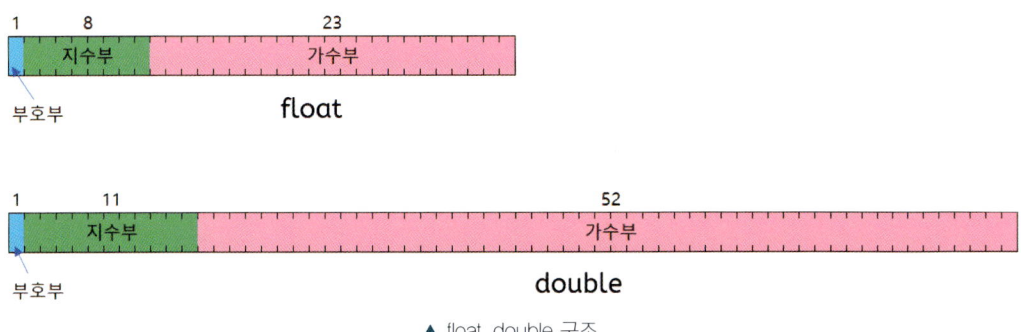

▲ float, double 구조

[25] 전기전자공학자 협회(Institute of Electrical and Electronics Engineers)라는 국제 기구로서 전기, 전자 및 컴퓨터 분야의 표준을 만들고 배포합니다

- **부호부(sign)**: 0이면 양수, 1이면 음수를 나타내는 부호 비트입니다.
- **지수부(exponent)**: 지수를 나타냅니다.
  - float: 8비트로 −127~128의 범위를 가집니다. 원래 8비트의 범위는 0~255인데, 음수를 표현하기 위해 범위를 −127(=0−127)~128(=255−127)로 이동합니다. 그래서 범위를 이동하기 위해 더하는 값, 즉 바이어스(Bias, 편향)는 −127이 됩니다.
  - double: 11비트로 −1023(=0−1023)~1024(=2047−1023)의 범위를 가집니다. float과 마찬가지로 음수를 표한하기 위한 바이어스는 −1023이 됩니다.
- **가수부(mantissa or fraction, 또는 소수부)**: 가수를 나타냅니다. 소수점 이하 자리를 표현합니다.
  - float: 실수를 1.xxx − xxx 형식으로 나타낼 때, 뒤의 소수부 x가 23자리까지 들어갑니다.
  - double: 실수를 1.xxx − xxx 형식으로 나타낼 때, 뒤의 소수부 x가 52자리까지 들어갑니다.

3.2.1.1 표현 범위

수학에서 실수의 범위는 무한합니다. 하지만 컴퓨터에서 실수는 제한된 공간을 가지므로 유한한 범위만 표현할 수 있습니다. 다음은 32비트 실수 float과 64비트 실수 double의 표현 범위를 나타냅니다.

종류	바이트	범위	유효 자릿수
float	4	1.175494e−38 [26] ~ 3.402823e+38 [27]	6
double	8	2.225074e−308 ~ 1.797693e+308	15

▲ float와 double의 범위

범위 영역에 안에 있더라도 수학에서의 실수를 모두 나타낼 수 없습니다. 가령 수학에서 0.001과 0.002 사이에는 무한한 실수가 존재합니다. 하지만 컴퓨터에서는 그것들을 모두 나타내지 못하고 대신 근사값으로 나타냅니다. 표에서 유효 자릿수는 정확하게 나타낼 수 있는 자릿수를 의미하고 그 크기를 넘어가면 근사값으로 나타내게 됩니다.

다음은 수학에서 1234.567890123456789를 float과 double로 표현한 것입니다. 다음과 같이 유효 자릿수 까지만 정확하게 표현할 수 있습니다.

---

[26] 아주 큰 수나, 작은 수를 나타낼 때 사용하는 지수 표기법으로 1.175494e−38은 1.175494 * 10^{-38}을 나타냅니다.
[27] 아주 큰 수나, 작은 수를 나타낼 때 사용하는 지수 표기법으로 3.402823e+38은 3.402823 * 10^{+38}을 나타냅니다.

	표현수
수학	1234.567890123456789
float	1234.5679000 6자리
double	1234.567890123457000 15자리

▲ 1234.567890123456789의 float 표현과 double 표현

3.2.1.2 실수 변환

10진수 형태의 실수는 컴퓨터의 실수 구조에 어떻게 저장될까요? 예로 실수 7.625가 float 구조에 어떻게 저장되는지 알아보겠습니다.

❶ 먼저 10진수의 실수에서 정수부를 2진수로 변환합니다. 실수 7.625에서 앞의 7이 정수부가 되는데 앞서 3.1.1.1에서 배운 부호 없는 정수를 2진수 변환하는 방법과 같습니다.

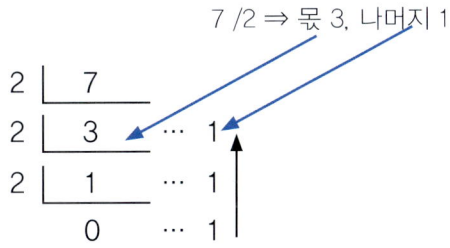

❷ 10진수의 실수에서 소수부를 2진수로 변환합니다. 실수 7.625에서 뒤의 0.625가 소수부가 됩니다. 이 값을 계속해서 2를 곱해, 0.0이 될 때까지 반복합니다. 구해진 값들에서 앞의 정수열이 곧 소수부의 2진수가 됩니다.

```
        0.625
          *2
        1.250
          *2
        0.500
          *2
        1.000
          *2
        0.000
```

❸ 구해진 2진수 실수를 $1.xxx * 2^n$ 꼴로 만듭니다. 2진수 실수에서 소수점을 위치를 바꾸기 위해서는 2^n을 곱하게 됩니다. 만약 n이 양수라면 소수점이 왼쪽으로 n칸 이동, 음수라면 오른쪽 n칸 이동합니다.

❹ 지수부를 구합니다. $1.xxx$ 에 곱해지는 2^n의 n에 바이어스를 더합니다. ❸에서 구해진 n은 2이고 float의 바이어스는 127이므로 지수부는 다음과 같이 구합니다.

n+바이어스=2+127=129=0b10000001

❺ 가수부를 구합니다. $1.xxx$ 에서 뒤의 소수 xxx 값들이 됩니다. ❸에서 구해진 값은 $1.11101 * 2^2$ 이므로 0을 채워 23자리의 가수부를 만들면 11101000000000000000000이 됩니다.

❻ 부호부를 구합니다. 7.625는 양수이므로 0이 됩니다.

❼ 구해진 부호부, 지수부, 가수부를 float 구조에 넣으면 됩니다.

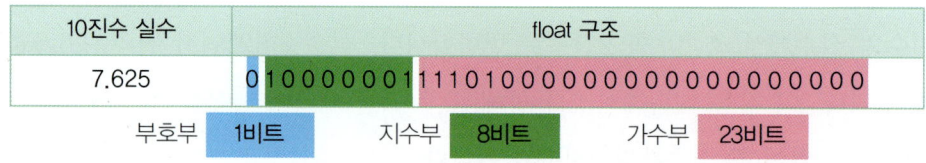

이번에는 반대로 위의 float 구조를 10진수 실수로 변환하는 과정을 알아보겠습니다. float 구조를 $1.xxx * 2^n$ 꼴로 만든 후 10진수로 변환하면 됩니다.

❶ float 구조를 $1.xxx * 2^n$ 꼴로 만듭니다. 여기서 b는 바이어스입니다.

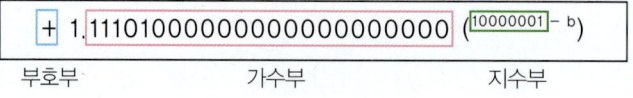

❷ 1.xxx * 2^n 꼴에서 2^n이 제거된 2진수 실수로 만들기 위해 n을 구합니다.

> n=0b10000001 - 바이어스=129-127=2

❸ ❷에서 구해진 n을 가지고 다음과 같이 2진수 실수로 변환합니다.

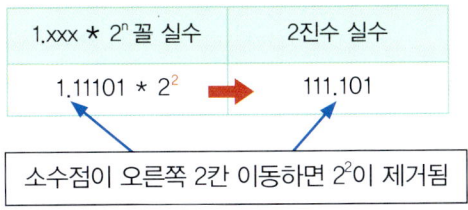

❹ ❸에서 구해진 2진수 실수에서 정수부를 10진수로 변환합니다. 변환 방법은 비트가 1인 경우만, 2의 제곱수를 인덱스로 하는 값들을 모두 더하면 됩니다. 3.1.1.1의 부호 없는 정수에서 배운 2진수를 10진수로 변환하는 방법과 같습니다.

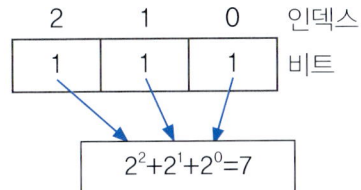

❺ ❸에서 구해진 2진수 실수에서 소수부를 10진수로 변환합니다. 소수부의 인덱스는 최상위 비트를 -1두고 오른쪽 방향으로 1씩 감소하는 값을 사용합니다.

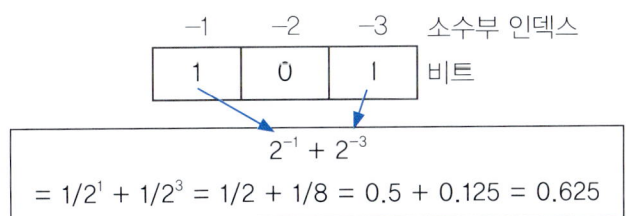

❻ ❹, ❺에서 구해진 10진수의 정수부와 소수부를 더합니다.

> 7 + 0.625 = 7.625

❼ ❻에서 계산된 값에 부호를 결정합니다. 위의 float 구조에서 부호부는 0이므로 양수가 됩니다.

> +7.625

3.2.2 사칙 연산

실수의 사칙 연산 원리를 이해하면 사칙 연산 장치들을 만들 수 있습니다. 사실 컴퓨터에서 실수의 사칙 연산 과정은 복잡한 편이라 이번 절은 꽤 어렵습니다. 그래도 꼭 원리를 이해하고 싶다면 보시고 그렇지 않다면 넘어가도 무방합니다.

3.2.2.1 실수 가산기

실수 가산기[28]는 실수 덧셈 원리에 따라 동작하는 장치입니다. 실수 덧셈 원리를 알아보기 위해 두 실수 −8.025와 3.025의 덧셈 과정을 보겠습니다.

10진수 실수	float 구조		
−8.025	1	10000010	00000000110011001100110
3.025	0	10000000	10000011001100110011010

부호부 1비트 / 지수부 8비트 / 가수부 23비트

❶ float 구조를 $1.xxx * 2^n$ 꼴 실수로 만듭니다. 여기서 b는 바이어스입니다.

10진수 실수	$1.xxx * 2^n$ 꼴 실수
−8.025	$-1.00000000110011001100110 * 2^{(10000010-b)}$
3.025	$1.10000011001100110011010 * 2^{(10000000-b)}$

❷ 작은 지수부를 큰 지수부에 맞추기 위해 작은 지수부 쪽 가수부의 소수점을 이동합니다. 큰 지수부의 값은 0b10000010 이고 작은 지수부의 값은 0b10000000 이므로 작은 지수부 쪽에 2(0b10)을 더합니다.

10진수 실수	2진수 실수
−8.025	$-1.00000000110011001100110 * 2^{(10000010-b)}$
3.025	$0.01100000110011001100110 10 * 2^2 * 2^{(10000000-b)}$ $= 0.0110000011001100110011010 * 2^{(10000010+10-b)}$ $= 0.0110000011001100110011010 * 2^{(10000010-b)}$

---

[28] 실수 가감산기 회로(덧셈/뺄셈 둘 다 가능) – https://www.researchgate.net/profile/Evelyn-Sowells-Boone/publication/324254446/figure/fig1/AS:612405268733952@1523020202382/Stage-4-of-32-Bit-Floating-Point-Adder-with-LZD.png

❸ ❷에서 만들어진 가수부의 덧셈을 합니다. 두 가수부의 소수점 위치를 맞추고 부호 없는 정수 덧셈하듯 그대로 덧셈하면 됩니다.

$$\begin{array}{r} -1.000000001100110011000 \\ +\ +0.011000001100110011010 \\ \hline -0.100111111111111111111110 \end{array}$$

❹ ❸에서 구한 가수부에 ❷에서 구한 지수부를 곱해 2진수 실수를 만듭니다.

10진수 실수	2진수 실수
-5	$-0.100111111111111111111110 * 2^{(10000010-b)}$

❺ ❹에서 구한 2진수 실수를 $1.xxx * 2^n$ 꼴로 만듭니다.

10진수 실수	$1.xxx * 2^n$ 꼴 실수
-5	$-0.100111111111111111111110 * 2^{(10000010-b)}$ $= -1.00111111111111111111110 * 2^{-1} * 2^{(10000010-b)}$ $= -1.00111111111111111111110 * 2^{(10000010-1-b)}$ $= -1.00111111111111111111110 * 2^{(10000001-b)}$

❻ ❺에서 부호부, 가수부, 지수부를 float 구조에 넣습니다. 가수부는 앞의 1. 을 뺀 뒤의 값들을 넣습니다. 가수부의 범위를 넘어가는 하위 자리는 버립니다. 지수부는 -b를 제외한 앞의 값만 넣습니다.

10진수 실수	float 구조
-5	1 10000001 00111111111111111111111

3.2.2.2 실수 감산기

실수 감산기[29]는 실수 뺄셈 원리에 따라 동작하는 장치입니다. 실수 뺄셈 원리를 알아보기 위해 두 실수 100.5와 10.5의 뺄셈 과정을 보겠습니다.

10진수 실수	float 구조
100.5	0 10000101 10010010000000000000000
10.5	0 10000010 01010000000000000000000

[29] 실수 가감산기 회로(덧셈/뺄셈 둘 다 가능) – https://www.researchgate.net/profile/Evelyn-Sowells-Boone/publication/324254446/figure/fig1/AS:612405268733952@1523020202382/Stage-4-of-32-Bit-Floating-Point-Adder-with-LZD.png

❶ float 구조를 1.xxx * 2^n 꼴 실수로 만듭니다. 여기서 b는 바이어스입니다.

10진수 실수	1.xxx * 2^n 꼴 실수
100.5	1.1001001000000000000000 * $2^{(10000101-b)}$
10.5	1.0101000000000000000000 * $2^{(10000010-b)}$

❷ 작은 지수부를 큰 지수부에 맞추기 위해 작은 지수부 쪽 가수부의 소수점을 이동합니다. 큰 지수부의 값은 0b10000101 이고 작은 지수부의 값은 0b10000010 이므로 작은 지수부 쪽에 3(0b11)을 더합니다.

10진수 실수	2진수 실수
100.5	1.1001001000000000000000 * $2^{(10000101-b)}$
10.5	1.0101000000000000000000 * $2^{(10000010-b)}$ = 0.0010101000000000000000000 * $2^{(10000010+11-b)}$ = 0.0010101000000000000000000 * $2^{(10000101-b)}$

❸ ❷에서 만들어진 가수부의 뺄셈을 합니다. 두 가수부의 소수점 위치를 맞추고 부호 없는 정수 뺄셈하듯 그대로 뺄셈하면 됩니다.

```
  1.1001001000000000000000
-  0.0010101000000000000000
  ─────────────────────────
  1.0110100000000000000000
```

❹ ❸에서 구한 가수부에 ❷에서 구한 지수부를 곱해 2진수 실수를 만듭니다.

10진수 실수	1.xxx * 2^n 꼴 실수
90.5	1.0110100000000000000000 * $2^{(10000101-b)}$

❺ ❹에서 구한 2진수 실수를 1.xxx * 2^n 꼴로 만듭니다. 아래와 같이 결과가 이미 그 꼴이라면 만드는 과정이 필요 없겠죠?

10진수 실수	1.xxx * 2^n 꼴 실수
90.5	1.0110100000000000000000 * $2^{(10000101-b)}$

❻ ❺에서 부호부, 가수부, 지수부를 float 구조에 넣습니다. 가수부는 앞의 1. 을 뺀 뒤의 값들을 넣습니다. 가수부의 범위를 넘어가는 하위 자리는 버립니다. 지수부는 -b를 제외한 앞의 값만 넣습니다.

10진수 실수	float 구조
90.5	0 10000101 01101000000000000000000

3.2.2.3 실수 곱셈기

실수 곱셈기[30]는 실수 곱셈 원리에 따라 동작하는 장치입니다. 컴퓨터에서 실수의 곱셈 원리는 수학에서 거듭 제곱 수의 곱셈 법칙을 따릅니다.

$$A^C * B^D = (A * B)^{(C+D)}$$

그래서 실수를 $1.xxx * 2^n$ 꼴로 만든 후 가수부끼리는 곱셈, 지수부끼리는 덧셈합니다. 실수 곱셈 원리를 알아보기 위해 두 실수 2.5와 -4.0의 곱셈 과정을 보겠습니다.

10진수 실수	float 구조
2.5	0 10000000 01000000000000000000000
-4.0	1 10000001 00000000000000000000000

❶ float 구조를 $1.xxx * 2^n$ 꼴 실수로 만듭니다. 여기서 b는 바이어스입니다.

10진수 실수	$1.xxx * 2^n$ 꼴 실수
2.5	$1.01000000000000000000000 * 2^{(10000000-b)}$
-4.0	$-1.00000000000000000000000 * 2^{(10000001-b)}$

❷ 가수부끼리 곱셈합니다. 두 가수부의 곱셈은 소수점과 상관없이 부호 없는 정수 곱셈하듯 그대로 곱셈하면 됩니다. 아래의 예제에서는 -100⋯00 와 101⋯00을 곱하면 됩니다. 계산된 결과에서 소수점은 최하위 비트에서 가수부의 크기 2배만큼 떨어진 곳에 위치합니다.

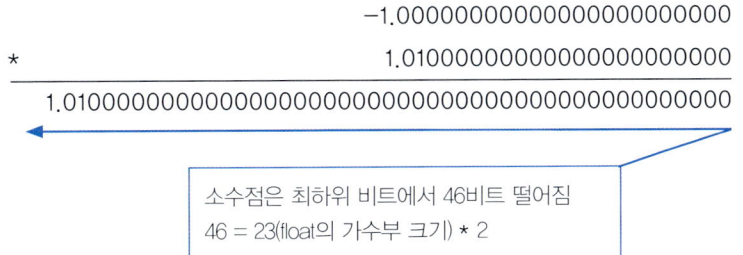

소수점은 최하위 비트에서 46비트 떨어짐
46 = 23(float의 가수부 크기) * 2

---

[30] 실수 곱셈기 회로 - https://digitalsystemdesign.in/wp-content/uploads/2020/02/FP_mul.jpg

❸ 지수부끼리 덧셈합니다. 여기서 b(127=0b01111111)는 바이어스입니다.

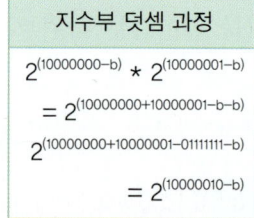

지수부 덧셈 과정

$$2^{(10000000-b)} * 2^{(10000001-b)}$$
$$= 2^{(10000000+10000001-b-b)}$$
$$2^{(10000000+10000001-01111111-b)}$$
$$= 2^{(10000010-b)}$$

❹ 부호부를 결정합니다. 부호는 두 실수의 부호에 따라 다음과 같이 결정됩니다. 예제의 두 실수의 부호에 따라 결과는 음수가 됩니다.

피승수[31]	승수[32]	결과
양수	양수	양수
양수	음수	음수
음수	양수	음수
음수	음수	양수

❺ ❷, ❸, ❹에서 구한 가수부, 지수부, 부호부를 $1.xxx * 2^n$ 꼴로 만듭니다.

10진수 실수	$1.xxx * 2^n$ 꼴 실수
−10.0	$-1.010000000000000000000000000000000000 * 2^{(10000101-b)}$

❻ ❺에서 구해진 값의 부호부, 가수부, 지수부를 float 구조에 넣습니다. 가수부는 앞의 1.을 빼고 나머지를 넣습니다. 가수부의 범위를 넘어가는 하위 자리는 버립니다. 지수부는 −b를 제외한 앞의 값만 넣습니다.

10진수 실수	float 구조
−10.0	1 10000010 01000000000000000000000

3.2.2.4 나눗셈기

실수 나눗셈기[33]는 실수 나눗셈 원리에 따라 동작하는 장치입니다. 컴퓨터에서 실수의 나눗셈 원리는 수학에서 거듭 제곱 수의 나눗셈 법칙을 따릅니다.

$$A^C / B^D = (A / B)^{(C-D)}$$

---

[31] 곱셈 당하는 수를 말합니다. a * b에서 a가 됩니다.
[32] 곱셈하는 수를 말합니다. a * b에서 b가 됩니다
[33] 실수 나눗셈기 회로 − https://digitalsystemdesign.in/wp−content/uploads/2020/02/FP_div.jpg

그래서 실수를 1.xxx * 2^n 꼴로 만든 후 가수부끼리는 나눗셈, 지수부끼리는 뺄셈합니다. 실수 나눗셈 원리를 알아보기 위해 두 실수 20.0에서 100.0의 나눗셈 과정을 보겠습니다.

10진수 실수	float 구조
20.0	0 10000011 01000000000000000000000
100.0	0 10000101 10010000000000000000000

❶ float 구조를 1.xxx * 2^n 꼴 실수로 만듭니다. 여기서 b는 바이어스입니다.

10진수 실수	1.xxx * 2^n 꼴 실수
20.0	1.01000000000000000000000 * $2^{(10000011-b)}$
100.0	1.10010000000000000000000 * $2^{(10000101-b)}$

❷ 가수부끼리 나눗셈합니다. 두 가수부는 소수점과 상관없이 부호 없는 정수 나눗셈하듯 그대로 나눗셈하면 되는데, 피제수 뒤에 0을 가수부 크기 +1 만큼 붙인 후 나눗셈합니다. 이렇게 뒤에 0들을 붙인 후 나눗셈해야 소수점 아래의 몫을 구할 수 있습니다.

계산된 결과에서 소수점은 최하위 비트에서 가수부의 크기 +1 만큼 떨어진 곳에 위치합니다.

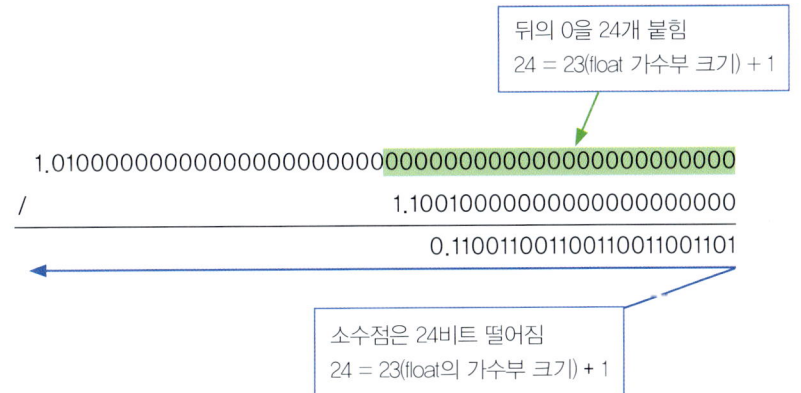

❸ 지수부끼리 뺄셈합니다. 여기서 b(127=0b01111111)는 바이어스입니다.

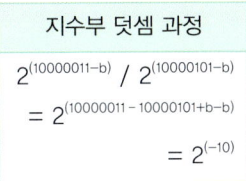

❹ 부호부를 결정합니다. 부호는 두 실수의 부호에 따라 다음과 같이 결정됩니다. 예제의 두 실수의 부호에 따라 결과는 음수가 됩니다.

피제수[34]	제수[34]	결과
양수	양수	양수
양수	음수	음수
음수	양수	음수
음수	음수	양수

❺ ❷, ❸, ❹에서 구한 가수부, 지수부, 부호부를 $1.xxx * 2^n$ 꼴로 만듭니다.

10진수 실수	$1.xxx * 2^n$ 꼴 실수
0.2	$0.1100110011001100110011001101 * 2^{(-10)}$ $= 1.100110011001100110011001101 * 2^{(-10\ -1)}$ $= 1.100110011001100110011001101 * 2^{(-11)}$ $= 1.100110011001100110011001101 * 2^{(-11+b-b)}$ $= 1.100110011001100110011001101 * 2^{(-11+01111111-b)}$ $= 1.100110011001100110011001101 * 2^{(01111100-b)}$

❻ ❺에서 구해진 값의 부호부, 가수부, 지수부를 float 구조에 넣습니다. 가수부는 앞의 1. 을 뺀 뒤의 값들을 넣습니다. 가수부의 범위를 넘어가는 하위 자리는 버립니다. 지수부는 -b를 제외한 앞의 값만 넣습니다.

10진수 실수	float 구조
0.2....	0 01111100 10011001100110011001101

 float 구조에 들어간 값은 사실 딱 떨어지는 0.2가 아닌 0.20000000298023223877 입니다. 컴퓨터에서 모든 실수를 정확하게 표현할 수 없을 경우 근사값으로 표현한다고 했죠? float 구조에서 0.2를 정확히 표현할 수 없습니다. 그래서 근사값인 0.20000000298023223877으로 표현하게 된 것입니다.

 이렇게 실수의 사칙 연산 원리들을 알아보았는데요. 정수의 사칙 연산 원리에 비해 훨씬 복잡하죠? 그러므로 CPU에 들어가는 실수의 사칙 연산 장치들은 정수의 사칙 연산 장치들보다 훨씬 복잡합니다. 일반적으로 컴퓨터에서 장치가 복잡하다는 것은, 회로가 더 많이 들어가므로 비용이 비싸고, 연산 시간도 더 걸린다는 것을 의미합니다. 그래서 일반적으로 실수 연산은 정수 연산에 비해 늦습니다.

---

[34] 나눗셈 당하는 수를 말합니다. a/b에서 a가 됩니다.
[35] 나눗셈하는 수를 말합니다. a/b에서 b가 됩니다.

3.3 마무리

이번 장에서는 CPU의 사칙 연산 장치들을 알아보았는데요. 정수와 실수의 자료형이 다르기 때문에 각각 정수의 사칙 연산 장치들과 실수의 사칙 연산 장치들로 나뉜다는 것을 알 수 있었습니다.

정수는 제한된 공간을 가지므로 제한된 범위의 수만 표현할 수 있습니다. 이러한 정수는 부호 있는 정수와 부호 없는 정수로 나뉘고, 부호 없는 정수는 2의 보수 규칙이 적용된다는 점 꼭 유의하세요.

정수의 덧셈, 뺄셈, 곱셈은 부호 있는 정수나 부호 없는 정수나 구분 없이 같은 원리에 따라 계산하면 올바른 결과가 나오므로 연산 장치들도 그것들을 따로 구분해서 연산할 필요가 없습니다.

정수의 나눗셈의 경우는 좀 다른데 특히 부호 없는 정수의 경우, 모두 양수로 바꾸어 계산하고 계산된 결과의 몫과 나머지의 부호를 다시 결정한다고 했습니다.

실수는 32비트 float과 64비트 double 두 가지 구조가 있었고, 제한된 공간을 가지므로 모든 실수를 표현할 수 없습니다.

다음 장에서는 CPU가 명령어를 가져와서 사칙 연산 등의 처리 과정을 살펴보겠습니다.

CHAPTER
4

CPU가 처리하는 명령어

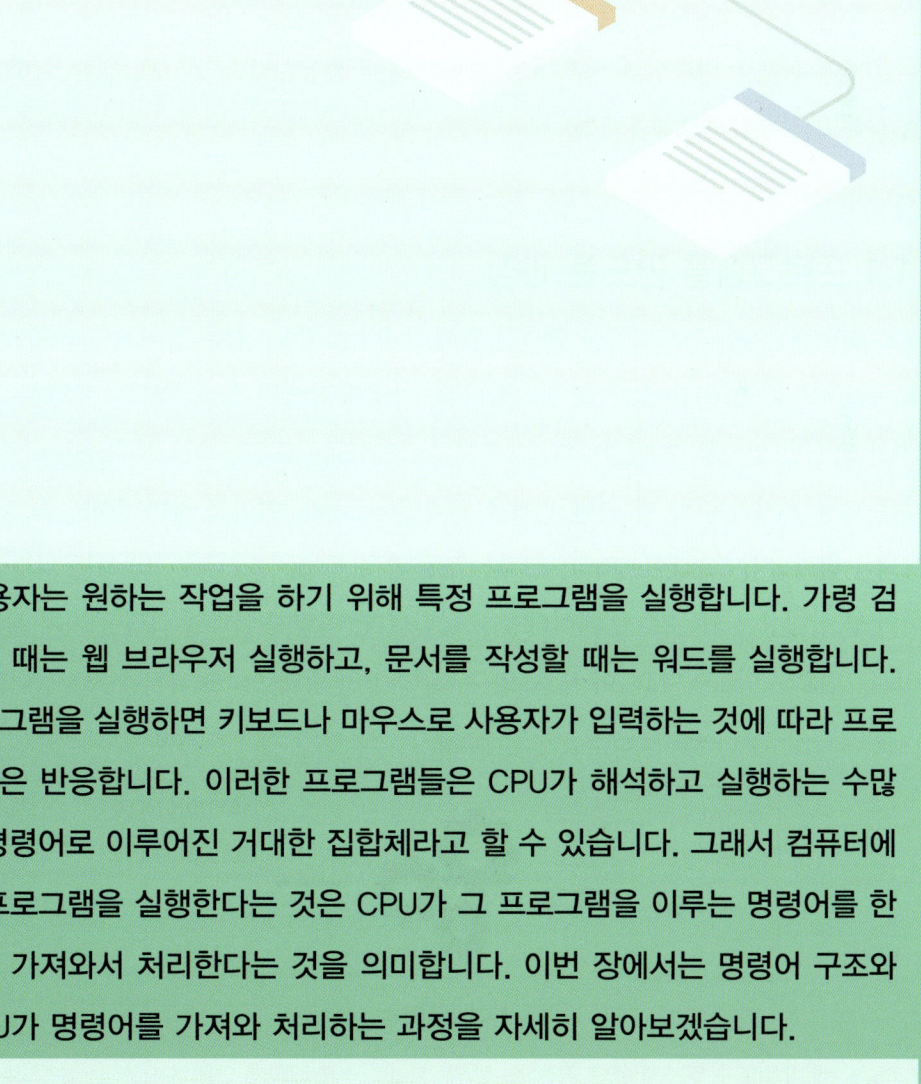

사용자는 원하는 작업을 하기 위해 특정 프로그램을 실행합니다. 가령 검색할 때는 웹 브라우저 실행하고, 문서를 작성할 때는 워드를 실행합니다. 프로그램을 실행하면 키보드나 마우스로 사용자가 입력하는 것에 따라 프로그램은 반응합니다. 이러한 프로그램들은 CPU가 해석하고 실행하는 수많은 명령어로 이루어진 거대한 집합체라고 할 수 있습니다. 그래서 컴퓨터에서 프로그램을 실행한다는 것은 CPU가 그 프로그램을 이루는 명령어를 한 개씩 가져와서 처리한다는 것을 의미합니다. 이번 장에서는 명령어 구조와 CPU가 명령어를 가져와 처리하는 과정을 자세히 알아보겠습니다.

4.1 명령어들의 집합체, 프로그램

프로그램은 수많은 명령어로 이루어진 집합체라고 했었습니다. 프로그램은 어떻게 만들어지고 실행되는지 알아보겠습니다.

4.1.1 프로그램을 만드는 과정

소프트웨어 개발자는 프로그램을 만들기 위해 C, Java, C++ 같은 상위 수준의 프로그래밍 언어로 소스 코드(Source Code)[1] 를 작성합니다. 이렇게 작성된 소스 코드는 개발자는 이해할 수 있지만 CPU는 인식할 수 없습니다. 그래서 소스 코드는 CPU가 인식할 수 있는 '기계어'로 변환하는 과정을 거치는데, 이 변환 과정을 컴파일(Compile)이라고 하며 컴파일을 도와주는 프로그램을 컴파일러(Compiler)라고 합니다. 변환된 기계어는 'CPU가 처리하는 명령어'와 그 명령어의 연산 대상이 되는 '수치 데이터'를 포함합니다. 이렇게 컴파일 과정을 거쳐 실행할 수 있는 프로그램으로 만들어지고, 이 프로그램은 실행 파일 형태로 스토리지에 저장됩니다.

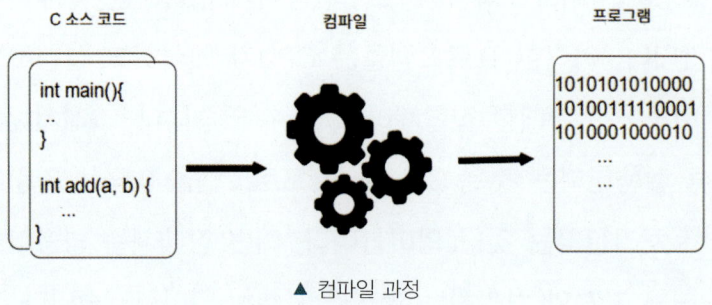

▲ 컴파일 과정

[1] 소스 코드는 사람이 읽을 수 있는 형식으로 작성하는 텍스트 파일로, 소프트웨어를 만들 때 사용하는 설계도로 생각하면 됩니다.

> **Note** 컴파일러
>
> 컴파일하는 프로그램을 컴파일러(Compiler) 라고 하며 프로그래밍 언어, CPU, 운영체제에 따라 사용되는 컴파일러가 다릅니다. 왜냐하면 프로그래밍 언어마다 소스 코드 형식이 다르고, CPU마다 명령어 구조가 다르고, 운영체제마다 프로그램 구조가 다르기 때문입니다. 예를 들어 C 언어로 작성된 소스 코드를 컴파일하는 gcc(GNU Compiler Collection)는 다시 x86, ARM 등 CPU에 따라 종류가 나뉘고, 그 안에서도 다시 리눅스, OSX, 윈도우 등 운영체제에 따라 나뉩니다.

4.1.2 프로그램의 실행

사용자가 프로그램을 실행하면 운영체제는 스토리지에 저장되어 있던 프로그램을 메모리의 빈 공간을 찾아 올리게 됩니다. 이렇게 프로그램이 메모리에 올라가 실행중인 상태를 프로세스라고 합니다. 참고로 운영체제도 메모리에 올라가 실행하는 프로그램이므로 프로세스의 한 종류입니다. CPU는 이러한 프로세스를 구성하는 명령어를 하나씩 가져와 처리하게 됩니다.

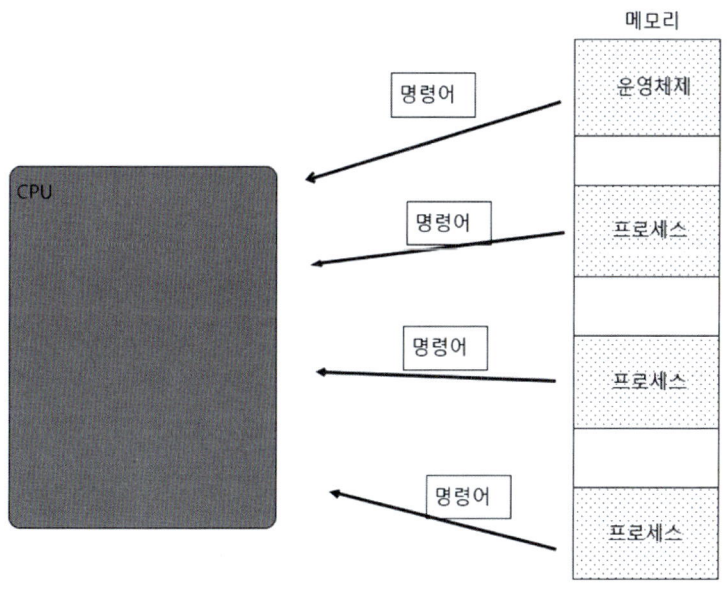

▲ CPU는 메모리에서 명령어를 가져와서 처리

> **Note** 운영체제란?
>
> 운영체제(Operation System)는 일종의 프로그램으로, 다른 응용 프로그램을 '관리'하기 위한 프로그램입니다. 왜 관리가 필요할까요? CPU, 메모리, 주변 장치 등의 하드웨어들은 프로세스가 사용하는 자원(Resource)이라고 볼 수 있습니다. 하지만 이러한 자원은 한정되어 있는 반면, 그것을 사용하려는 프로세스는 많아서 다수의 사용자 프로세스에게 적절히 자원을 분배하는 프로그램이 필요합니다. 이 프로그램이 바로 운영체제인 것이죠. 운영체제의 종류는 다양하지만, 가장 많이 사용되는 운영체제는 윈도우, 리눅스, macOS입니다. 운영체제는 11장에서 자세히 설명합니다.

4.2 명령어

명령어는 비트열로 이루어진 기계어로, CPU가 특정 연산을 수행하는 데 필요한 명령 정보가 담긴 데이터입니다. 덧셈, 뺄셈 등의 산술 연산과 AND, OR 등의 논리 연산 등 CPU가 처리하는 연산의 정보가 담겨 있습니다.

명령어의 길이는 8비트, 16비트, 32비트, 64비트 등으로 컴퓨터 종류에 따라 다릅니다. 몇 비트의 명령어를 처리할 수 있는 지에 따라 16비트 컴퓨터, 32비트 컴퓨터라고 합니다. 가령 16비트 컴퓨터는 16비트 길이의 명령어를 한번에 처리할 수 있는 CPU를 가졌다는 것을 의미합니다.

4.2.1 명령어 구조

명령어 구조(Instruction set, Instruction format, 또는 명령어 집합)는 CPU가 명령어를 처리하기 위해 필요한 정보, 즉 필드로 구성된 구조체입니다. 이러한 필드의 종류로는 주소 지정 방식, 연산 코드, 피연산자 등이 있습니다. 다음은 예시로 16비트 명령어 구조입니다.

2비트	4비트	10비트
주소 지정 방식	연산 코드	피연산자

▲ 명령어 구조

- **주소 지정 방식(Addressing Mode)**: 연산의 대상이 되는 수치 데이터가 메모리에서 어떤 방식으로 위치하는 나타내며, 직접 지정 방식, 간접 지정 방식, 즉시 지정 방식 등이 있습니다. 4.2.3에서 자세히 설명하겠습니다.
- **연산 코드(Operation Code)**: 덧셈, 뺄셈 같은 산술 연산, AND, OR 같은 논리 연산, 이동 연산 등 연산의 종류를 나타냅니다.
- **피연산자(Operand)**: 주소 지정 방식에 따라 들어가는 데이터 종류가 달라지는데, 즉시 지정 방식이면 연산의 대상이 되는 수치 데이터가 들어가고, 직접 지정 방식이면 수치 데이터가 저장된 주소가 들어갑니다. 간접 지정 방식이면 수치 데이터가 저장된 주소의 주소가 들어갑니다. 이정도로만 알아두고 이것도 4.2.3에서 자세히 설명하겠습니다.

사실 명령어 구조는 정형화되어 있지 않습니다. 위의 구조 또한 수많은 16비트 명령어 구조 중 하나일 뿐이죠. CPU 제작사 마다, 명령어 구조를 자체적으로 설계하고, CPU는 그 구조에 맞게 설계됩니다. 심지어 같은 CPU라도 명령어의 종류에 따라 구조가 달라 질 수 있습니다. 가령 32비트 MIPS❷ CPU의 경우 필드의 수가 2개부터 6개까지 다양하게 있습니다. 인텔 CPU의 경우, 필드의 길이가 가변적이라, 매우 복잡한 명령어 구조 체계를 가지고 있죠.

이렇게 명령어의 구조는 너무나 다양해, 모두 설명하기는 어렵고, 여기서는, 위의 16비트 명령어 구조 한 가지만 살펴볼 예정입니다. 이것만 이해해도 포괄적 개념을 충분히 이해할 수 있습니다.

4.2.2 명령어 테이블

명령어 테이블은 명령어 구조에 들어가는, 주소 지정 방식과 연산 코드의 값에 따라 명령어의 종류를 나타낸 테이블입니다. 다음은 위의 16비트 명령어 구조에 맞는 명령어 테이블입니다.

---

❷ MIPS는 ARM과 더불어 임베디드 시스템용으로 자주 사용되는 CPU 중 하나입니다.

연산 코드	주소 지정 방식			
	직접 지정(00)	간접 지정(01)	즉시 지정(10)	무 지정(11)
0000	load	load	load	
0001	and	and	and	set
0010	or	or	or	not
0011	xor	xor	xor	neg
0100	add	add	add	shl
0101	sub	sub	sub	shr
0110	cmp	cmp	cmp	acc
0111	store	store		cca
1000	bra	bra	bra	apc
1001	bov	bov	bov	pca
1010	beq	beq	beq	
1011	bne	bne	bne	
1100	blt	blt	blt	
1101	ble	ble	ble	
1110	bgt	bgt	bgt	
1111	bge	bge	bge	

산술　　논리　　입출력　　비교　　분기　　무지정

▲ 16비트 명령어 테이블

　주소 지정 방식은 필드의 길이가 2비트이므로 총 4(=2^2)개 있는데, 연산 코드에 따라 직접 지정 방식을 지원하는 명령어 16개, 간접 지정 방식을 지원하는 명령어 16개, 즉시 지정 방식을 지원하는 명령어 15개, 무지정 방식(=주소 지정 방식이 없는) 명령어 10개가 있다는 것을 알 수 있습니다. 테이블에 나열된 명령어들은 크게 산술 연산, 논리 연산, 데이터 이동, 비교 연산, 분기, 무지정 방식으로 나눌 수 있습니다.

4.2.2.1 산술 연산 명령어

산술 연산 명령어들은 사칙 연산하는 명령어들입니다. 위의 명령어 테이블을 보면 덧셈(add), 뺄셈(sub) 이렇게 두 개의 연산 코드만 제공하고 있는데, 그렇다면 곱셈이나 나눗셈은 어떻게 할 수 있을까요? 곱셈 연산은 덧셈 연산과 이동 연산의 조합으로 만들어 낼 수 있습니다[3]. 마찬가지로 나눗셈 연산은 뺄셈 연산과 이동 연산의 조합으로 만들어 낼 수 있습니다[4]. 그래서 만약 CPU가 곱셈 연산, 나눗셈 연산 기능이 없더라도 여러번의 덧셈, 뺄셈, 이동 등의 연산을 반복적으로 수행하여 그 기능을 대신할 수 있습니다. 물론 곱셈, 나눗셈 연산을 제공하는 CPU라면 굳이 그렇게 할 필요가 없겠죠.

- **add**: A+B 연산합니다
- **sub**: A-B 연산합니다.

4.2.2.2 논리 연산 명령어

논리 연산 명령어들은 참(True), 거짓(False)의 진리 값만 출력하는 명령어들입니다. 아래 목록에는 없는 nand, nor, xnor 등의 논리 연산도 있습니다. 그렇다면 이 연산들은 할 수 없는 것일까요? 아닙니다. 산술 연산과 마찬가지로 다른 모든 논리 연산은 and, xor, or, not을 조합하면 모두 만들어 낼 수 있습니다.

- **and**: A and B 연산합니다.
- **xor**: A xor B 연산합니다.
- **or**: A or B 연산합니다.
- **not**: 비트를 반전시킵니다. 그래서 0은 1로 1은 0으로 바꿉니다. 무시정 방식의 명령이 이기도 합니다.

4.2.2.3 데이터 입출력 명령어

수치 데이터를 누산기(Accumulator)[5]에서 메모리로, 메모리에서 누산기로 입출력 시키는 명령어입니다.

- **load**: 메모리에 있는 수치 데이터를 누산기로 불러옵니다.
- **store**: 누산기에 있는 수치 데이터를 메모리에 저장합니다.

---

[3] 3.1.4를 참고하세요.
[4] 3.1.5를 참고하세요.
[5] CPU의 레지스터 중 하나로, 사칙 연산, 논리 연산 등의 결과를 임시로 기억하기 위해 사용됩니다.

4.2.2.4 비교 연산 명령어

두 수의 크기를 비교하는 명령어입니다. 비교 결과는 플래그 레지스터의 상태 플래그[6]에 저장됩니다. 이어서 실행되는 분기 명령어는 상태 플래그에 저장된 플래그 값에 따라 어디로 분기할지 결정합니다. 2.2.3.2을 참고하세요.

- cmp: 두 수의 크기를 비교합니다.

4.2.2.5 분기 명령어

분기 명령어는 어떤 조건이 성립할 때 다음에 실행될 곳으로 분기합니다. 여기서 말하는 조건은 상태 플래그에 저장된 값을 의미합니다.

- bra: 무조건 분기합니다.
- bov: 상태 플래그에서 OF(Overflow Flag)가 1이면 분기합니다.
- beq: 상태 플래그에서 ZF(Zero Flag)가 1이면 분기합니다.
- bne: 상태 플래그에서 ZF(Zero Flag)가 0이면 분기합니다.
- blt: 상태 플래그에서 SF(Sign Flag)이 1이고 ZF(Zero Flag)가 0이면 분기합니다.
- ble: 상태 플래그에서 SF(Sign Flag)이 1이고 ZF(Zero Flag)가 1이면 분기합니다.
- bgt: 상태 플래그에서 SF(Sign Flag)이 0이고 ZF(Zero Flag)가 0이면 분기합니다.
- bge: 상태 플래그에서 SF(Sign Flag)이 0이고 ZF(Zero Flag)가 1이면 분기합니다.

4.2.2.6 무지정 방식 명령어

주소 지정 방식이 없는 명령어입니다. 보통 누산기와 관련된 명령어들입니다.

- set: 누산기의 비트를 모두 1로 설정합니다.
- neg: A를 2의 보수[7] 연산합니다. 즉 A를 −A로 바꿉니다.
- shl: B의 비트열을 A만큼 왼쪽 이동합니다.[8]
- shr: B의 비트열을 A만큼 오른쪽 이동합니다.[9]
- acc: 상태 플래그의 값을 누산기로 복사합니다.
- cca: 누산기의 값을 상태 플래그로 복사합니다.
- apc: 누산기의 값을 프로그램 계수기로 복사합니다.
- pca: 프로그램 계수기[10]의 값을 누산기로 복사합니다.

---

[6] 플래그 레지스터에 있는 영역으로 연산 결과를 상태에 저장합니다. 2.2.3.2을 참고하세요.
[7] 2의 보수는 3.1.1.1을 참고하세요.
[8] 이동기는 3.1.6을 참고하세요.
[9] 이동기는 3.1.6을 참고하세요.
[10] CPU의 레지스터 중 하나로, 다음에 실행해야 하는 명령어가 있는 메모리의 주소를 가지고 있습니다.

4.2.3 주소 지정 방식

주소 지정 방식은 연산의 대상이 되는 수치 데이터를 메모리에서 어떤 방식으로 가져오는지를 나타내는 것으로 종류로는 즉시 지정 방식, 간접 지정 방식, 직접 지정 방식 등이 있습니다. 현대의 CPU는 다양한 종류의 주소 지정 방식을 제공하고 있지만, 여기서는 대표적인 3가지만 다루어 보겠습니다. 위의 16비트 명령어 구조에서 주소 지정 방식의 필드 길이는 2비트이므로 다음과 같이 4개($=2^2$)의 주소 지정 방식을 지정할 수 있습니다.

- **즉시 지정 방식**: 피연산자는 연산의 대상이 되는 수치 데이터입니다.
- **직접 지정 방식**: 피연산자는 연산의 대상이 되는 수치 데이터가 들어있는 메모리의 주소입니다.
- **간접 지정 방식**: 피연산자는 연산의 대상이 되는 수치 데이터가 들어있는 메모리의 주소의 주소입니다.
- **무지정 방식**: 주소 지정 방식이 없는 무 지정 방식 명령어를 사용하기 위해 필요합니다. 주소 지정 방식이 아니므로 여기서 설명은 제외합니다. (4.2.2 명령어 테이블 참조)

4.2.3.1 즉시 지정 방식

즉시 지정 방식(Immediate Addressing Mode)의 명령어에서 피연산자는 연산의 대상이 되는 수치 데이터입니다. 다음은 CPU가 즉시 지정 방식의 명령어를 어떻게 해석하는지를 나타냈습니다.

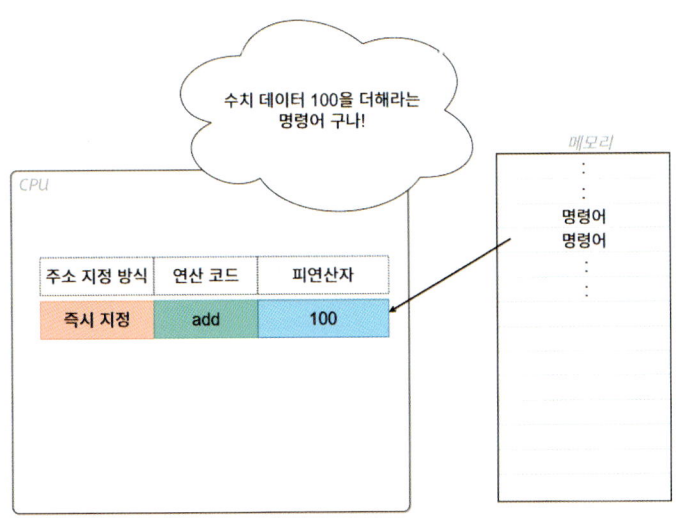

▲ 즉시 지정 방식 명령어 해석

해당 방식의 명령어는 메모리에 추가로 접근할 필요가 없이, 즉시 처리되므로, 다른 주소 지정 방식의 명령어 비해 처리 속도가 빠릅니다. 하지만 수치 데이터의 범위가 피연산자의 비트 수로 표현할 수 있을 때에만 사용할 수 있다는 제약이 있습니다.

위의 16비트 명령어 구조에서 피연산자는 10비트이므로, 수치 데이터의 범위가 0~1023인 경우에만 사용할 수 있는 제약이 있습니다. 만약 해당 범위를 넘어간다면 직접 지정 방식의 명령어를 사용해야 합니다.

4.2.3.2 직접 지정 방식

직접 지정 방식(Direct Addressing Mode)의 명령어에서 피연산자는 연산의 대상이 되는 수치 데이터가 들어있는 주소입니다. 다음은 CPU가 직접 지정 방식의 명령어를 어떻게 해석하는지를 나타냈습니다.

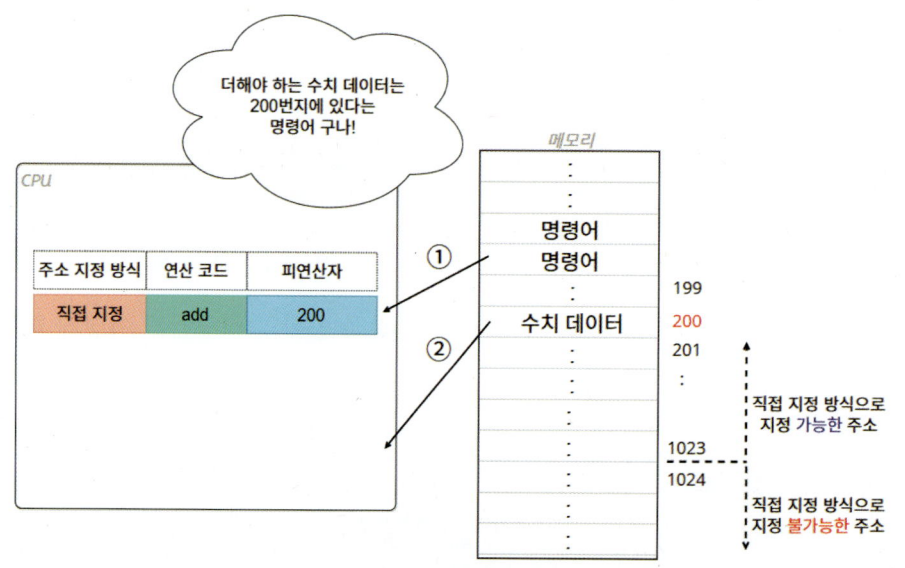

▲ 직접 지정 방식 명령어 해석

해당 방식의 명령어는 메모리에 한번 더 접근해야 수치 데이터를 가져올 수 있으므로, 즉시 지정 방식에 비해 처리 속도가 늦습니다. 직접 지정 방식의 명령어 또한 제약을 가지는데, 수치 데이터가 저장된 주소의 범위가 피연산자의 비트 수로 지정 가능한 경우에만 사용할 수 있다는 것입니다.

위의 16비트 명령어 구조에서 피연산자는 10비트이므로, 지정 가능한 수치 데이터의 주소의 범위가 0~1023인 경우에만 사용할 수 있는 제약이 있습니다. 만약 해당 범위를 넘어간다면 간접 지정 방식의 명령어를 사용해야 합니다.

4.2.3.3 간접 지정 방식

간접 지정 방식(Indirect Addressing Mode)의 명령어의 피연산자는 연산의 대상이 되는 수치 데이터가 들어있는 주소의 주소입니다. 다음은 CPU가 간접 지정 방식의 명령어를 어떻게 해석하는지를 나타냈습니다.

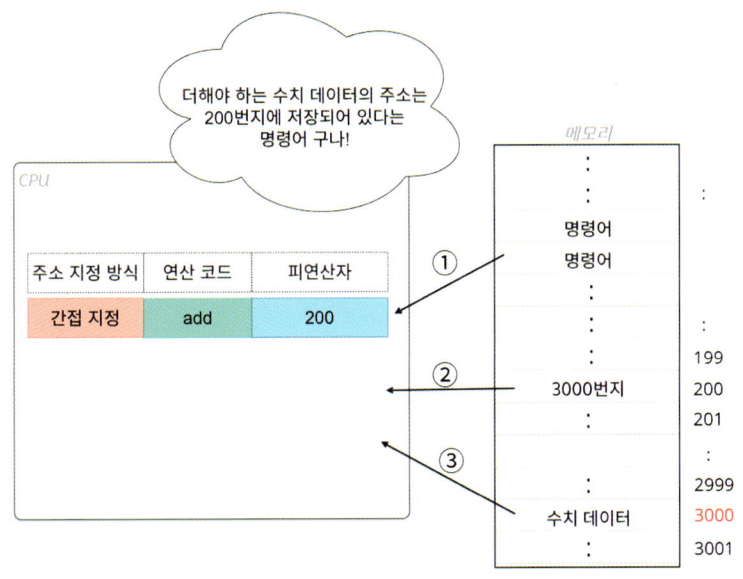

▲ 간접 주소 지정 방식

해당 방식의 명령어는 메모리에 두 번 더 접근해야 수치 데이터를 가져올 수 있으므로 처리 속도가 가장 느립니다. 간접 지정 방식의 명령어는 즉시 지정 방식, 직접 지정 방식의 명령어로 수치 데이터를 불러올 수 없을 경우 최후에 사용하게 됩니다.

4.2.3.4 결론

이렇게 여러가지 주소 지정 방식을 알아보았는데요. 사실 C, Java, C++ 같은 상위 수준의 프로그래밍 언어로 소프트웨어를 개발할 경우, 개발자는 주소 지정 방식에 대해 일일이 고민할 필요가 없습니다. 왜냐하면 컴파일러가 자동으로 최적의 주소 지정 방식을 찾아 주기 때문이죠.

4.3 명령어 처리

CPU는 메모리에서 명령어를 가져와 처리하는데, 그것의 구체적인 과정을 알아보겠습니다.

4.3.1 명령어 처리 준비

명령어 처리에 앞서 그것을 준비하는 과정을 먼저 이해해야 합니다. 그래서 간단한 프로그램을 만들어 그것은 어떤 명령어들로 구성되며 메모리에는 어떤 상태로 올라가는지 알아보겠습니다.

4.3.1.1 명령어로 구성된 프로그램 만들기

C, Java, C# 같은 언어로 작성된 소스 코드를 컴파일하면 CPU가 인식할 수 있는 기계어로 된 프로그램을 만들 수 있습니다.

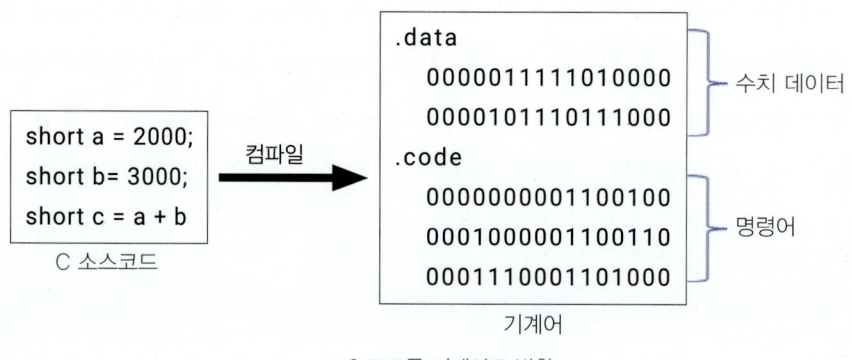

▲ C 코드를 기계어로 변환

먼저 왼쪽 C 언어로 작성된 소스 코드를 보면 '변수 a와 b를 더해서 변수 c에 저장'하라는 의미입니다. 그래서 실행이 완료되면 변수 c에는 5000이 들어갈 것입니다. 왼쪽 C 소스 코드를 컴파일하면 오른쪽과 같은 기계어로 변환됩니다. 변환된 기계어에는 두 가지 영역이 있습니다. 바로 데이터 영역과 코드 영역입니다. 데이터 영역은 변수 a와 b의 상수, 즉 2000(=0b0000001111001000)과 3000(=0b101110111000)를 나타내는 수치 데이터의 영역입니다. 코드 영역은 명령어들의 영역이 됩니다. 기계어는 이해하기 어려우므로 이해하기 쉬운 어셈블러[11]로[12] 변환해서 보겠습니다. 명령어들은 4.2.1의 〈16비트 명령어 구조〉, 4.2.2의 〈16비트 명령어 테이블〉에 맞춰 변환하고 수치 데이터는 10진수로 변환하였습니다.

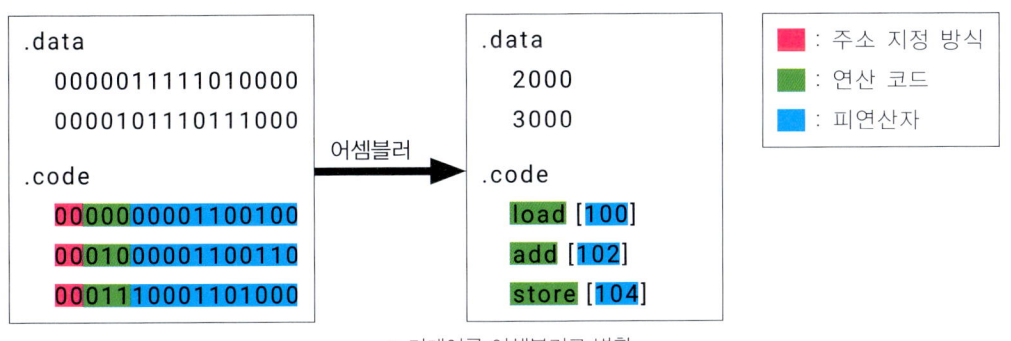

▲ 기계어를 어셈블러로 변환

3개의 명령어는 모두 직접 지정 방식이므로(=값이 모두 00 이므로) 해석하면 다음과 같습니다.

❶ load[100]: 100(=0b0001100100)번지에 있는 수치 데이터(=2000)를 누산기로 올립니다.

❷ add[102]: 102(=0b0001100110)번지에 있는 수치 데이터(=3000)를 더합니다.

❸ store[104]: 누산기의 수치 데이터를 104(=0b0001101000)번지에 저장합니다.

컴파일하면 이 기계어는 스토리지에 실행 파일 형태로 저장됩니다. CPU가 이 기계어를 처리하기 위해서는 이 기계어가 들어간 프로그램을 실행시켜 메모리에 올려야 합니다.

4.3.1.2 메모리로 올라간 프로그램

사용자가 프로그램을 실행하면 운영체제는 스토리지에서 저장된 해당 프로그램을 찾아 메모리로 올립니다. 그러면 프로그램의 명령어 영역과 수치 데이터 영역이 별도의 분리된 공간으로 올라갑니다. 이제 CPU는 프로그램을 실행할 수 있는 상태, 즉 기계어를 처리할 수 있는 상태가 됩니다.

---

[11] 사람이 이해하기 어려운 2진수로 된 기계어와 1:1로 대응할 수 있는 초기 프로그래밍 언어를 말합니다.
[12] 예시로 작성된 어셈블러는 독자들의 쉬운 이해를 위해 간단하게 수정하였습니다. 실제로는 더 복잡한 형식을 가지고 있습니다

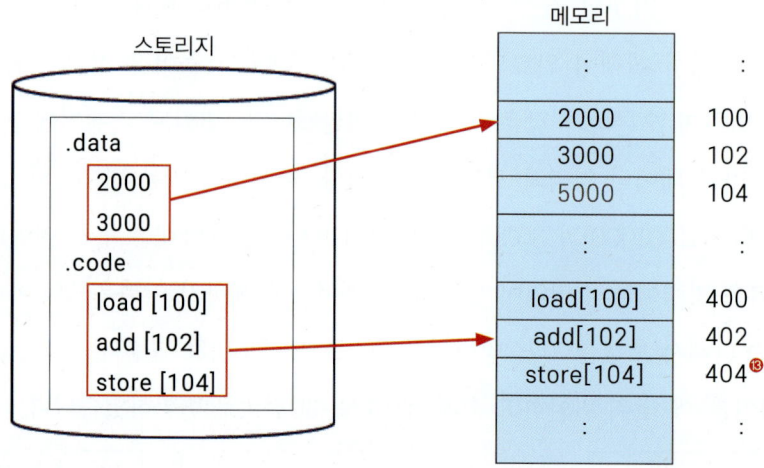

▲ 메모리로 올라간 명령어와 수치 데이터

　　메모리에서 400~402번지에 있는 3개의 명령어의 처리가 끝나면 104번지에는 5000이 들어가 있을 것입니다. 이 명령어들의 처리 과정은 4.3.4에서 자세히 살펴보기로 하고, 먼저 명령어 처리 과정에 필요한 CPU 내부 구조부터 알아보겠습니다.

4.3.2 명령어를 처리하기 위한 CPU 내부 구조

　　CPU 내부에는 명령어 처리에 필요한 여러 장치가 들어 있고 그것들은 구조적으로 서로 연결되어 있습니다. 명령어 처리 과정을 알아보기 앞서, CPU의 내부 구조 및 장치들의 역할, 그리고 메모리가 어떻게 연결되어 있는지 알아봐야 합니다.

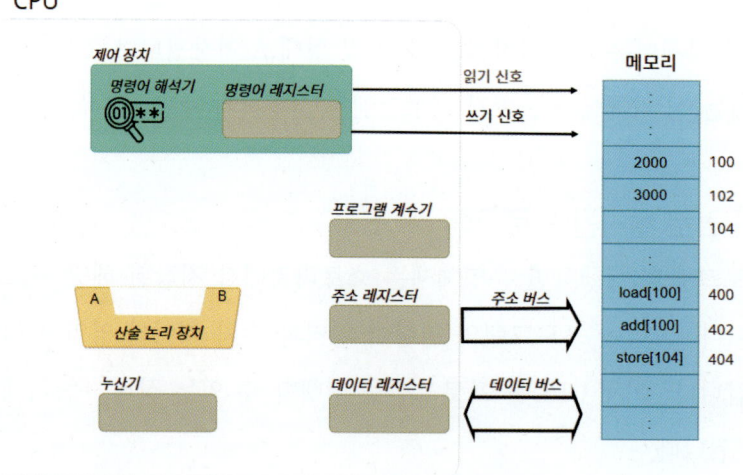

▲ CPU 내부 구조와 메모리의 연결

[13] 16비트(=2바이트) 명령어와 수치 데이터이므로 주소가 2바이트씩 증가한다는 점 유의하세요.

- **제어 장치(Control Unit)**: 제어 장치는 명령어를 처리하기 위해 CPU 내부의 여러 장치들을 제어하는 관리자와 같은 역할을 합니다. 그림을 보면 제어 장치는 메모리에 읽기/쓰기 신호선으로 연결한 것을 알 수 있습니다. 이것은 제어 장치가 명령어나 수치 데이터를 가져오거나 반대로 저장해야 하는 시점을 결정하는 장치라는 것을 알 수 있습니다. 제어 장치 내부에는 명령어를 해석하는 명령어 해석기와 명령어를 임시 저장하는 명령어 레지스터가 들어 있습니다. 그래서 명령어를 해석하여 그 명령어에서 연산의 대상이 되는 수치 데이터를 읽어오거나 저장하는 시점을 판단할 수 있습니다.
- **명령어 해석기(Instruction Decoder)**: 명령어 해석기는 명령어 레지스터에 저장된 명령어를 해석하는 장치입니다. 해석된 명령어의 종류에 따라 제어 장치는 그 명령어의 실행을 위한 절차를 진행할 것입니다.
- **명령어 레지스터(Instruction Register)**: 명령어 레지스터는 메모리에서 인출된 명령어를 해석하기 위해 임시 저장하는 장치입니다.
- **프로그램 계수기(Program Counter, PC)**: 프로그램 계수기는 인출하려는 명령어의 주소를 저장하고 있습니다. 명령어 주기마다 다음 명령어의 주소를 가리키도록 값이 자동 증가합니다.
- **주소 레지스터(Memory Address Register, MAR)**: 주소 레지스터는 수치 데이터나 명령어를 가져올 때 그것의 주소를 임시 저장하는 장치입니다. 주소는 주소 레지스터를 거쳐 메모리로 입력됩니다. 그래서 주소 레지스터와 메모리는 주소 버스로 연결됩니다.
- **데이터 레지스터(Memory Buffer Register, MBR)**: 데이터 레지스터는 수치 데이터나 명령어를 가져오거나 보낼 때, 임시 저장합니다. 데이터 출력 시에는 데이터 레지스터를 거쳐 메모리로 들어가고, 입력 시에는 메모리에서 데이터 레지스터로 들어갑니다. 그래서 데이터 레지스터와 메모리는 데이터 버스로 연결되어 있습니다.
- **누산기(Accumulator)**: 누산기는 산술 논리 장치를 통한 연산의 결과를 저장합니다. 또한 누산기가 저장하고 있는 수치 데이터는 산술 논리 장치의 피연산자 입력으로 들어갈 수도 있습니다. 산술 논리 장치는 A, B 두 피연산자가 입력되어야 연산 할 수 있죠? 그런데 명령어 구조에서 피연산자 필드가 한 개만 들어가 있는 경우가 있습니다. 이러한 경우 다른 피연산자는 자동으로 누산기에 들어있는 수치 데이터가 됩니다. 예를 들어 '3을 더해라'는 명령어가 있다면 그것은 '누산기의 수치 데이터와 3을 더해라'와 같다고 할 수 있습니다.
- **산술 논리 장치**: 산술 연산, 논리 연산 하는 장치로 2.2.3을 참고하세요.

4.3.3 명령어 주기

명령어 주기(Instruction Cycle)는 명령어 처리의 전체 과정을 크게 인출-해석-실행의 3단계로 나눈 것입니다. 명령어의 처리 과정을 이해하기 위해 먼저 알아야 할 중요한 개념이죠. 다음은 명령어 주기를 나타낸 것으로 인출, 해석, 실행의 3단계가 반복적으로 진행한다는 것을 표현합니다.

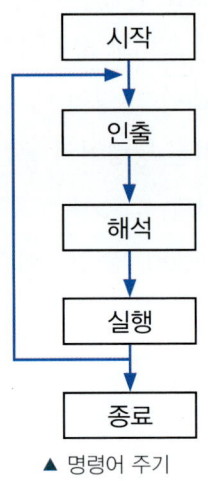

▲ 명령어 주기

- **인출(Fetch)**: CPU가 명령어를 가져오는 단계입니다. CPU는 메모리에서 명령어를 가져와 명령어 레지스터(Instruction Register, IR)에 임시 저장합니다.
- **해석(Decode)**: 명령어 레지스터에 저장된 명령어를 해석하는 단계입니다. CPU의 명령어 해석기(Instruction Decoder)는 명령어 레지스터 저장된 명령어를 해석합니다.
- **실행(Execution)**: 명령어가 해석된 결과에 따라 명령어를 처리하는 단계입니다. 명령어의 종류에 따라 실행 절차는 달라집니다.

4.3.4 명령어 처리 과정

이제 명령어의 전체 처리 과정을 알아보겠습니다. 앞서 보았던 4.3.1.2의 〈메모리에 올라간 명령어와 수치 데이터〉에 나와있는 3개의 명령어, load, add, store의 처리 과정을 알아보겠습니다. 각각을 명령어 주기에 맞춰 인출, 해석, 실행의 3단계로 나누어 알아볼 예정인데, 인출과 해석은 그 과정이 모두 같고, 나머지 실행만 다릅니다.

4.3.4.1 load 명령어 처리 과정

load 명령어 처리 과정은 명령어 주기에 맞춰 인출, 해석, 실행 단계로 나눌 수 있습니다.

- 명령어 인출

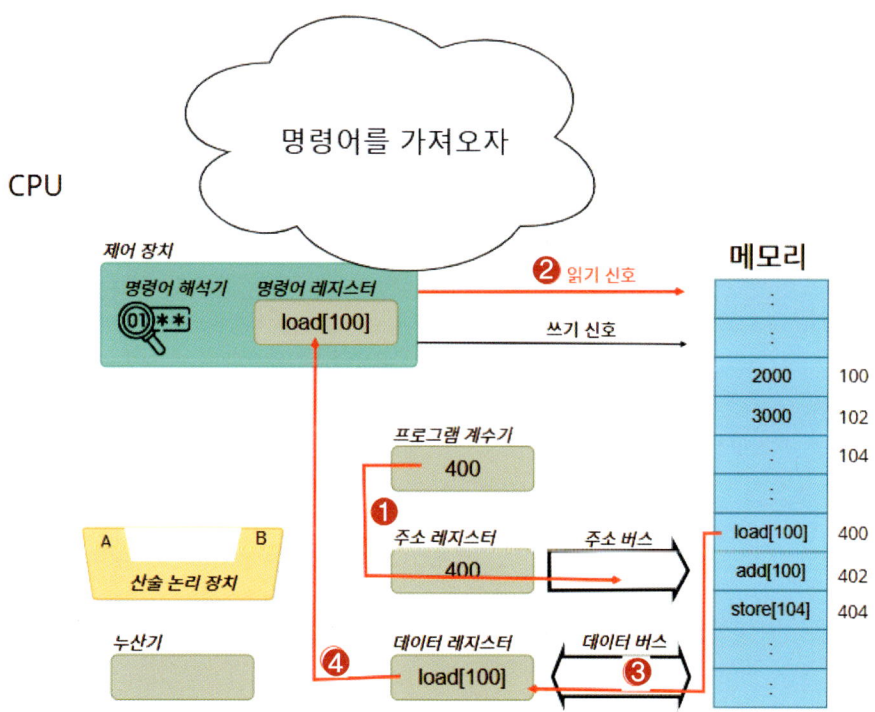

▲ 인출 단계

❶ 프로그램 계수기의 주소(400)는 주소 레지스터를 거쳐 주소 버스로 나갑니다.

❷ 제어 장치는 읽기(Read) 신호를 보냅니다.

❸ 주소와 읽기 신호를 받은 메모리는 해당 주소의 명령어(load[100])를 데이터 버스를 통해 데이터 레지스터로 보냅니다.

❹ 데이터 레지스터의 명령어(load[100])는 명령어 레지스터로 들어갑니다.

- 명령어 해석

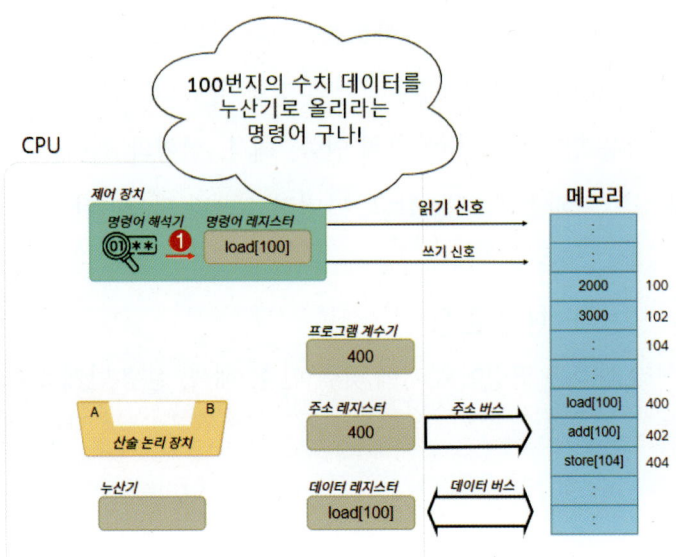

▲ 해석 단계

❶ 해석기(Decoder)는 명령어 레지스터에 있는 명령어(load[100])를 해석합니다. 해석한 결과는 '100번지의 수치 데이터를 누산기로 올려라' 입니다. 제어 장치는 이제 해석에 맞게 다음 실행 단계를 진행합니다.

- 명령어 실행

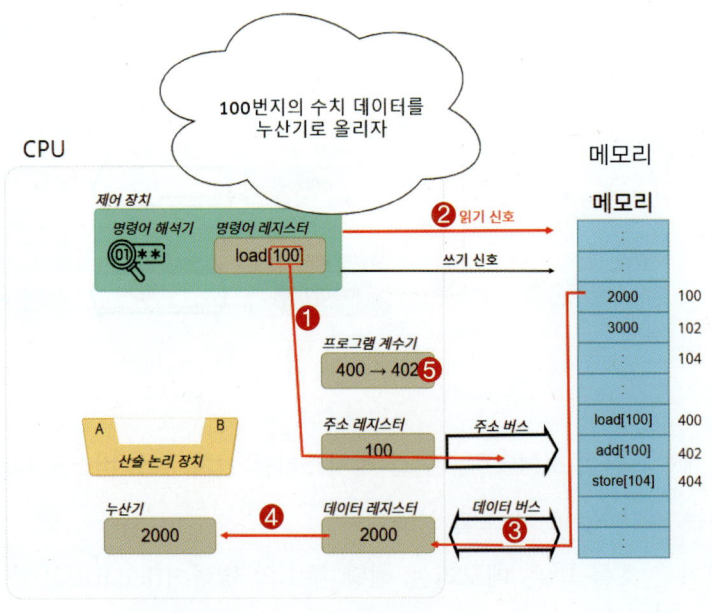

▲ 실행 단계

⓮ 4.3.1.1을 참조하세요.

❶ 명령어의 피연산자 필드에 들어 있는 주소(100)는[14] 주소 레지스터를 거쳐 주소 버스로 나갑니다.

❷ 제어 장치는 해당 주소(100)의 수치 데이터를 읽기 위해 읽기(Read) 신호를 보냅니다.

❸ 주소와 읽기 신호를 받은 메모리는 해당 주소의 수치 데이터(2000)을 데이터 버스를 통해 데이터 레지스터로 보냅니다.

❹ 데이터 레지스터에 있는 수치 데이터(2000)는 누산기로 들어갑니다.

❺ 다음에 처리해야 하는 명령어를 가리키도록 프로그램 계수기의 값은 자동 증가합니다.

4.3.4.2 add 명령어 처리 과정

add 명령어 처리 과정은 명령어 주기에 맞춰 인출, 해석, 실행 단계로 나눌 수 있습니다. 인출, 해석은 앞서 살펴본 load의 인출, 해석과 같으므로 생략하고 실행만 보겠습니다.

- 명령어 실행

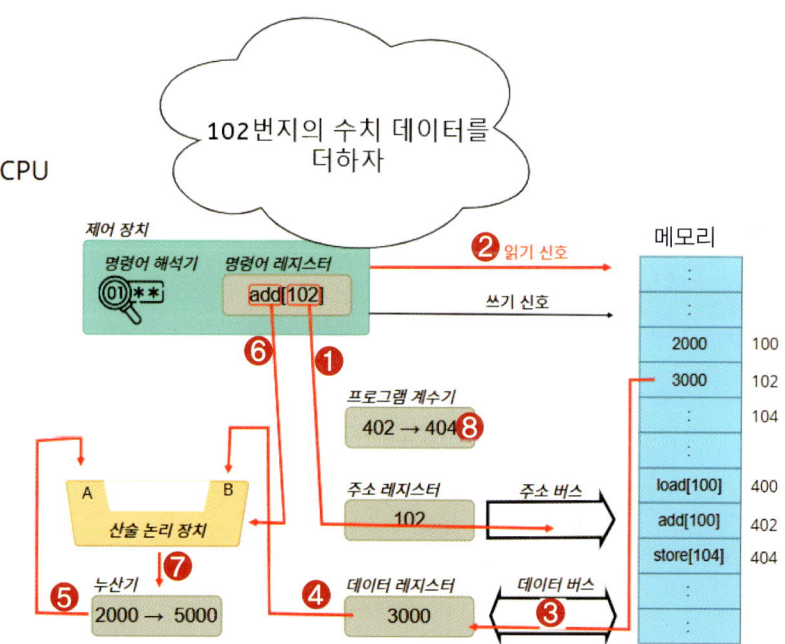

▲ 실행 단계

❶ 명령어의 피연산자 필드에 들어 있는 주소(102)는 주소 레지스터를 거쳐 주소 버스로 나갑니다.

❷ 제어 장치는 해당 주소(102)의 수치 데이터를 읽기 위해 읽기(read) 신호를 보냅니다.

[14] 4.3.1.1을 참조하세요.

❸ 주소와 읽기 신호를 받은 메모리는 해당 주소의 수치 데이터를 데이터 버스를 통해 데이터 레지스터로 보냅니다.

❹ 데이터 레지스터에 있는 수치 데이터(3000)는 산술 논리 장치의 B로 입력됩니다.

❺ 누산기에 있던 수치 데이터(2000)는 산술 논리 장치의 A로 입력됩니다.

❻ 명령어의 연산 코드 필드에 들어 있던 코드(=add)는 산술 논리 장치의 연산 코드(Opcode)로 입력됩니다.

❼ 산술 논리 장치는 입력된 A(2000)와 B(3000)를 덧셈하고 그 결과(5000)를 누산기에 저장합니다.

❽ 다음에 처리해야 하는 명령어를 가리키도록 프로그램 계수기의 값은 자동 증가합니다.

4.3.4.3 store 명령어 처리 과정

store 명령어 처리 과정은 명령어 주기에 맞춰 인출, 해석, 실행 단계로 나눌 수 있습니다. add의 명령어 처리 과정과 마찬가지로, 인출, 해석은 앞서 살펴본 load의 인출, 해석과 같으므로 생략하고 실행만 보겠습니다.

- 명령어 실행

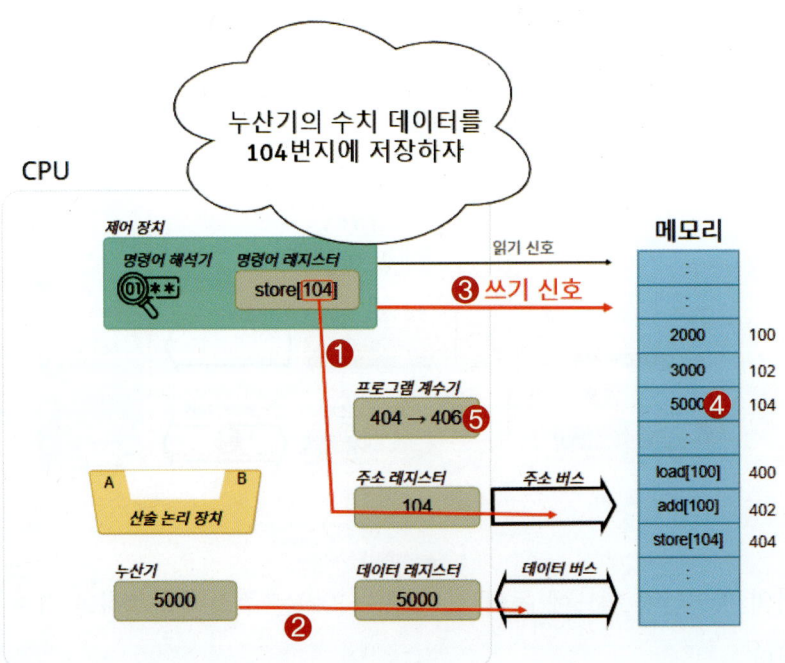

▲ 실행 단계

❶ 명령어의 피연산자 필드에 들어 있는 주소(104)는 주소 레지스터를 거쳐 주소 버스로 나갑니다.

❷ 누산기에 있던 수치 데이터(5000)은 데이터 레지스터를 거쳐 데이터 버스로 나갑니다.
❸ 제어 장치는 해당 주소(104)에 수치 데이터(5000)를 쓰기 위해 쓰기(write) 신호를 보냅니다.
❹ 데이터, 주소, 읽기 신호를 받은 메모리는 해당 주소(104)에 수치 데이터(5000)를 저장합니다.
❺ 다음에 처리해야 하는 명령어를 가리키도록 프로그램 계수기의 값은 자동 증가합니다.

4.3.4.4 마무리

이렇게 4.3.1.5의 C 소스 코드(2000과 3000을 덧셈하는 코드)가 어떻게 프로그램을 구성하는 명령어로 변환되어 처리되는지 그 전체적인 흐름을 살펴보았습니다. 세상에 온갖 종류의 프로그램들이 있고 그것을 구성하는 명령어들도 다양하지만, 그것의 처리 과정은 이와 비슷합니다.

4.4 마무리

이번 장에서는 CPU가 처리하는 명령어에 대해서 알아보았습니다. 어차피 명령어의 개념과 원리를 이해하는 것이 중요하므로 간단하게 16비트 명령어 구조를 가지고 설명드렸습니다.

명령어들로 구성된 프로그램이 실행되면 메모리로 올라가서 프로세스가 됩니다. CPU는 프로세스를 구성하는 명령어를 한 개씩 가져와서 처리합니다. 이러한 명령어의 처리 과정은 크게 인출-해석-실행의 3단계로 나눌 수 있는데 그것을 명령어 주기라고 하였습니다.

명령어의 처리 과정에서 필요한 산술 논리 장치, 누산기, 프로그램 계수기, 주소 레지스터, 데이터 레지스터, 제어 장치, 명령어 해석기, 명령어 레지스터가 CPU에 들어가는데, 각각 어떤 역할을 하는지 알 수 있었습니다.

CHAPTER
5

페이지화

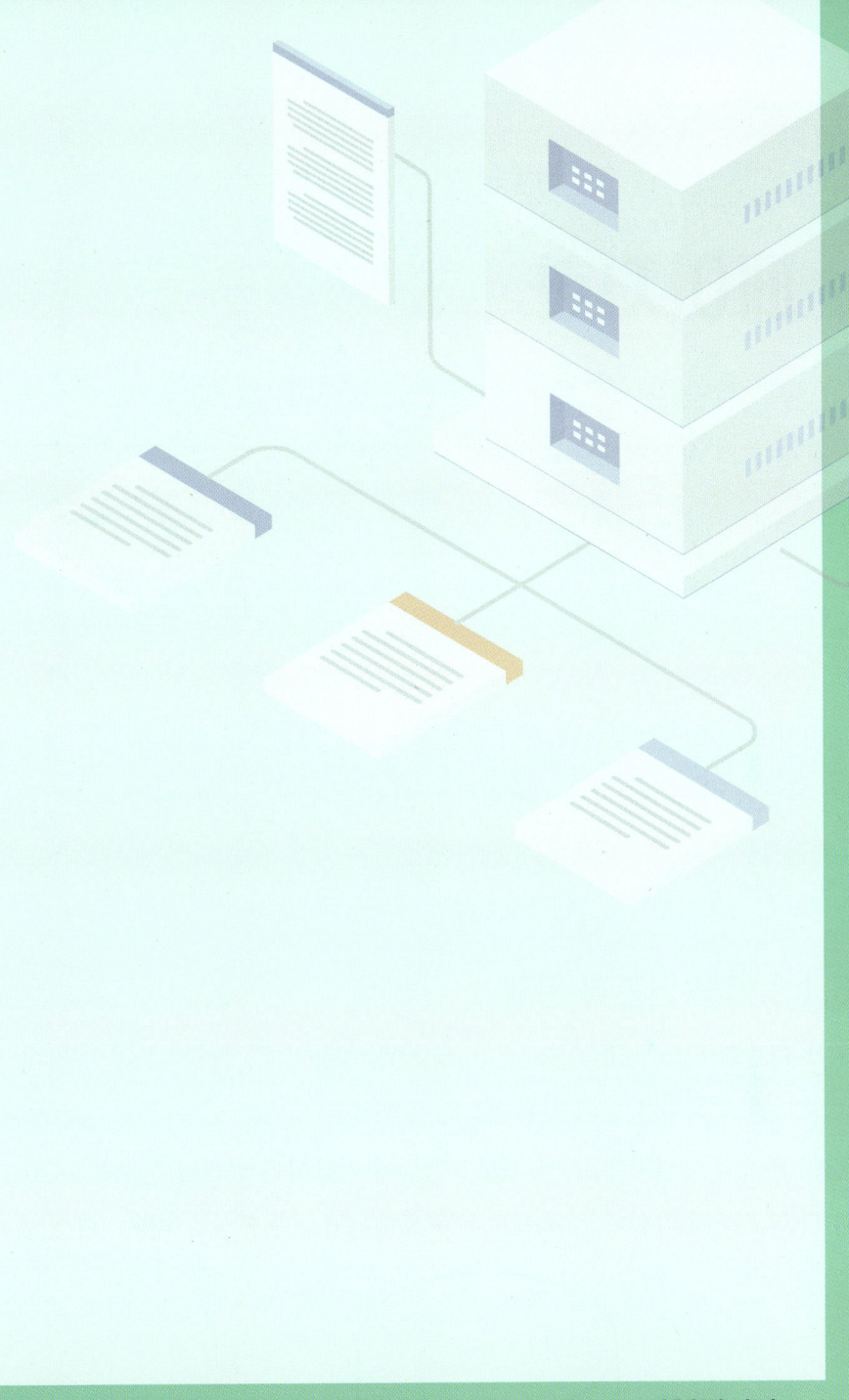

　사용자가 프로그램을 실행하면 메모리에 올라가 프로세스로 실행됩니다. 그리고 실행 중인 프로세스는 필요에 따라 메모리의 공간을 할당하고 해제하는 작업을 반복하죠. 이에 따라, 메모리의 공간 사용 상태는 계속해서 변하는데, 용량은 한정되어 있습니다. 따라서 메모리의 공간을 효율적으로 사용하는 것이 매우 중요합니다. 5장에서는 메모리를 효율적으로 사용하는 페이지화 기술에 대해 알아보겠습니다.

5.1 페이지화

페이지화 기술은 메모리의 공간을 효율적으로 사용하는 기술입니다. 그런데 만약 페이지화 기술 없이 메모리를 그냥 사용한다면 어떤 문제가 발생할까요? 페이지화를 설명하기 앞서, 페이지화 없이 메모리를 사용할때 발생하는 외부 단편화 문제부터 알아보겠습니다.

5.1.1 외부 단편화 문제

외부 단편화(External Fragmentation)는 사용하지 못하는 조각 공간이 생겨나는 문제로 메모리를 페이지화 없이 사용했을때 발생하는 문제를 말합니다. 한번 알아봅시다. 다음과 같이 왼쪽 스토리지에 A~G 프로그램들이 저장되어 있습니다. A는 14KB, B는 15KB 등 각기 다른 크기를 가집니다. 그리고 오른쪽에는 64KB 용량의 메모리가 있습니다.

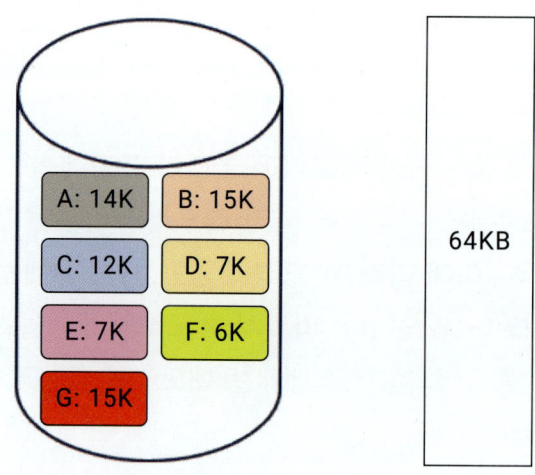

▲ 스토리지에 저장된 프로그램과 메모리

사용자가 프로그램을 실행하면 운영체제는 스토리지에 저장된 그 프로그램을 메모리의 빈 공간을 찾아 올립니다[1]. 이렇게 올라간 프로세스는 연속된 공간을 점유해야 합니다. 즉 분리되어서는 안됩니다. 4.3.4의 명령어 실행 과정을 보면 명령어들은 메모리 공간에 순차적으로 배치되어야 한다는 것을 알 수 있었죠? 그와 같이 프로세스가 점유한 공간은 연속되어야 합니다.

외부 단편화가 진행되는지 알아보기 위해 다음과 순으로 프로그램의 실행과 종료를 진행해 보겠습니다.

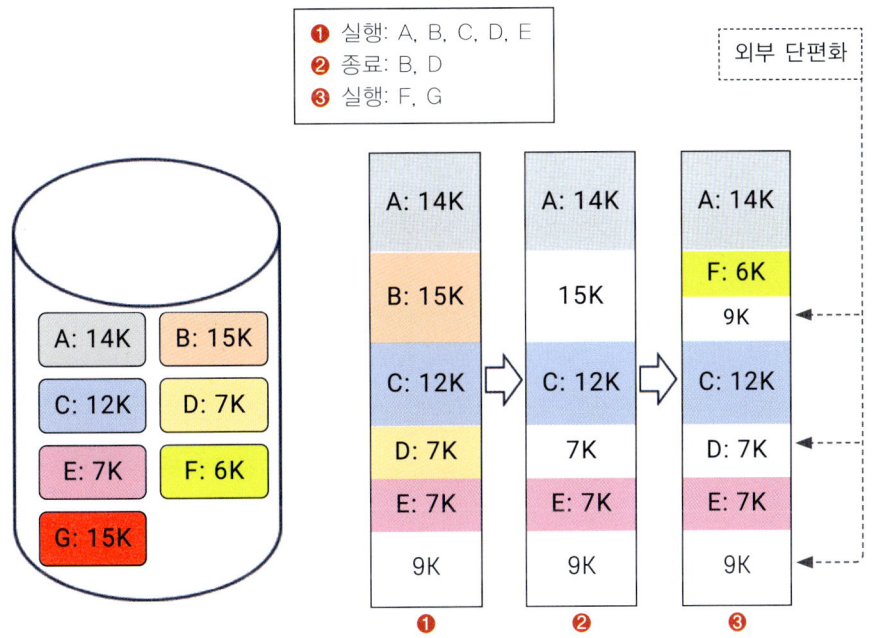

❶ A~E의 프로세스가 연속된 공간을 점유합니다.

❷ 15KB, 7KB, 9KB의 빈 공간들이 분리되어 남습니다.

❸ 6KB의 F는 빈 공간을 찾아 점유합니다. 하지만 15KB의 G는 그 만큼의 연속된 빈 공간이 남아있지 않아 올릴 수 없습니다.

마지막 ❸단계에서, 메모리의 공간 상태를 보면 9KB, 7KB, 9KB의 빈 공간들이 남았습니다. 모두 합하면 25KB로서 15KB의 G가 들어가기에 충분하지만 연속되어 있지 않아 사용할 수 없다는 것을 알 수 있습니다. 이런 식으로 할당과 해제를 계속해서 반복하다 보면 사용하지 못 하는 조각 공간이 점점 생겨나는데, 이러한 문제가 곧 외부 단편화입니다.

---

[1] 간단한 이해를 위해 스토리지에 저장된 프로그램의 크기와 메모리로 올라간 프로그램, 즉 프로세스의 크기는 같다고 가정하겠습니다. 보통은 스토리지에 저장된 프로그램 크기보다 더 많은 크기가 메모리에 할당됩니다.

5.1.2 페이지화 해보기

페이지화(Paging)는 메모리를 동일한 크기의 '페이지'라는 단위로 나누어서 사용하는 방식을 말합니다. 예를 들어 64KB[2]의 메모리가 있다고 가정할 때, 이것을 8개 페이지로 나누면 한 페이지는 8KB가 됩니다. 프로세스는 자신의 크기가 들어갈 만큼의 페이지 개수를 할당 받습니다.

8KB	0x0000
8KB	0x2000
8KB	0x4000
8KB	0x6000
8KB	0x8000
8KB	0xA000
8KB	0xC000
8KB	0xE000

▲ 64KB 공간을 8개 페이지로 나눈 경우

이렇게 메모리를 페이지화하면 외부 단편화 문제를 극복할 수 있습니다. 프로세스는 그 크기에 따라 페이지 단위로 공간을 할당 받는데, 페이지 단위에서는 공간이 분리되어도 됩니다. 이전과 같이 프로그램의 실행과 종료를 페이지화 해서 진행하겠습니다.

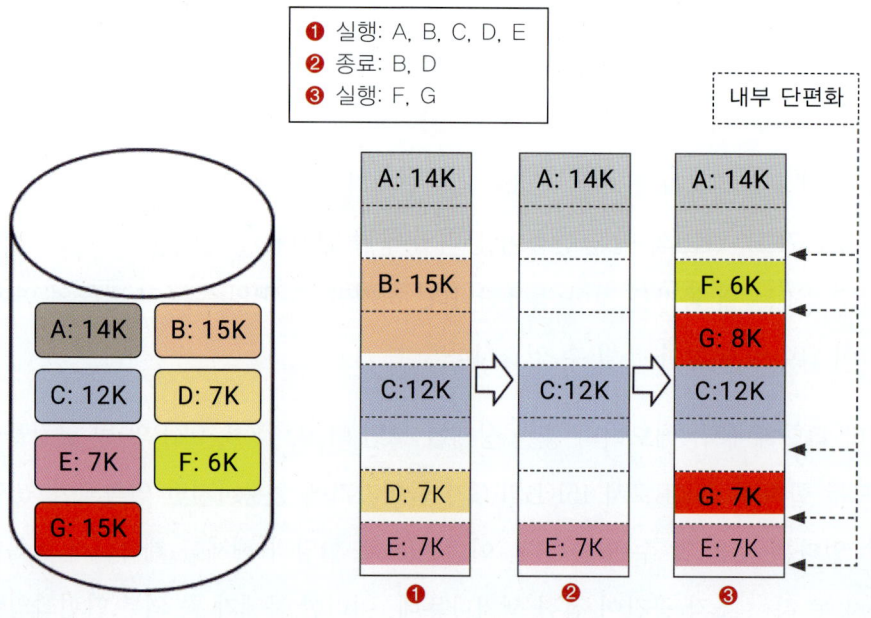

[2] 64킬로바이트는 정확히 64000바이트입니다. 여기서는 쉬운 계산을 위해 65536바이트로 가정하겠습니다. 같은 원리로 8킬로바이트는 8182바이트로 가정하겠습니다.

❶ A~E의 프로세스가 페이지 단위로 공간을 점유한 것을 볼 수 있습니다.

❷ 3개의 페이지가 빈 공간으로 남은 것을 볼 수 있습니다.

❸ F와 G는 각각 그림과 같이 페이지를 점유할 수 있습니다. G는 분리된 두 개의 페이지에 나누어 점유한 것을 볼 수 있습니다. 이렇게 페이지 단위에서는 분리되어도, 즉 연속된 공간이 아니어도 됩니다.

페이지화해서 사용하니 마지막 G 프로세서까지 올릴 수 있게 되었습니다. 이렇게 페이지화하면 메모리의 공간 사용률이 높아집니다.

페이지화를 하더라도 페이지 내에 사용하지 못하는 조각 공간은 여전히 발생합니다. 이 문제를 내부 단편화(Internal Fragmentation)라고 합니다. 그래도 내부 단편화보다 외부 단편화 때문에 사용하지 못 하는 공간이 더 많습니다. 그래서 대부분의 현대 컴퓨터에서는 메모리를 페이지화 하는 방식을 채택하고 있습니다.

페이지화할 경우, 마지막 G의 상태와 같이 프로세스의 공간이 페이지 단위에서 분리되어도 실행할 수 있다고 했죠? 이것이 가능한 이유를 알기 위해서는 논리적 공간과 물리적 공간이라는 개념을 이해해야 합니다.

> **Note** 페이지 크기 확인
>
> 컴퓨터에 따라 페이지 크기는 다릅니다. 현재 기준으로 보통은 4096바이트를 사용하고 있습니다. 리눅스의 쉘[3]에서 'getconf PAGE_SIZE' 명령어를 입력하면 페이지 크기를 확인할 수 있습니다.
>
> ```
> [ubuntu@user] getconf PAGE_SIZE
> 4096
> ```

---

[3] 사용자가 명령어를 입력하고 그 결과를 출력 받을 수 있는 프로그램

5.2 논리적 공간과 물리적 공간

 논리적 공간(Logical Space or Virtual Space, 가상 공간)은 각 프로세스들이 연속된 공간을 점유하고 있다고 CPU가 간주하는 가상의 공간입니다. 반면 물리적 공간은 각 프로세스들이 페이지 단위로 분리되어 점유하고 있는 메모리의 실제 공간입니다. 즉 CPU는 각 프로세스들이 논리적 공간에서 연속적으로 있는 것으로 간주하지만, 실제로는 물리적 공간에서 불연속적으로 있는 것이죠. 그래서 CPU는 메모리에 접근할 때, 논리적 공간을 물리적 공간으로 바꾸는 사상[4](Mapping, 맵핑) 기술을 사용합니다.

5.2.1 논리적 공간을 물리적 공간으로 사상

 논리적 공간을 물리적 공간에 사상하기 위해서는, 논리적 공간에 맞는 논리 주소를 물리적 공간에 맞는 물리 주소로 변환하면 됩니다.

---

[4] 사상이란 두 집합 x, y가 존재할 때 집합 x의 각원소가 y의 각원소로 대응시키는 관계를 말합니다.

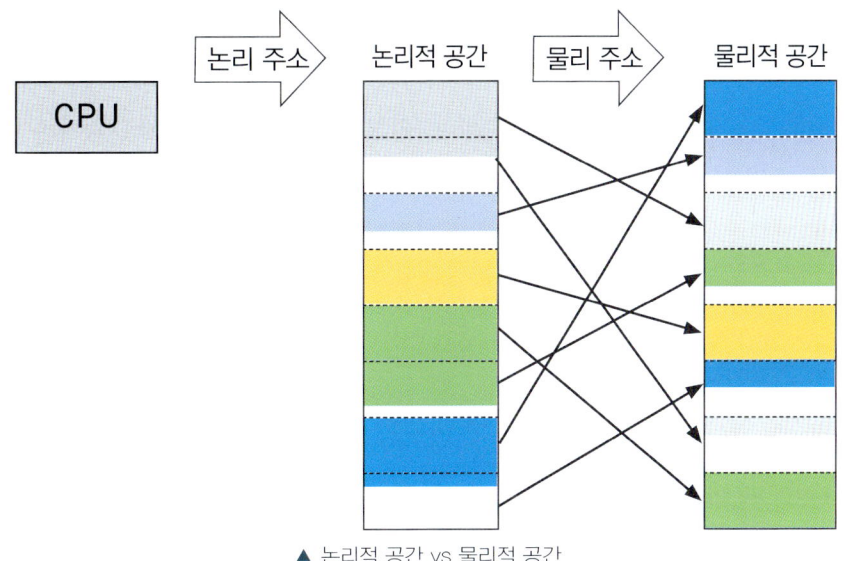

▲ 논리적 공간 vs 물리적 공간

CPU는 논리적 공간에 맞는 논리 주소를 출력합니다. CPU는 주소 레지스터를 통해 주소를 출력한다고 4.3.2에서 배웠죠? 그 주소가 바로 논리적 공간에 맞는 논리 주소입니다. 이 논리 주소는 물리적 공간에 맞는 물리 주소로 변환되어 메모리로 들어갑니다.

물리적 공간에서는 프로세스가 페이지 단위로 불 연속적으로 분리될 수 있기 때문에 논리적 공간과 물리적 공간에서 프로세스가 점유한 페이지 위치는 서로 다를 수 있습니다.

그러므로 논리 주소를 물리 주소로 변환하기 위해서는 논리적 공간에 대한 물리직 공간에서의 페이지들의 위치 목록이 필요한데, 이 목록을 페이지 테이블이라고 합니다.

5.2.2 페이지 테이블

페이지 테이블(Page Table)은 논리 주소를 물리 주소로 변환하는 데 필요한 페이지 위치 목록입니다. 운영체제는 프로세스를 생성[5]할 때 메모리의 특정 공간에 프로세스에 대한 페이지 테이블을 만듭니다. 그리고 프로세스는 실행 중에 메모리 공간이 더 필요하거나 반대로 필요 없어지면 페이지 할당 및 해제를 요구하는데 이에 따라 운영체제는 프로세스에게 페이지를 할당 및 해제하고 그것에 맞게 페이지 테이블도 갱신하게 됩니다. 이와 같이 운영체제는 프로세스 마다 페이지 테이블을 만들어 관리합니다.

---

[5] 사용자가 프로그램을 실행하면 운영체제는 프로그램을 메모리로 올립니다. 그것이 CPU가 실행할 수 있는 프로세스를 생성하는 것입니다.

5.2.2.1 논리 주소를 물리 주소로 변환하기

페이지 테이블은 논리적 공간의 페이지 인덱스[6](Page Index)에 대한 물리적 공간의 프레임 인덱스(Frame Index) 목록입니다. 논리적 공간을 단위 크기로 나눈 것을 페이지라고 할 때 물리적 공간을 같은 크기로 나눈 것을 프레임(Frame)이라고 합니다.

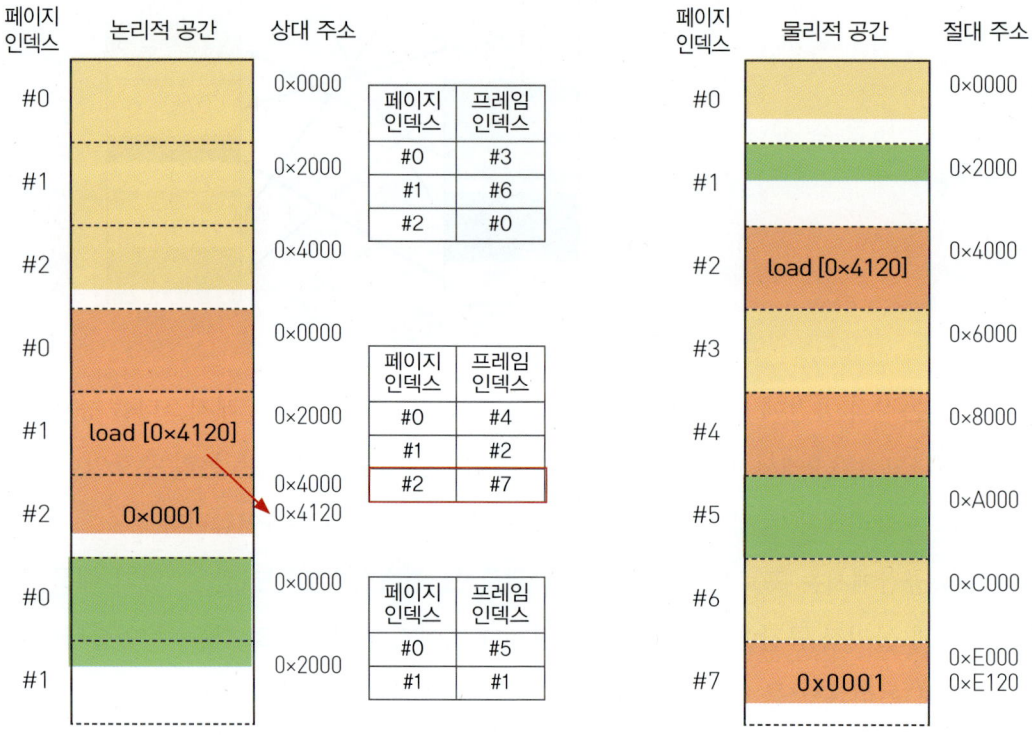

▲ 프로세스별 페이지 테이블

프로세스마다 페이지 테이블을 가지는데, 그 이유는 프로세스는 상대 주소를 사용하기 때문입니다. 상대 주소는 논리적 공간에서 프로세스가 점유한 공간의 시작 주소를 0번지로 놓은 것입니다. 그래서 프로세스마다 개별적인 상대 주소를 가집니다.

만약 CPU가 명령어 load[0x4120]를 실행한다면 주소 0x4120를 출력할 것입니다. 이 주소는 상대 주소입니다. 이 상대 주소가 곧 논리 주소가 되는 것이죠. 상대 주소, 즉 논리 주소는 페이지 테이블을 참조해 물리 주소로 변환됩니다.

앞의 그림을 참조(특히 빨간색 테두리)하면 다음과 같이 논리 주소 0x4120가 물리 주소 0xE120으로 변환된다는 것을 알 수 있습니다.

---

[6] 인덱스는 공간에서 위치 번호를 말합니다.

논리 주소		물리 주소	
16진수	2진수	16진수	2진수
0x4120	0b0100000100100000	0xE120	0b1110000100100000

▲ 논리 주소, 물리 주소 변환

앞의 그림에서 메모리는 $8(=2^3)$개의 페이지로 나누어져 있으므로 주소의 앞 3비트는 페이지 인덱스를 나타냅니다. 그래서 해당 프로세스의 페이지 테이블을 참조하여 페이지 인덱스 0b010(=2)를 프레임 인덱스 0b111(=7)로 변환하면 물리 주소가 되는 것입니다.

5.2.2.2 페이지 테이블에 포함된 부가 정보

페이지 테이블에는 페이지 인덱스와 프레임 인덱스 정보 외에도 페이지 관리에 필요한 부가 정보도 있습니다. 이러한 정보들의 열을 페이지 엔트리(Page Entry)라고 합니다. 다음은 예시로 3개의 페이지 엔트리를 가지는 페이지 테이블입니다.

페이지 인덱스	프레임 인덱스	Valid	R/W	Present	Dirty
#0	#2	0	rw	0	1
#1	#4	1	r	1	0
#2	#7	0	rw	0	0

▲ 페이지 테이블

- **페이지 인덱스**: 논리적 공간의 페이지 위치 번호
- **프레임 인덱스**: 물리적 공간의 프레임 위치 번호
- **Valid**: 페이지의 유효/무효를 나타냅니다. 만약 무효 페이지에 접근한다면 프로그램 오류이므로 운영체제는 해당 프로세스를 강제 종료할 것입니다.
- **R/W[7]**: 페이지의 읽기/쓰기 권한을 나타냅니다. 프로세스의 코드 영역이 올라간 페이지라면 쓰거나 수정할 필요가 없으므로 읽기 권한만 줄 수 있습니다.
- **Present**: 페이지가 메모리에 있는지 아니면 스토리지에 있는지를 나타냅니다. 만약 접근하는 페이지가 스토리지에 있는 상태라면 메모리로 올리기 위해 페이지 폴트 인터럽트(Page Fault Interrupt)를 진행합니다. 5.3에서 더 자세히 설명합니다.
- **Dirty**: 페이지가 수정되었는지 나타냅니다. 만약 수정되었다면 스왑 아웃(Swap Out) 시에 페이지를 스토리지에 반영합니다. 5.3에서 더 자세히 설명합니다.

---

[7] Read/Write를 줄여 R/W라고 합니다. 값이 r이면 읽기 전용, r/w이면 읽기 쓰기 가능을 의미합니다.

5.2.3 메모리 관리 장치

메모리 관리 장치(MMU, Memory Management Unit)[8]는 페이지 테이블을 참조하여 논리 주소를 물리 주소로 변환하는 장치입니다. 내부에는 크게 변환 색인 버퍼(Translation Lookaside Buffer, TLB)와 페이지 테이블 주소 레지스터(Page Table Base Register, PTBR)로 구성되어 있습니다.

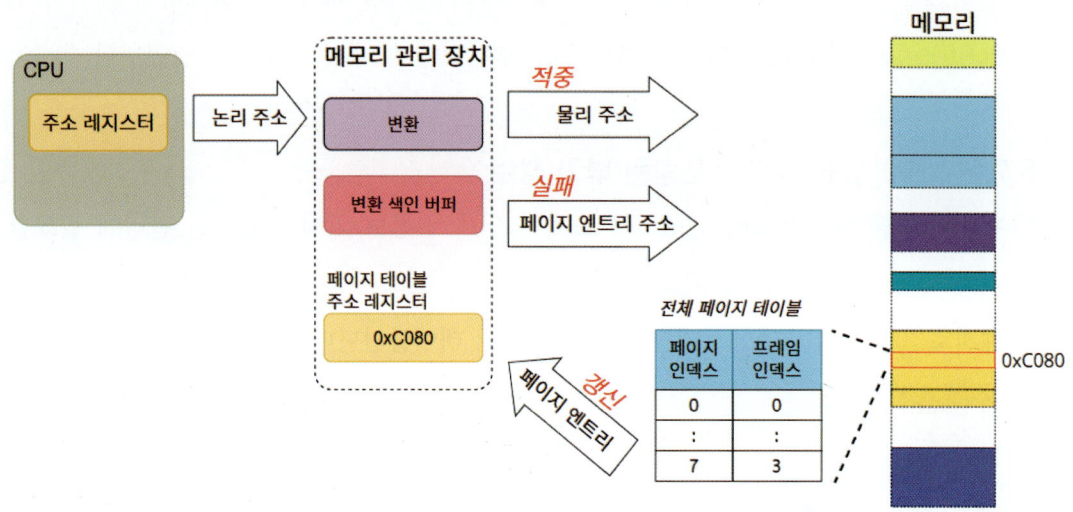

▲ 메모리 관리 장치 구조

변환 색인 버퍼에는 페이지 테이블의 일부가 저장됩니다. 메모리 관리 장치는 논리 주소가 들어오면 내부의 변환 색인 버퍼에서 그 논리 주소에 해당하는 페이지 엔트리를 찾아 물리 주소로 빠르게 변환합니다(그림에서 '적중').

하지만 변환 색인 버퍼는 고속의 기억 장치라서 비용이 큰 편입니다. 그래서 작은 크기[9]로 설치되므로 보통은 메모리에 있는 페이지 테이블 전체가 모두 올라가지 못합니다. 그래서 찾으려는 페이지 엔트리가 없는 경우가 발생할 수 있는데, 그러한 경우 메모리에 있는 해당 페이지 엔트리를 변환 색인 버퍼로 올리기 위해 그것의 주소를 출력합니다(그림에서 '실패').

---

[8] 과거에는 CPU와는 다른 개별 장치였다가, 점점 필수 장치가 되면서 현재에는 대부분의 CPU에 포함되어 있습니다.
[9] 현재 컴퓨터 기준으로 변환 색인 버퍼는 4096바이트의 페이지 정보를 담은 12비트 크기의 페이지 엔트리 4096개를 저장할 수 있는 크기를 가집니다. 그래서 16,777,216바이트(=4096 x 4096), 약 16메가바이트 공간에 대한 페이지들의 정보를 변환 색인 버퍼에 저장할 수 있습니다.

페이지 테이블 주소 레지스터는 페이지 테이블이 저장된 메모리의 주소를 가지는데, 프로세스의 실행이 시작될 때 운영체제에 의해 설정됩니다. 그래서 CPU는 실행 중인 프로세스의 페이지 테이블의 위치를 알고 있습니다. 페이지 테이블은 메모리에서 페이지 인덱스 순으로 연속된 공간에 있습니다. 그래서 찾으려는 페이지 엔트리 주소를 다음과 같이 계산할 수 있습니다[10].

> 페이지 엔트리 주소=페이지 테이블 주소 레지스터 값+(페이지 엔트리 크기x페이지 인덱스)

이렇게 계산된 페이지 엔트리 주소는 메모리로 들어가고 해당 주소에 있는 페이지 엔트리는 데이터 버스를 통해 CPU로 들어 갑니다. CPU는 받은 페이지 엔트리를 변환 색인 버퍼로 올리게 됩니다(그림에서 '갱신')

---

[10] 현대에는 공간 효율을 높이기 위해 페이지 디렉토리(Page Directory) 아래에 페이지 테이블을 두는 방식을 택하고 있습니다. 그래서 페이지 테이블에 접근하기 위해서 2~3단계의 더 복잡한 과정을 거치게 됩니다. 여기서는 원리를 간단하게 이해하기 위해 1단계로 페이지 테이블에 바로 접근할 수 있다는 가정하에 만든 계산식입니다.

5.3 페이지 교체

컴퓨터는 설치된 메모리의 용량보다 더 많은 용량을 사용할 수 있습니다. 예를 들어 1GB 용량의 메모리가 설치 되었어도 이보다 더 많은 2GB, 4GB를 사용할 수 있습니다. 이것이 가능한 이유는 스토리지 공간 일부를 메모리 공간처럼 사용하는 페이지 교체(Page Swapping) 기술이 있기 때문입니다.

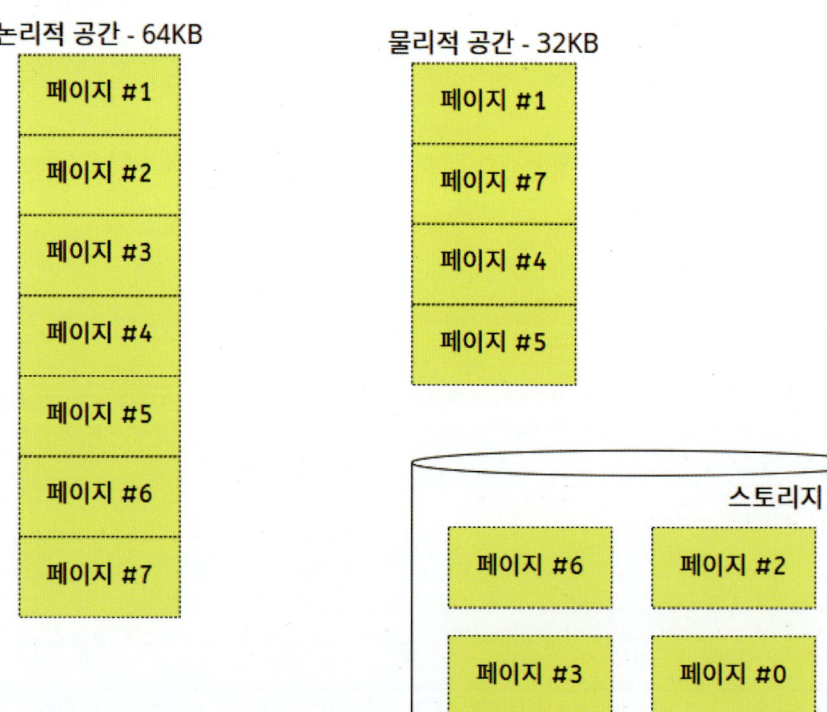

▲ 논리적 공간에 비해 물리적 공간이 부족

그림과 같이 논리적 공간은 64KB로 8개 페이지로 나누어져 있습니다. 그러나 설치된 메모리 용량은 32KB로 4개의 프레임만 페이지로 사용할 수 있다고 가정하겠습니다. 이렇게 메모리, 즉 물리적 공간이 부족한 경우 나머지 페이지들을 스토리지에 저장할 수 있습니다.

CPU는 스토리지에 있는 페이지에 바로 접근할 수 없습니다. 만약 접근하려는 페이지가 스토리지에 있다면 페이지 교체 기술을 통해 메모리로 올려야 합니다. 페이지 교체 기술은 1단계: 페이지 폴트 인터럽트, 2단계: 스왑 아웃, 3단계: 스왑 인, 이렇게 3단계로 진행됩니다. 단계별로 자세히 살펴봅시다.

5.3.1 1단계: 페이지 폴트 인터럽트

CPU가 논리 주소를 출력하면 메모리 관리 장치는 페이지 테이블에서 이 논리 주소에 해당하는 페이지 엔트리를 찾습니다. 그리고 Present를 확인합니다. 만약 0이면 참조하려는 페이지가 스토리지에 있다는 것이므로 CPU는 페이지 폴트 인터럽트❶(Page Fault Interrupt)를 진행합니다. 그래서 운영체제에 있는 페이지 폴트(Page Fault) 인터럽트 함수(Interrupt Service Routine, Interrupt Handler)❷를 실행합니다. 그 함수에서는 스왑 아웃하고 다음으로 스왑 인을 진행합니다.

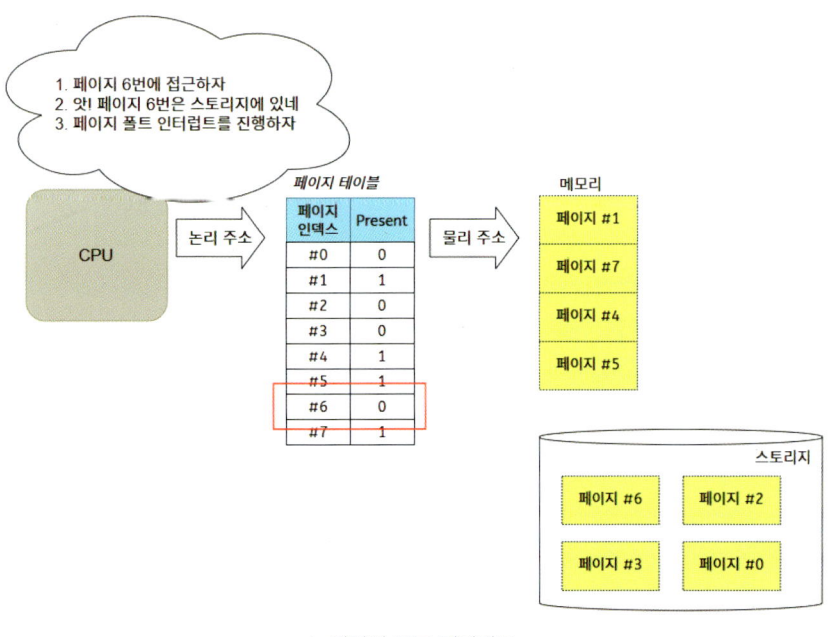

▲ 페이지 폴트 인터럽트

---

❶ 인터럽트란 갑자기 처리해야 할 돌발 상황이 발생하면 CPU는 진행하던 작업을 중단하고 돌발 상황을 처리하는 것 말합니다. 9장에서 자세히 다루겠습니다.
❷ 운영체제에 구현되어 있는 돌발 상황을 처리하는 소프트웨어 코드를 말합니다. 9장에서 자세히 다루겠습니다.

5.3.2 2단계: 스왑 아웃

스왑 아웃(Swap Out)은 메모리에 있는 페이지 하나를 스토리지로 옮기는 작업으로서 다음에 진행할 스왑 인(Swap In)을 위해 빈 공간을 만드는 것입니다. 만약 빈 공간이 충분하다면 스왑 아웃을 진행할 필요 없이 바로 스왑 인 단계로 건너뜁니다.

스왑 아웃하기 위해 비우는 페이지를 희생 페이지(Victim Page)라고 합니다. 어떤 페이지를 희생 페이지로 할지 결정하는 다양한 알고리즘이 있지만 그 중 LRU(Least Recently Used)를 가장 많이 사용합니다. LRU는 가장 오랫동안 참조되지 않은 페이지를 선택하는 것입니다. '가장 오랫동안 참조 되지 않았으므로 앞으로 가장 늦게 참조될 것이다'라는 가설을 기반으로 만들어진 알고리즘입니다. 알고리즘으로 선택된 희생 페이지는 스왑 아웃하게 됩니다.

그런데 희생 페이지가 스왑 아웃 되지 않는 경우도 있습니다. 희생 페이지가 과거에 스토리지에서 메모리로 옮겨왔다면 스토리지에 아직 그대로 남아 있는 상태일 것입니다. 만약 페이지 테이블 엔트리의 Dirty를 보고 페이지가 수정된 부분이 없다면 굳이 옮길 필요가 없겠죠.

희생 페이지를 스토리지에 옮긴 다음에는 페이지 테이블 엔트리에서 Present를 0으로 바꿉니다.

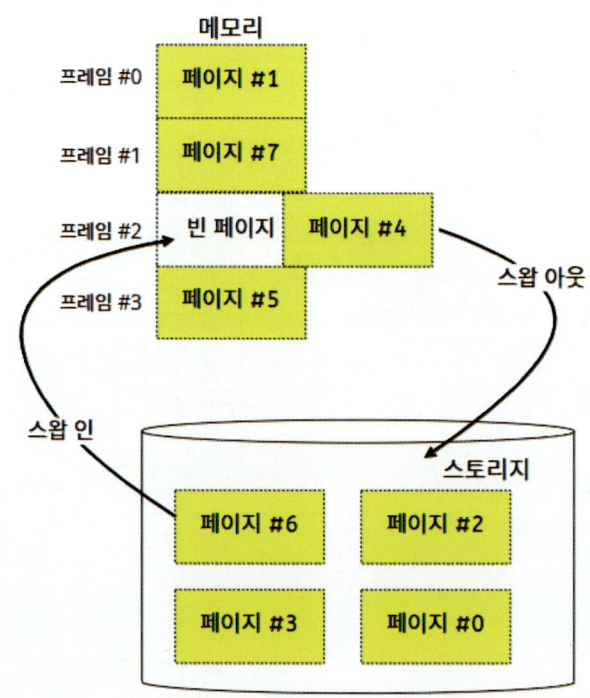

▲ 스왑 아웃 – 스왑 인

> **Note** 스왑 스페이스
>
> 희생 페이지가 옮겨지는 스토리지의 장소를 스왑 스페이스(Swap Space)라고 합니다. 리눅스는 쉘에서 'swapon -s' 명령어를 입력하면 스왑 스페이스를 확인할 수 있습니다.

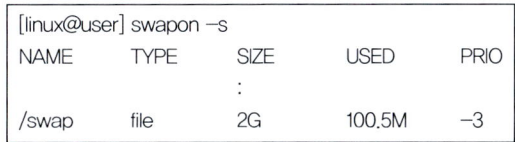

▲ 리눅스 스왑 스페이스

> 윈도우는 명령 프롬프트를 열어 'dir /ah swapfile.sys'[13] 명령어를 입력하면 확인할 수 있습니다.

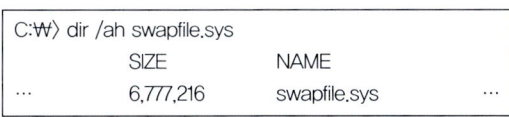

▲ 리눅스 스왑 스페이스

5.3.3 3단계: 스왑 인

스왑 인(Swap In)은 CPU가 접근하려는 페이지를 스토리지에서 메모리로 올리는 작업입니다. 스토리지에 있는 해당 페이지를 찾아 스왑 아웃으로 생긴 메모리의 빈 공간에 올리는 것이죠. 마지막으로 페이지 테이블 엔트리의 프레임 인덱스와 Present를 설정합니다.

이것으로 페이지 교체가 모두 끝나고 이제 CPU는 메모리에 있는 해당 페이지를 접근할 수 있습니다.

여기까지 페이지 교체 기술에 대해 알아보았는데요. 만약 설치된 메모리 용량이 적다면 그 만큼 페이지 교체가 자주 발생할 것이고, 그에 따라 처리 속도는 느려진다 점을 예상할 수 있겠죠?

> **Note** 스왑 인 & 스왑 아웃 횟수 확인
>
> 리눅스의 쉘에서 'vmstat -s' 명령어를 입력하면 페이지의 스왑 인과 스왑 아웃 횟수를 확인할 수 있습니다.
>
> ```
> [linux@user] vmstat -s
>                :
>         475 pages swapped in
>        7719 pages swapped out
>                :
> ```

[13] 파일명 'swapfile.sys'는 윈도우 11기준으로, 버전에 따라 위치 및 파일명은 달라 질 수 있습니다.

5.4 마무리

이번장에서는 메모리를 효율적으로 사용할 수 있는 페이지화 기술에 대해 알아보았습니다.

페이지화에는 페이지 테이블이 필요하고 이것을 구성하는 페이지 엔트리는 페이지를 관리하기 위한 여러 정보가 들어있다는 것을 알 수 있었습니다.

메모리 관리 장치는 페이지 테이블을 참조하여 논리적 공간에 맞는 논리 주소를 물리적 공간에 맞는 물리 주소로 변환해 준다는 것을 알았습니다.

페이지 교체 기술은 설치된 메모리 용량보다 더 많은 공간을 사용할 수 있게 만들어 주는 기술인 것도 알았습니다.

다음 장에서는 메모리를 포함하여 컴퓨터에 들어가는 다양한 기억 장치들을 알아보겠습니다.

> **Note** 세계 최초 컴퓨터 콜로서스

콜로서스(Colossus)는 영국에서 만들어진 세계 최초 전자식 컴퓨터로, 2차 세계대전 당시, 독일군의 통신 보안을 위한 로렌츠(Lorenz) 암호를 해독하기 위해 만들어졌습니다. 콜로서스는 영국의 수학자 맥스 뉴먼(Max Newman, 1897~1984)과 우편국의 전화기 엔지니어 토미 플라워스(Tommy Flowers, 1905~1998)가 설계하고 제작한 것으로 세계 최초의 프로그래밍 가능한 전자 컴퓨터였습니다.

▲ 콜로서스

콜로서스의 시제품격인 마크(Mark) 1은 1943년 12월에 작동에 성공했으며, 다음 마크 2는 이동기(Shift register)를 적용해 처리 속도를 5배로 높인 것으로 1944년 6월 1일에 작동되어, 5일 뒤 개시된 노르망디 상륙 작전에서 사용할 수 있었습니다. 계속해서 독일 국방군 최고사령부와 휘하 사령부 사이의 무선 통신 내용을 해독하여 수많은 고급 군사 정보를 확보하였고, 연합군의 승리에 큰 기여를 하게 되죠.

콜로서스는 1970년대 중반까지 비밀리에 부쳐졌습니다. 그리고 기계와 설계도는 프로젝트의 비밀 유지를 위해 1960년도에 이미 파괴되었죠. 이 때문에 콜로서스 관련자들은 생전에 전자 디지털 컴퓨터를 개척한 공로를 인정받지 못했습니다.

2008년에는 몇몇 자원자들에 의해 마크 2를 복원하고 작동시키는 데 성공합니다. 현재 이 복원품은 영국 국립 전산 박물관에 전시되어 있습니다.

CHAPTER 6

다양한 기억 장치

컴퓨터 안에서는 데이터가 처리되는 과정이 수없이 반복됩니다. 하지만 모든 데이터가 동일한 빈도로 사용되거나 처리되지 않습니다. 이때 자주 사용되는 데이터는 입출력 속도가 빠른 기억 장치에 넣고 사용한다면 전체 데이터 처리 속도를 높일 수 있습니다. 즉, 컴퓨터가 좀 더 효율적으로 동작할 수 있게 됩니다. 이를 위해 컴퓨터 안에는 다양한 기억 장치가 용도에 맞게 들어가는데, 그 용도를 이해하기 위해서는 기억 장치들의 데이터 입출력 속도 및 용량과 같은 성능적인 부분과, 물리적인 특징에 대해 알아봐야 합니다.

6.1 기억 장치의 종류

기억 장치는 크게 사용 목적에 따라 레지스터, 캐시, 메모리, 스토리지로 나뉩니다. 스토리지 > 메모리 > 캐시 > 레지스터 순으로 데이터 입출력 속도가 빠릅니다. 빠른 대신 단위 비트당 저장 비용은 비쌉니다. 그래서 빠른 기억 장치일수록, 비싸기 때문에 적은 용량을 설치하게 되죠.

이렇게 컴퓨터에 설치되는 기억 장치들은 빨라질수록 설치 용량은 적어지는 피라미드 구조를 가지는데 이것을 기억 장치의 계층 구조(Memory hierarchy)라고 합니다.

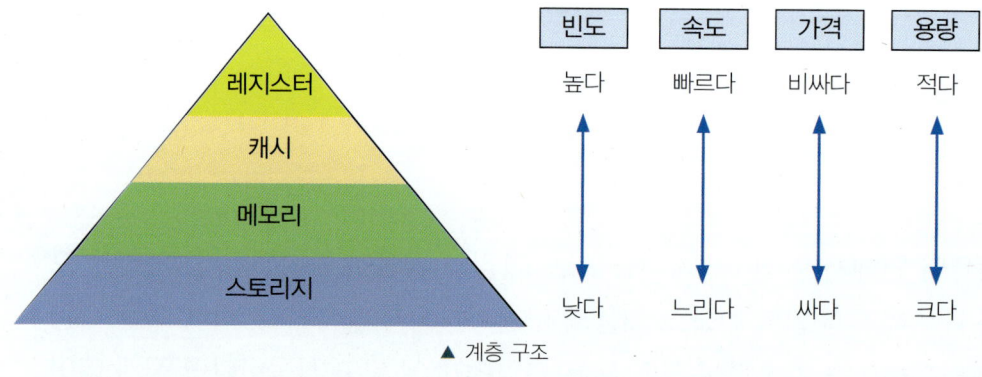

▲ 계층 구조

결국 컴퓨터에서 여러 기억 장치를 계층 구조로 사용하는 이유는 가성비 좋은 컴퓨터를 만들기 위해라고 볼 수 있습니다. 그렇다면 레지스터, 캐시, 메모리, 스토리지 순으로 하나씩 자세히 알아볼까요?

6.2 레지스터

레지스터(Register)는 CPU 내부에 있으며, CPU 코어가 '데이터를 처리하기 직전 또는 직후에 일시적으로' 저장할 때 사용합니다. 누산기, 명령어 레지스터, 주소 레지스터, 데이터 레지스터, 프로그램 계수기 등의 다양한 종류의 레지스터가 들어가 있고 저마다 고유한 목적을 위해 데이터를 저장합니다.[1] 레지스터는 기억 장치 중에서는 속도가 가장 빠른 대신 비쌉니다. 보통 4~8바이트 정도의 작은 크기로 설치됩니다.

레지스터를 이루는 셀[2](Cell)은 정적 램(Static Random Access Memory, SRAM)을 사용합니다. 이것은 전원이 꺼지면 데이터가 사라지는 휘발성 반도체입니다. 정적 램은 2개의 인버터(Inverter)를 서로 맞물리게 연결하여 비트를 나타내는 전하를 저장하는데[3], 주기적인 충전을 하지 않아도 전하를 유지할 수 있어 정적 램이라고 부릅니다. 이와 반대로 전하를 유지하기 위해 주기적인 충전이 필요한 것을 동적 램이라고 하는데, 6.4의 메모리에서 자세히 설명합니다.

정적 램은 셀 중에서 가장 빠른 대신 가장 비싸기 때문에 레지스터 외에도 비교적 작은 크기를 필요로 하는 기억 장치의 셀로 두루 사용됩니다. 캐시, 디스크 캐시, 변환 색인 버퍼[4], 각종 입출력 장치에 들어가는 버퍼(Buffer) 등에서도 사용되죠.

---

[1] 레지스터의 자세한 설명은 4.3.2를 참고하세요.
[2] 기억 장치에서 1 비트를 저장하는 최소 단위
[3] 다음에서 회로도를 확인할 수 있습니다.
https://www.electronics-notes.com/images/memory-sram-4-transistor-cell-01.svg
[4] 5.2.3을 참고하세요.

6.3 캐시

캐시(Cache)는 느린 메모리를 보완해주는 장치입니다. 예를 들어 CPU가 자동차 속도로 데이터를 요청한다면 메모리는 자전거 속도로 응답한다고 볼 수 있습니다. 그래서 캐시는 CPU와 메모리 사이에 설치되어 병목 현상을 줄여줍니다. 캐시는 메모리의 기능을 보완하므로 메모리의 일부로 보기도 합니다.

캐시는 정적 램을 셀로 사용하므로 빠른 기억 장치에 속하는 편입니다. 레벨에 따라 L1, L2, L3 캐시로 나뉘고 레벨이 클수록 용량은 크고 속도는 느립니다. 모두 같은 정적 램을 사용하더라도 레벨이 클수록 속도가 느린데, 그 이유는 데이터를 찾을 때 좁은 공간에서 찾는 것보다 넓은 공간에서 찾는 것이 더 많은 회로를 거쳐 오래 걸리기 때문이죠.

캐시의 내부 동작은 다음 7장에서 자세히 알아볼 예정이고 여기서는 간단히 레벨에 따른 용도만 알아보겠습니다.

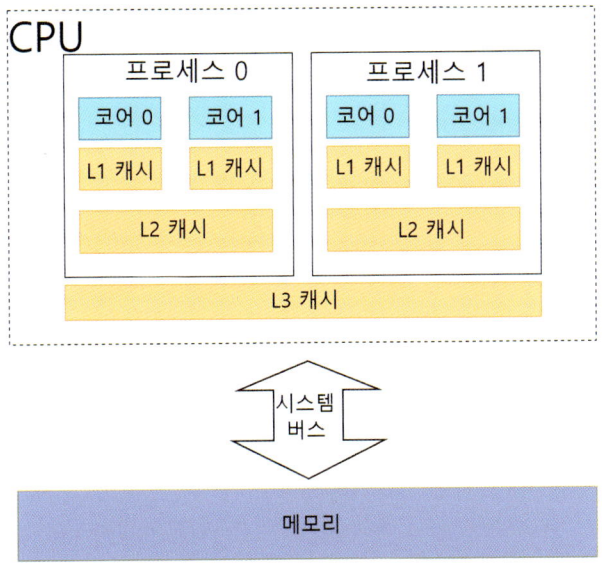

▲ L1, L2, L3 캐시

- **L1(Level 1) 캐시**: L1 캐시는 CPU가 데이터를 가장 먼저 찾는 기억 장치입니다. 캐시 중 가장 작은 크기이지만 응답 속도는 가장 빠릅니다. 독립적인 작업을 할 수 있는 코어별로 L1 캐시를 가집니다. L1 캐시는 명령어를 저장하는 L1-I(L1 Instruction) 캐시와 수치 데이터를 저장하는 L1-D(L1 Data) 캐시로 분리됩니다.
- **L2(Level 2) 캐시**: L2 캐시는 CPU가 데이터를 L1 캐시 다음으로 찾는 기억 장치입니다. 캐시 중에서 중간 크기와 중간 응답 속도를 가집니다. 프로세스 안의 코어들이 공유하는 캐시입니다.
- **L3(Level 3) 캐시**: L3 캐시는 CPU가 데이터를 L2 캐시 다음으로 찾는 기억 장치입니다. 여기서도 못 찾으면 메모리에서 데이터를 찾게 됩니다. 캐시 중 가장 큰 크기를 가지지만 응답 속도는 가장 느립니다. L3 캐시는 CPU안에서 모든 프로세스들이 공유하는 캐시입니다.

다음은 예시로 보통 컴퓨터에서 설치되는 L1 캐시, L2 캐시, L3 캐시, 메모리의 용량과 초당 대역폭(속도)를 나타냅니다.

기억 장치	용량	초당 대역폭
L1 캐시	32KB	1TB
L2 캐시	256KB	500GB
L3 캐시	8MB	200GB
메모리	4GB	20GB

▲ 기억 장치의 용량과 초당 대역폭 – 예시

> **Note** 캐시 확인
>
> 리눅스는 쉘에서 'getconf –a | grep CACHE' 명령어를 입력하면 확인할 수 있습니다.
>
> ```
> [linux@user] getconf –a | grep CACHE
> LEVEL1_ICACHE_SIZE      32768
> LEVEL1_DCACHE_SIZE      32768
> LEVEL2_CACHE_SIZE       262144
> LEVEL3_CACHE_SIZE       2097152
> ```
>
> ▲ 캐시 확인 – 리눅스
>
> 윈도우는 명령 프롬프트를 열어 'wmic memcache list brief' 명령어를 입력하면 캐시 종류 및 크기를 확인할 수 있습니다.
>
> ```
> C:\> wmic memcache list brief
> ...     DeviceID              InstalledSize     ...
>         Cache Memory 0        288
>         Cache Memory 1        192
>         Cache Memory 2        7680
>         Cache Memory 3        18432
> ```
>
> ▲ 캐시 확인 – 윈도우

6.4 메모리

이번 절은 메모리(Primary Memory, Main Memory, 주기억 장치)의 성능적인 관점과 셀의 물리적 특징에 대해 알아보겠습니다. 메모리의 종류로는 램과 롬이 있다고 했죠? 하나씩 살펴보겠습니다.

6.4.1 램

램(RAM, Random Access Memory)은 스토리지에 있던 운영체제, 사용자 프로그램 등이 올라가는 기억 장치입니다. 램은 보통 4GB~1TB 정도의 크기가 설치되고, 위치에 상관없이 동일한 속도로 CPU가 접근할 수 있습니다.

램을 구성하는 셀은 동적 램(Dynamic Random Access Memory, DRAM)을 사용하는데, 전원이 꺼지면 데이터가 사라지는 휘발성 반도체입니다. 그러므로 램은 휘발성 기억 장치입니다. 동적 램은 축전기(Capacitor)에 비트를 나타낼 수 있는 전하를 저장합니다. 물리적으로 축전기에 저장된 전하는 시간이 흐르면 서서히 누설되므로 결국에는 기억된 정보를 잃게 되는 문제가 있습니다. 이를 방지하기 위해 주기적으로 충전(Refresh) 하게 됩니다. 그러한 특성이 있기 때문에 동적 램이라고 불리우는 것입니다. 동적 램은 기억 장치로 사용하는 셀 중에서는 정적 램 다음으로 느리고 쌉니다.

> **Note** 정적 램이 동적 램 보다 비싼 이유
>
> 정적 램이 동적 램에 비해 셀의 면적이 더 크기 때문입니다. 셀은 웨이퍼에서 만들어지는데 면적이 큰 반도체일수록 생산성이 떨어지기 때문에 비싸지게 되는 것입니다. 웨이퍼에서 정적 램은 동적 램에 비해 대략 6배 정도로 더 넓은 면적을 차지합니다. 반면 정적 램은 동적 램 대비 최소 10배 이상 빠릅니다.

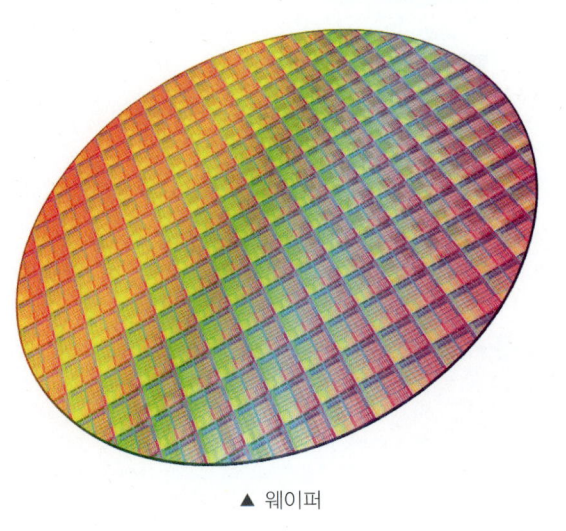

▲ 웨이퍼

6.4.2 롬

롬(Read Only Memory, ROM)은 읽기 전용 장치[5]로, 바이오스[6] 프로그램이 설치되어 있습니다. 롬은 보통 4MB~8MB 정도의 크기가 설치되고, 램과 같이 위치에 상관없이 동일한 속도로 CPU가 읽어 올 수 있습니다.

롬에는 보통 노어 플래시(NOR Flash)[7]를 사용합니다. 노어 플래시는 비휘발성 기억 장치로, 같은 성질의 낸드 플래시[8]에 비해 읽기가 빠른 대신 쓰기/지우기는 느립니다. 바이오스가 들어있는 롬은 CPU가 자주 읽지만 쓰기/지우기는 거의 발생하지 않습니다. 그러므로 롬에는 낸드 플래시보다 노어 플래시를 사용합니다.

> **Note** 노어 플래시 vs 낸드 플래시
>
> 노어 플래시는 플래시 메모리를 병렬로 연결한 것이고, 낸드 플래시는 직렬로 연결한 것입니다. 이러한 구조적인 차이로 인해 노어 플래시는 낸드 플래시에 비해 읽기가 빠른 대신 쓰기/지우기는 느립니다.
>
> 플래시 메모리[9](Flash Memory)는 플로팅 게이트(Floting Gate) 라는 곳에 비트를 나타낼 수 있는 전하를 저장하는데, 전원이 꺼져도 사라지지 않는 비휘발성 반도체입니다. 이러한 특징을 가진 플래시 메모리로 다양한 비휘발성 기억 장치를 만들 수 있습니다. 롬, SSD, USB 플래시 드라이브 등이 있죠.

---

[5] 롬에 바이오스를 업데이트 할 수 있기 때문에 쓰기/수정이 가능하다고 볼 수 있습니다. 그런데 왜 읽기 전용 장치라고 할까요? 그 이유는 CPU가 명령어 처리 과정에서 읽기만하고 쓰기/수정은 안 하는 장치이기 때문입니다.
[6] 11.1.4에서 자세히 설명합니다.
[7] 노어 플래시 회로를 확인할 수 있습니다. https://www.student-circuit.com/wp-content/uploads/sites/54/2018/04/NORflash.png
[8] 6.5.1에서 설명합니다.
[9] 플래시 메모리 구조를 확인할 수 있습니다. https://r2.community.samsung.com/t5/Tech-Talk/Flash-memory/td-p/4457583

6.5
스토리지

스토리지(Auxiliary Memory, Storage, 보조 기억 장치)[10]는 데이터를 영구적으로 저장할 수 있는 비휘발성 기억 장치입니다. CPU는 작업자, 메모리는 작업대로 비유했다면 스토리지는 창고에 비유할 수 있습니다. 창고에는 수많은 자재와 도구가 쌓여 있죠? 작업자는 그 중에서 당장 작업에 필요한 것들만 작업대에 올려 놓고 작업합니다. 마찬가지로 스토리지는 수많은 각종 프로그램과 그림, 음악 같은 파일이 있습니다. CPU는 그 중에서 당장 실행할 것들만 메모리로 가져와 처리합니다. 이러한 스토리지의 종류로는 SSD, HDD, USB 플래시 드라이브[11]등이 있습니다.

6.5.1 SSD

SSD(Solid State Drive, 솔리드 스테이트 드라이브)는 개인용 컴퓨터, 즉 데스크탑-톱, 노트북, 스마트폰 등에서 많이 사용되는 기억 장치로 128G~4T 바이트 정도의 크기가 설치됩니다. 이러한 SSD는 낸드 플래시(NAND Flash)[12]로 만들기 때문에 동일한 역할을 하는 HDD에 비해 빠르고 비쌉니다. 내부 동작은 주변 장치 관점으로 8.4.2에서 상세히 다룹니다.

---

[10] 보조 기억 장치는 기억 장치의 한 종류로 볼 수 있고, 컴퓨터의 주요 구성 장치 측면에서는 보면 주변 장치로 볼 수 있습니다.
[11] 보조 기억 장치로 CD, 자기 테이프, 플로피 디스크, DVD도 있는데 현재는 접하기 어렵기 때문에 따로 설명하지 않겠습니다.
[12] 낸드 플래시 회로를 확인할 수 있습니다.https://www.student-circuit.com/wp-content/uploads/sites/54/2018/04/NANDflash.png

▲ SSD

6.5.2 HDD

HDD(Hard Disk Drive, 하드 디스크 드라이브)는 플래터(Platter)라는 원판 위에 자기력(Magnetic Force)으로 비트를 표현하는 비휘발성 기억 장치입니다. HDD는 SSD에 비해 데이터 입출력 속도가 느린 대신 저렴합니다. 보통 수십 테라 바이트에서 수백 테라 바이트의 큰 크기를 가지고 대용량을 필요로 하는 메인 프레임 등에서 여전히 많이 사용되는 편입니다. 내부 동작은 주변 장치 관점으로 8.4.1에서 상세히 다루겠습니다.

▲ HDD

6.5.3 USB 플래시 드라이브

USB 플래시 드라이브(USB Flash Drive)는 휴대용 저장 장치(Portable storage device)로 많이 사용됩니다. 낸드 플래시로 만들어지고, 1G~256G 바이트 정도 크기의 다양한 제품이 있습니다.

▲ USB 플래시 드라이브

> **Note** 셀의 특성 및 성능 비교

지금까지 살펴본 기억 장치를 만드는 셀의 종류로는 정적 램, 동적 램, 노어 플래시, 낸드 플래시, 자기력이 있었습니다. 이것들의 속도 등을 한번에 비교, 정리하면 다음과 같습니다[13]. 대체적으로 읽기 및 쓰기 속도가 빠를수록 비용이 큽니다.

셀	용도	휘발성	읽기 속도	쓰기 속도	비용 순위
정적 램	레지스터, 캐시, 변환 색인 버퍼, 주변 장치의 버퍼 등	휘발성	~1ns	~1ns	1
동적 램	램	휘발성	~10ns	~10ns	2
노어 플래시	롬	휘발성	~120ns	~520ms	3
낸드 플래시	SSD, USB 플래시 드라이브	비휘발성	~30us	~3.5ms	4
자기력	HDD	비휘발성	$5 \sim 8 \times 10^6$ns	$5 \sim 8 \times 10^6$ns	5

6.6 마무리

이번 장에서는 컴퓨터에서 사용되는 기억 장치들의 성능적인 부분과 물리적인 특징을 한번에 비교하며 알아보았습니다. 스토리지, 메모리, 캐시, 레지스터 순으로 빠른 대신 비용이 비싸다는 것을 알 수 있었습니다. 이에 따라 자주 사용하는 데이터 일수록 빠른 기억 장치에서 넣고 사용하므로 컴퓨터는 가성비를 좋게 하는 방향으로 만들어 졌다는 것을 알 수 있었습니다. 기억 장치에서 사용하는 셀의 종류로는 자기력, 낸드 플래시, 노어 플래시, 동적 램, 정적 램이 있는데, 해당 순으로 속도가 빠른 대신 비싸다는 것도 알 수 있었습니다.

다음 장에서는 기억 장치 간에 데이터를 전달하는 구조를 알아보겠습니다.

---

[13] 자료의 수치는 반도체 공정, 제품 종류, 테스트 방식 등에 따라 달라 질 수 있습니다.

CHAPTER 7

데이터 전달 구조

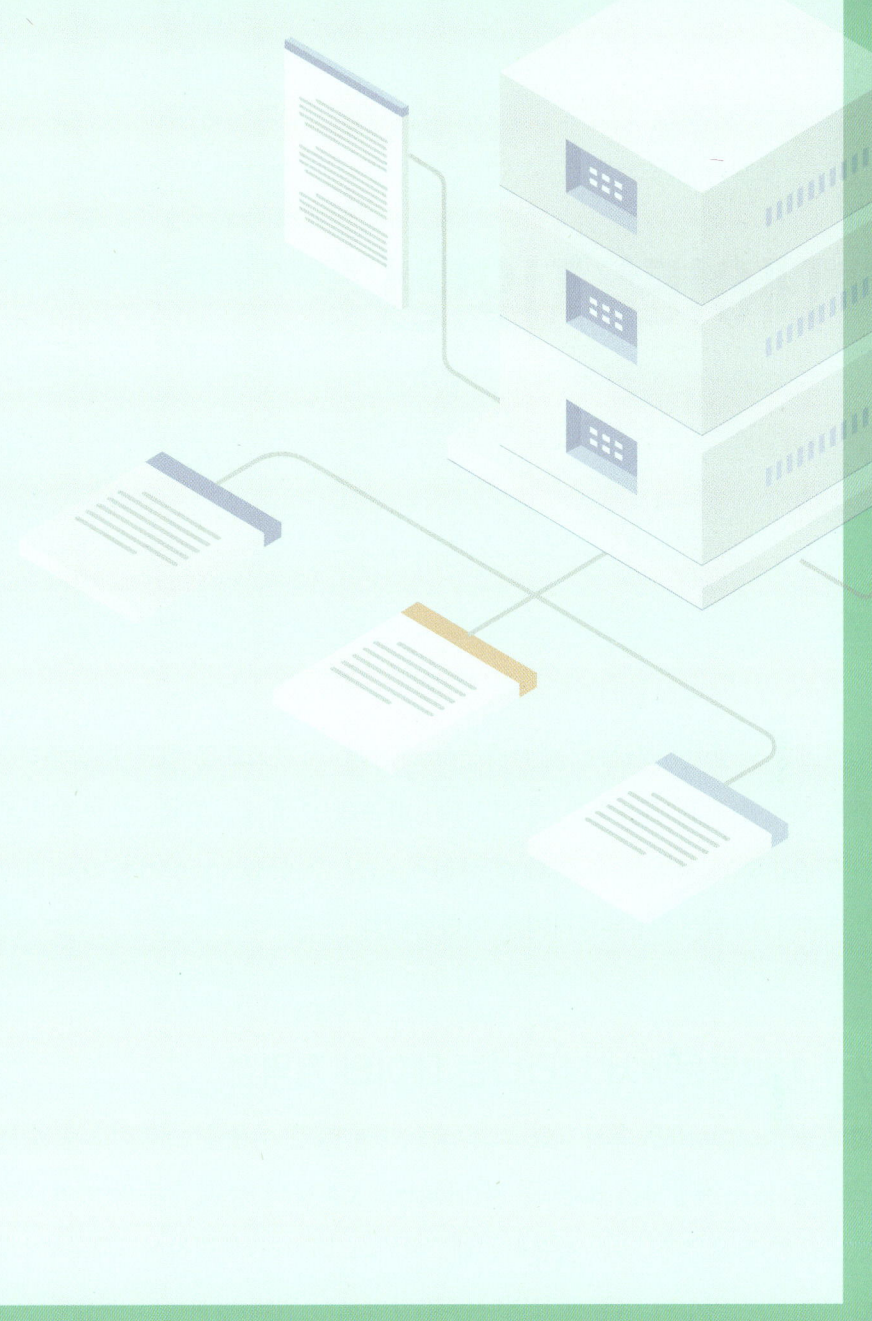

데이터 전달 구조는 데이터가 여러 기억 장치들을 단계별로 거쳐 처리되는 과정의 구조를 말합니다. 6장에서 가성비 좋은 컴퓨터를 만들기 위해, 자주 사용하는 데이터일수록 빠른 기억 장치에 넣고 사용한다고 말씀드렸는데요. 그렇다면 여기서 자주 사용하는 데이터는 무엇이며, 빠른 기억 장치로 어떻게 전달되는 것일까요? 이번 장의 데이터 전달 구조가 바로 이것에 대한 내용입니다. 먼저 자주 사용하는 데이터가 무엇인지 알아야 하는데, 그것을 위해 데이터 지역성이라는 개념을 이해해야 합니다.

7.1 데이터 지역성

데이터 지역성이란 사용할 데이터들이 공간적, 시간적으로 한군데 집중적으로 모여 있는 성질을 의미합니다. 사용하는 데이터들이 한군데 모여 있으므로, 한꺼번에 보다 빠른 기억 장치에 올려놓고 처리할 수 있다면 성능을 높일 수 있겠죠? 이러한 데이터 지역성은 특히 프로그램의 반복문에서 두드러지게 나타납니다.

7.1.1 반복문에서 나타나는 데이터 지역성

반복문(Iteration)은 프로그램 소스 코드에서 특정 부분을 반복적으로 수행할 때 사용하는 코드입니다. 개발자는 보통 C, 자바(Java), C# 등의 상위 수준의 언어로 코딩할 때 for, while 같은 반복문을 자주 사용하는데, 여기서 데이터 지역성이 두드러지게 나타납니다. 그럼 데이터 지역성이 어떻게 드러나는지 알아보기 위해 반복문을 사용한 프로그램 하나를 만들어 볼까요?

피보나치 수열[1]을 구하는 프로그램은 반복문을 사용해야 만들 수 있습니다. 다음은 피보나치 수열을 13까지 구하는 프로그램[2]으로 그것을 이루는 명령어[3]들이 메모리에 올라간 상태를 나타냅니다.

---

[1] 첫 항과 둘째 항을 각각 0과 1로 둡니다. 셋째 항부터는 이전 두 항의 합이 됩니다. 그래서 0, 1, 1, 2, 3, 5, 8, 13, … 의 수열을 가집니다.
[2] C 소스 코드는 다음 주소에서 확인할 수 있습니다. https://github.com/sweetchild222/vanilla-algorithm/tree/master/fibonacci
[3] 하나의 명령어 길이는 16비트라고 가정하겠습니다.

주소	메모리	설명
	:	
0xA000	0	0 → 1 → 2 → 3 → 5 → 8 순으로 변한다.
0xA002	1	1 → 2 → 3 → 5 → 8 → 13 순으로 변한다.
0xA004	1	1 → 2 → 3 → 5 → 8 → 13 순으로 변한다.
0xA006	load 0	누산기에 0을 넣는다.
0xA008	store [0xA000]	누산기 값을 0xA000에 저장한다.
0xA00A	load 1	누산기에 1을 넣는다.
0xA00C	store [0xA002]	누산기 값을 0xA002에 저장한다.
0xA00E	load [0xA000]	0xA000의 값을 누산기로 가져온다.
0xA010	add [0xA002]	0xA002의 값과 누산기 값을 더한다. 결과는 누산기에 남는다.
0xA012	store [0xA004]	누산기 값을 0xA004에 저장한다.
0xA014	load [0xA002]	0xA002의 값을 누산기로 가져온다.
0xA016	store [0xA000]	누산기 값을 0xA000에 저장한다.
0xA018	load [0xA004]	0xA004의 값을 누산기로 가져온다.
0xA020	store [0xA002]	누산기 값을 0xA002에 저장한다.
0xA022	cmp 13	누산기 값과 13을 비교한다.
0xA024	blt 0xA00E	이전의 비교 결과가 참이면(=13보다 작으면) 0xA00E로 분기한다.
	:	

▲ 메모리에 올라간 피보나치 수열 명령어

CPU는 이 프로그램을 실행하기 위해 메모리에 올라간 수치 데이터(0xA000~0xA004)들과 명령어들(0xA006~0xA024)을 반복적으로 접근할 것입니다. CPU가 메모리 어디에, 얼만큼 반복적으로 접근하는지 알아보기 위해, 가로 축을 시간으로, 세로 축을 주소로 하는 그래프를 그려볼까요? 그런데 보통 컴퓨터에는 다수의 프로그램이 실행되죠? 여기에서도 피보나치 수열 외에 다른 프로그램 A, B가 함께 메모리에 올라가 실행된다고 가정하겠습니다. 그래서 A, 피보나치 수열, B 순으로 낮은 주소에 연속적으로❹ 올라가 있고 실행 순서는 A, 피보나치 수열, B라고 합시다. 그러면 그래프는 다음과 형태가 그려집니다.

❹ 프로세스는 연속적인 공간을 점유해야 한다고 5장에서 배웠습니다.

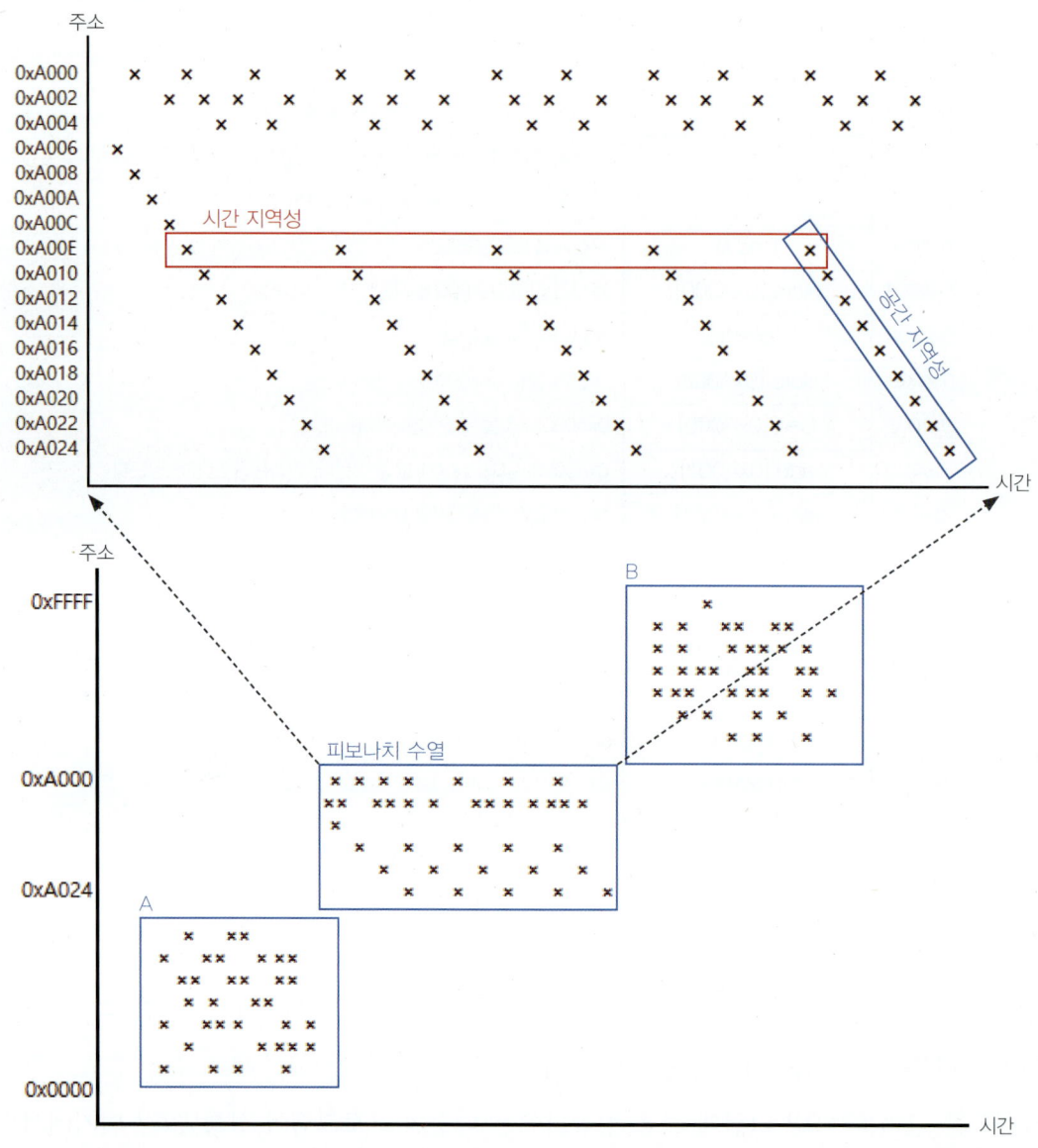

▲ 시간에 따라 접근하는 주소

　CPU는 특정 시간에 특정 공간만 집중적으로 접근합니다. 그래프를 보면 A, 피보나치 수열, B 순으로 실행될 때, CPU가 처리하는 명령어와 수치 데이터들이 한군데 집중적 모여 있는 것을 볼 수 있습니다. 이것이 바로 데이터 지역성(Data Locality)입니다. 이 데이터 지역성은 다음 두 가지 성질을 가집니다.

- **시간 지역성(Temporal Locality)**: CPU가 접근한 데이터는 곧 다시 접근할 가능성이 큽니다. 그래프에서 0xA00E의 데이터에 접근 후, 곧 다시 계속해서 접근하고 있는 것을 볼 수 있습니다(주황색 테두리).

- **공간 지역성(Spatial Locality)**: CPU가 접근한 데이터의 근접한 주변 데이터는 곧 접근할 가능성이 큽니다. 그래프에서 0xA00E의 데이터에 접근 후, 주변의 0xA010, 0xA012, 0xA014 등도 곧이어 연속적으로 접근하고 있습니다(하늘색 테두리).

이렇게 데이터는 지역성을 가지므로 한번 접근한 데이터와 그 주변의 데이터는 곧 자주 사용될 가능성이 크다는 것을 알 수 있습니다. 그래서 컴퓨터는 성능을 높이기 위해, 특정 데이터에 접근했을 때, 그 데이터와 그 주변의 데이터들은 앞으로 자주 사용될 가능성이 높기 때문에 한꺼번에 보다 빠른 기억 장치에 올려놓고 사용하는 데이터 전달 구조를 가집니다.

7.1.2 데이터 전달 구조

데이터는 지역성이라는 성질을 가지기 때문에 한번 접근한 데이터와 그 수변에 있는 데이터들을 보다 빠른 기억 장치에 올려 놓고 사용한다고 했습니다. 그래서 데이터는 스토리지, 메모리, L3캐시[5], L2 캐시, L1 캐시, 레지스터의 빠른 기억 장치 순으로 전달되어 처리됩니다.

---

[5] 시스템에 따라 L4 캐시가 들어갈 수 있습니다.

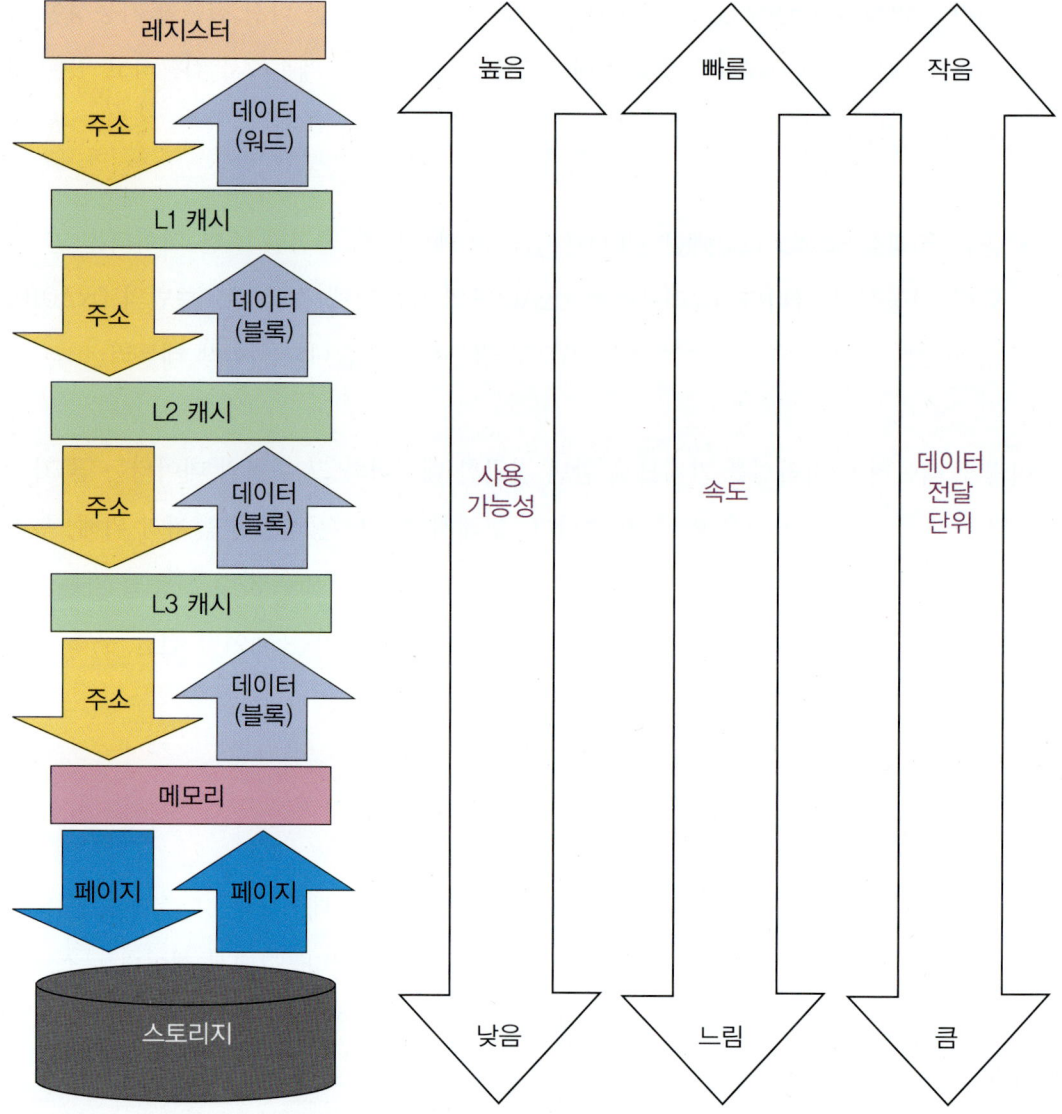

- **레지스터**: CPU가 데이터를 올려놓고 처리하는 곳입니다. 누산기, 데이터 레지스터, 주소 레지스터, 프로그램 계수기, 명령어 레지스터 등 다양한 종류가 있습니다. 4장에서 설명 드렸습니다.
- **L1 캐시**: 데이터를 가장 먼저 찾는 곳입니다[6]. 주소를 입력 받으면 해당 데이터를 찾아 레지스터로 보냅니다. 이때 데이터는 워드 단위[7]로 전송됩니다.

---

[6] L1, L2, L3 캐시는 보통 CPU에 들어가지만, 학술적으로는 CPU와 별개의 기억 장치로 취급합니다.
[7] 1워드 = 2바이트(16비트 컴퓨터 기준), 4바이트(32비트 컴퓨터 기준), 8바이트(64비트 컴퓨터 기준)

- **L2 캐시**: L1 캐시에서 데이터를 찾지 못하면 다음으로 찾는 곳입니다. 주소를 입력 받으면 해당 데이터를 찾아 L1 캐시로 보냅니다. 이때 데이터는 블록 단위[8]로 전송됩니다.
- **L3 캐시**: L2 캐시에서 데이터를 찾지 못하면 다음으로 찾는 곳입니다. 주소를 입력 받으면 해당 데이터를 찾아 L2 캐시로 보냅니다. 이때 데이터는 블록 단위로 전송됩니다.
- **메모리**: L3 캐시에서 데이터를 찾지 못하면 다음으로 찾는 곳입니다. 주소를 입력 받으면 해당 데이터를 찾아 L3 캐시로 보냅니다. 이때 데이터는 블록 단위로 전송됩니다.
- **스토리지**: 메모리에 페이지가 없을 때 찾는 곳입니다. 페이지 교체 기술을 통해 이곳에 저장된 페이지는 메모리로 올라갑니다. 이 부분은 5장에서 설명했습니다.

특정 기억 장치에서 데이터를 찾지 못한다면 그보다 한 단계 낮은 저속의 기억 장치에서 찾는 다는 것을 알 수 있습니다. 그러므로 사용 가능성이 높은 데이터일수록, 고속의 기억 장치에, 낮을수록 저속의 기억 장치에 머물게 됩니다. 또한 빠른 기억 장치 일수록 적은 용량이 설치되므로, 저속에서 고속의 기억 장치로 전달되는 데이터의 단위도 페이지, 블록, 워드 순으로 작아진다는 것도 알아 두세요.

---

[8] 1블록 = 1워드 * n입니다. 여기서 n은 시스템에 따라 다릅니다.

7.2 캐시

캐시는 6장에서 기억 장치의 용도 관점으로 설명했었고, 여기서는 데이터 전달 구조 관점에서 접근해 보겠습니다.

7.2.1 캐시 내부 구조

캐시는 태그(tag), 셋(set), 워드(word)라는 값을 주소로 사용합니다. 이 세 값을 합치면 데이터가 있는 메모리의 주소가 됩니다. 다음은 예시로 메모리의 주소가 8비트 일 때, 어떻게 태그, 셋, 워드로 나눌 수 있는지 나타낸 것입니다.[9]

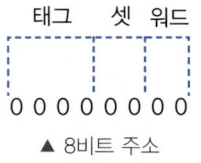

▲ 8비트 주소

나누는 기준이 이와 같을 때, 32바이트 크기를 가진 캐시를 만든다면 다음과 같은 공간 구조를 가집니다.

---

[9] 시스템에 따라 나누는 기준은 다릅니다.

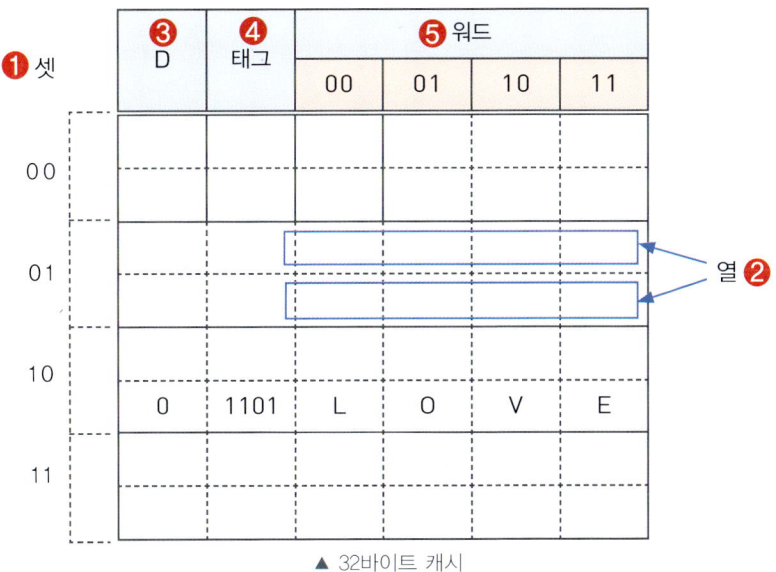

▲ 32바이트 캐시

❶ **셋(Set)**: 캐시의 공간을 2^n(n은 셋의 크기)개로 분할하기 위한 값으로 메모리의 주소에서 셋 값을 나타냅니다. 예시로 든 8비트 주소의 기준을 적용한다면 셋은 2비트이므로 그림과 같이 캐시의 공간은 4(=2^2)개(0b00, 0b01, 0b10, 0b11)로 분할됩니다. 그리고 하나의 셋은 여러 개의 열(Row)로 구성됩니다. 그림에서는 셋마다 2개의 열을 가지고 있습니다.

❷ **열(Row)**: 워드 단위의 데이터를 저장하는 공간입니다.

❸ **D(Dirty)**: 해당 열의 데이터가 수정되었는지 여부를 나타냅니다. 수정되었다면 1, 아니면 0이됩니다. 만약 값이 1이라면, 즉 수정되었다면 열을 비울 때, 메모리에 반영해야 합니다. 이 부분은 7.2.2에서 상세히 설명합니다.

❹ **태그(Tag)**: 메모리의 주소에서 태그 값이 저장됩니다. 예시로 든 8비트 주소의 기준을 적용한다면 앞 4비트가 이곳에 들어옵니다.

❺ **워드**: 열 공간의 주소로 메모리의 주소에서 워드 값을 나타냅니다. 예시로 든 8비트 주소의 기준을 적용한다면 워드는 2비트이므로 그림과 같이 하나의 열에 4(=2^2)개 (00, 01, 10, 11)의 워드가 들어갑니다.

그림을 보면 특정열에 데이터 'L', 'O', 'V', 'E'가 들어가 있는 것을 볼 수 있습니다. 데이터가 들어간 위치의 태그, 셋, 워드 값들을 합하면 데이터가 있던 메모리의 주소를 구할 수 있겠죠?

데이터	2진수 주소	16진수 주소
L	11011000	0xD8
O	11011001	0xD9
V	11011010	0xDA
E	11011011	0xDB

태그: 4비트 셋: 2비트 워드: 2비트

7.2.2 캐싱

캐싱(Caching)은 데이터가 메모리에서 캐시로 들어가는 것을 말하는데, 그 과정을 살펴보겠습니다. 예시로 캐싱할 데이터가 있는 8비트 주소를 가진 메모리가 다음과 같다고 가정합시다.

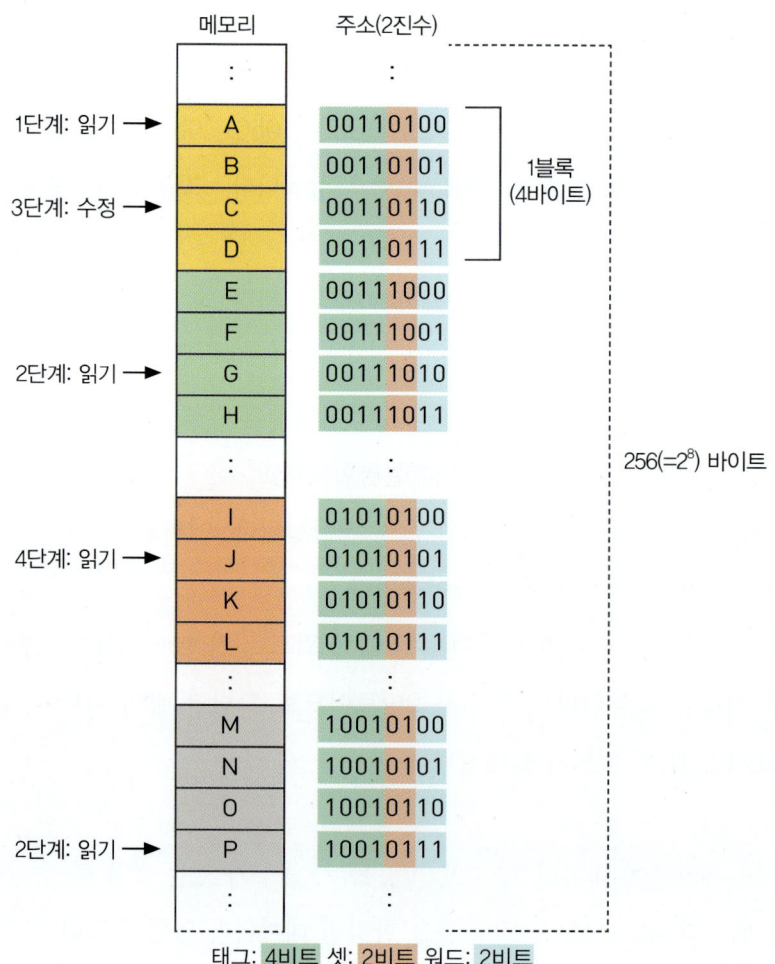

태그: 4비트 셋: 2비트 워드: 2비트

메모리는 8비트 주소를 사용하므로 $256(=2^8)$바이트의 크기의 공간을 가집니다. 이 공간에 데이터 A에서 P까지 그림과 같이 들어간 상태입니다. CPU가 메모리에 다음 순서로 접근한다고 가정할 때, 캐시 내부는 어떻게 돌아가는지 알아봅시다.

```
1단계: A 읽기
2단계: G, P 읽기
3단계: C 수정
4단계: J 읽기
```

7.2.2.1 1단계: A 읽기

CPU가 A를 읽으면 캐싱되어 캐시 내부는 다음과 같은 형태가 됩니다.

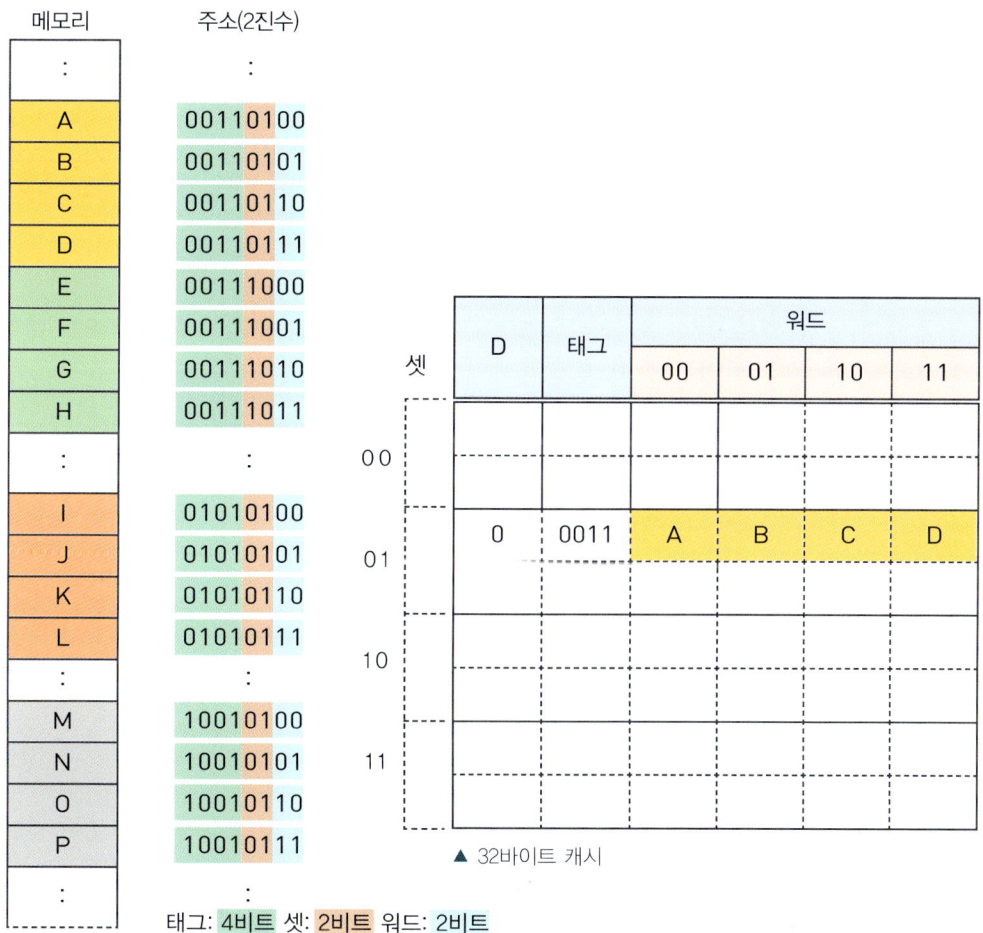

▲ 32바이트 캐시

태그: 4비트 셋: 2비트 워드: 2비트

A는 그 주소에 맞는 셋(01)에서 비어 있는 열을 하나를 찾아 캐싱됩니다. 이때 A뿐만 아니라 A가 속한 블록의 다른 데이터(B, C, D)들도 함께 캐싱됩니다. 이것은 공간 지역성을

반영하기 위한 것으로 A가 사용되었다면 근처의 B, C, D 또한 곧 사용될 가능성이 높기 때문에 한꺼번에 캐싱되는 것입니다. 그래서 블록의 모든 데이터는 선택된 열의 각 워드 공간으로 들어갑니다. 그리고 주소에서 태그(0011) 값이 기록되고, D에는 초기 값으로 0을 기록됩니다.

7.2.2.2 2단계: G, P 읽기

CPU가 G와 P를 읽으면 캐싱되어 캐시 내부는 다음과 같은 형태가 됩니다.

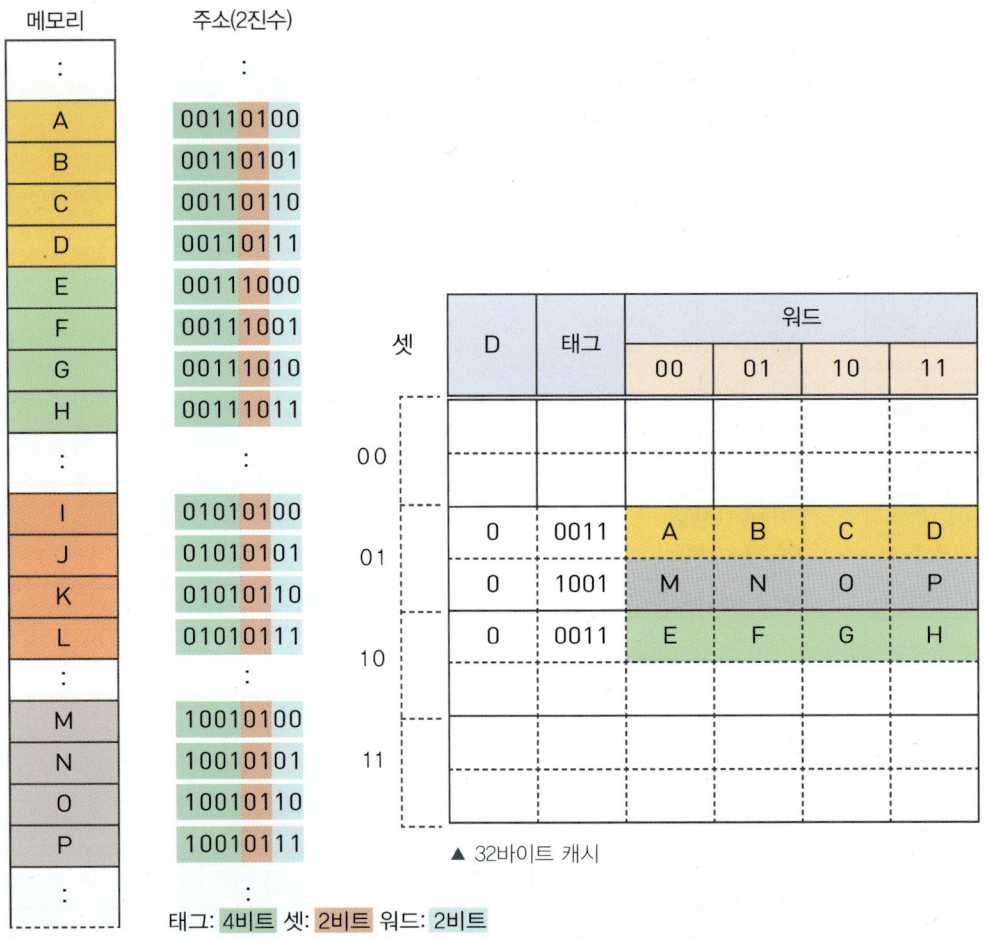

▲ 32바이트 캐시

태그: 4비트 셋: 2비트 워드: 2비트

G와 P의 캐싱은 앞의 A의 캐싱 과정과 다르지 않습니다. 먼저 G가 속한 블록의 모든 데이터(E, F, G, H), 즉 E의 블록은 그 주소에 맞는 셋(01)에 캐싱됩니다. P의 블록(M, N, O, P)도 마찬가지로 그 주소에 맞는 셋(10)에 캐싱됩니다. G의 태그(0011) 값과 P의 태그(1001) 값이 기록되고, D에는 초기 값으로 0이 기록됩니다.

7.2.2.2 3단계: C 수정

CPU가 C를 C´로 수정한다고 가정합시다. 그러면 캐시 내부는 다음과 같은 형태가 됩니다.

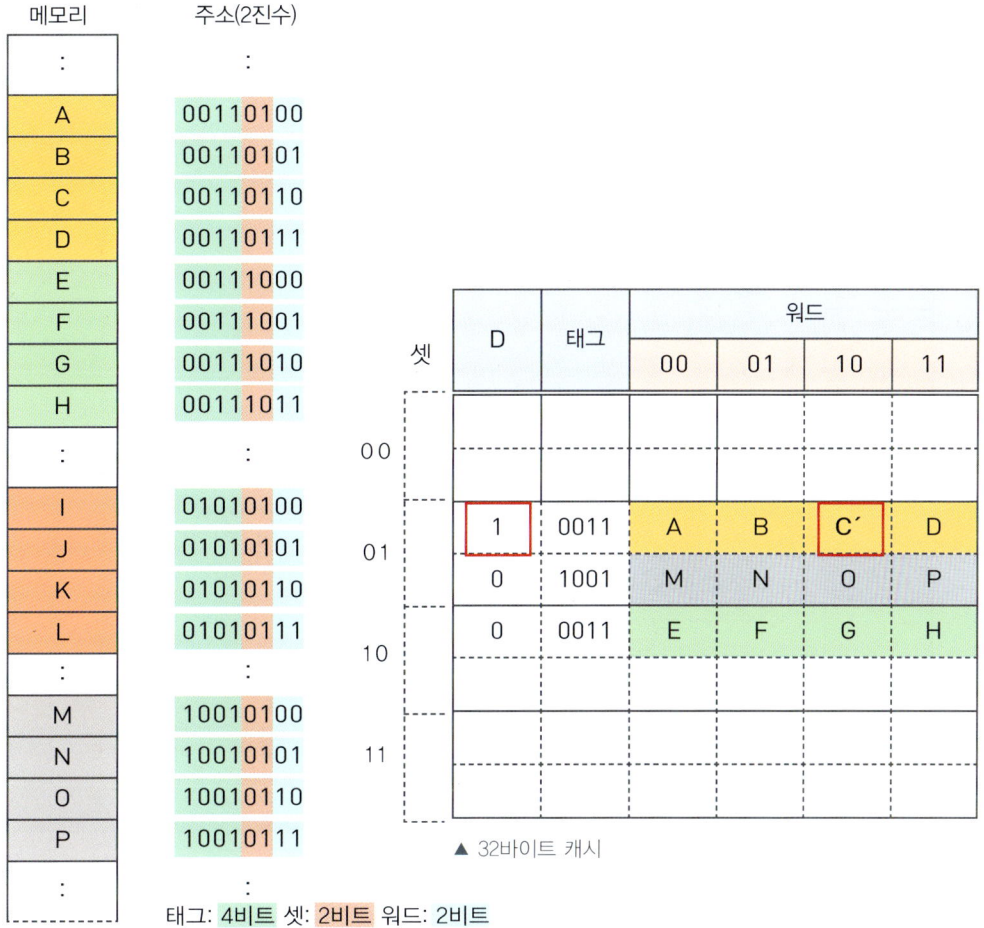

▲ 32바이트 캐시

태그: 4비트 셋: 2비트 워드: 2비트

데이터 C는 C´로 바뀌있고 C가 속한 열의 D(Dirty) 값은 1로 바뀌어 해당 열이 수정되었음을 표시합니다.

7.2.2.4 4단계: J 읽기

CPU가 J를 읽을 차례입니다. 그런데 J의 블록이 들어갈 셋(01)은 이미 꽉 찬 상태라 바로 캐싱할 수 없는 상태입니다. 이러한 경우, 셋의 열 중에서 하나를 찾아 덮어 씌우게 됩니다. 어느 열을 선택할지 알고리즘에 의해 결정되는데, 특별히 가장 많이 사용되는 LRU(Least Recently Used)[10] 알고리즘을 적용한다면 가장 오랫동안 참조되지 않았던 열을 선택해 덮어 씌울 것입니다. 여기서는 A, B, C´, D 열을 선택했다고 가정하겠습니다.

---

[10] LRU는 가장 오랫동안 참조 되지 않은 열을 선택하는 것으로 가장 오랫동안 참조되지 않았으면 앞으로도 가장 늦게 참조될 것이다 라는 가설을 기반으로 만들어진 알고리즘입니다. 여기서 캐시의 LRU 알고리즘은 하드웨어로 구현됩니다.

그런데 해당 열은 D(Dirty)가 1로써 데이터가 수정되었음을 나타내고 있습니다. 이러한 경우에는 덮어 씌우기 전, 수정된 데이터를 메모리에 반영(Update) 부터 합니다. 만약 D가 0이였다면 수정되지 않았으므로 반영할 필요없이 곧 바도 덮어 씌웠을 것입니다.

다음은 수정된 데이터가 메모리에 반영된 상태와 J의 블록이 캐싱된 캐시 내부의 형태를 나타냅니다.

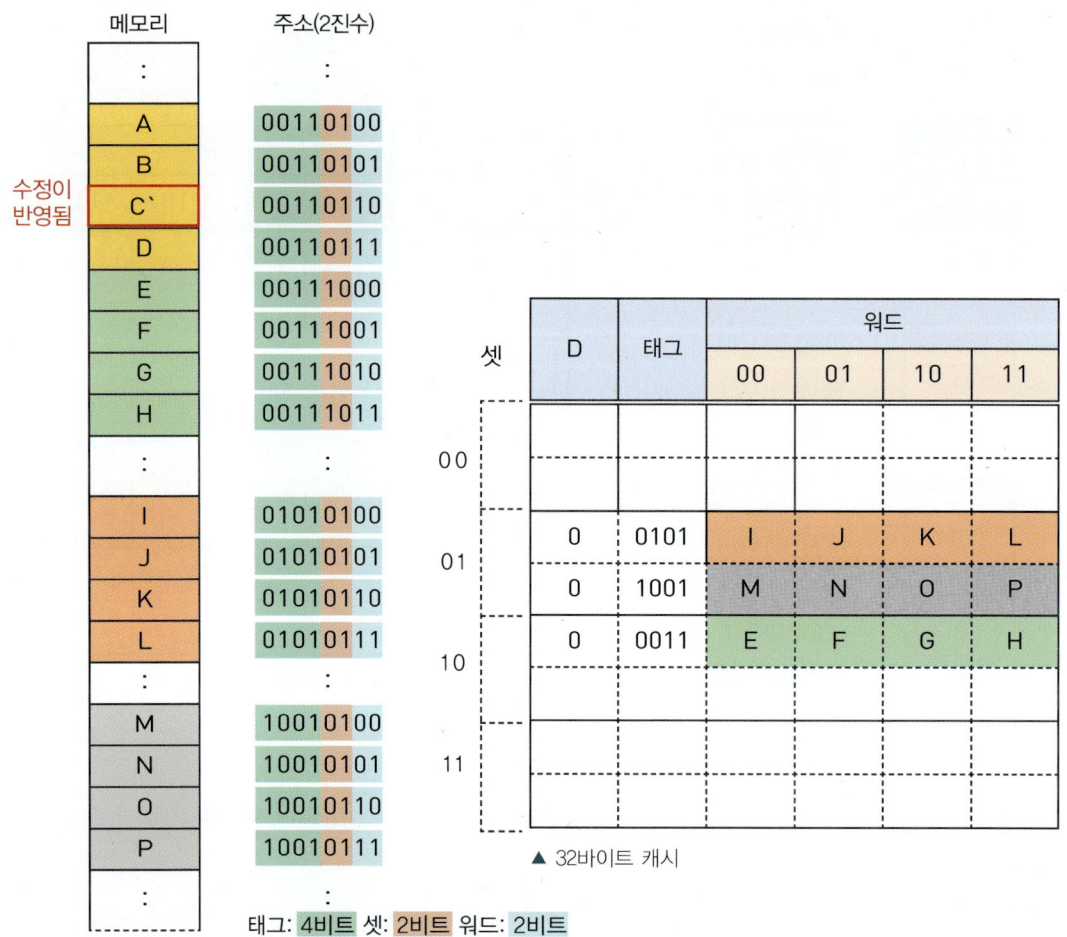

▲ 32바이트 캐시

태그: **4비트** 셋: **2비트** 워드: **2비트**

여기까지 캐싱의 과정을 살펴보았는데요. 그런데 마지막 J의 블록이 캐싱될 때, 빈 공간을 가진 셋(00, 10, 11)들이 남아 있음에도 불구하고, 데이터의 주소가 셋에 맞아야 한다는 제약 때문에, 이미 꽉 찬 셀(01)에 덮어쓸 수밖에 없었습니다. 캐시의 공간을 셋으로 구분하기 때문에 공간을 효율적을 사용하지 못 하는 문제가 있다는 것을 알 수 있는데요. 그렇다면 왜 굳이 캐시 공간을 셋으로 나누어 사용하는 것일까요? 그것은 데이터를 검색할 때 큰 공간보다 작은 공간을 검색하는 것이 속도가 더 빠르기 때문입니다. 셋으로 구분하면 공간 범위가 나뉘어지므로 검색 속도를 높일 수 있게 되는 것이죠.

7.2.3 캐시 적중률

캐시에서 데이터를 찾을 확률을 캐시 적중률(Hit Ratio)이라고 합니다. 당연히 이 캐시 적중률이 높을수록 성능이 좋겠죠? 적중률을 구하는 공식은 다음과 같습니다.

$$적중률 = 캐시\ 참조\ 횟수\ /\ (캐시\ 참조\ 횟수\ +\ 메모리\ 참조\ 횟수)$$

현대의 컴퓨터에서 캐시 적중률은 90% 이상입니다. 그리고 캐시는 메모리보다 최소 10배 정도 더 빠르죠. 이 수치를 기준으로 메모리를 캐시 없이 사용했을 때와 캐시와 함께 사용했을 때의 속도 차이를 다음과 같이 구할 수 있습니다.

$$(0.1 \times 9) + 1 : 10 = 1 : 5.2$$

▲ 메모리를 캐시 없이 사용했을 때와 함께 사용했을 때의 속도 비

계산에 따라 메모리를 캐시와 함께 사용하면 그렇지 않을 때 보다 데이터의 입출력 속도가 5.2배 빨라진다 것을 알 수 있습니다.

7.3 마무리

이번 장에서 데이터 전달 구조에 대해 알아보았습니다. 데이터는 스토리지, 메모리, L3 캐시, L2 캐시, L1 캐시, 레지스터 순으로 전달되어 처리된다는 것을 알 수 있었습니다. 또한 캐시의 내부 구조와 캐싱 과정 등도 알아보았습니다.

다음 장에서는 주변 장치에 대해 알아보겠습니다.

CHAPTER 8

주변 장치

주변 장치(Peripheral, 또는 외부 입출력 장치, Input Output Device, 간단히 I/O)는 컴퓨터 외부에 연결되어 데이터를 입출력 하는 장치입니다. 그 종류는 다양한데, 대표적으로 키보드, 마우스, 그래픽 카드, HDD, SSD, 네트워크 카드, 사운드 카드, 프린터 등이 있습니다. 이번 장에서는 주변 장치의 종류와 구조에 대해 알아보겠습니다.

8.1 주변 장치 종류

컴퓨터에 들어가는 주변 장치들은 너무나 다양합니다. 그중 대표적인 것 몇 개만 알아보겠습니다.

- **RTC(Real Time Clock)**: 실시간 시계입니다. 정확한 시간을 유지해야 하는 컴퓨터에 필수로 들어가며, 보통 건전지가 함께 포함되어 있어 전원이 꺼진 후에도 시간을 유지합니다. 과거에는 개별 장치였지만 기술의 발달로 현재는 메인보드의 사우스 브릿지[1]라는 칩에 통합되었습니다.

- **타이머(Timer)**: 타이머는 컴퓨터에서 필수 장치로 설정된 시간이 만료되면 인터럽트[2]를 발생시켜 알려줍니다. 프로그램에서 흔히 sleep[3]이라는 기능을 사용하는데, 이 기능을 만들어 주는 장치가 바로 타이머입니다. 과거에는 개별 장치였지만 현재는 CPU에 포함되어 있습니다.

- **그래픽 카드(Graphic card)**: 그래픽 카드는 디지털 데이터를 영상 신호로 바꾸어 모니터로 전송하는 역할을 합니다. 최근에는 기술의 발달로 그래픽 연산을 빠르게 처리할 수 있는 GPU가 포함된 제품들이 나오고 있습니다. GPU[4]는 8.5에서 따로 설명합니다.

▲ GPU가 장착된 그래픽 카드

---

[1] 사우스 브릿지는 2.3.2를 참고하세요.
[2] 인터럽트는 9장에서 설명합니다.
[3] 설정된 시간 동안 프로그램 실행을 멈추는 코드
[4] GPU가 하는 그래픽 연산 가속 기능은 엄연히 그래픽 카드의 부가 기능이지 주요 기능은 아닙니다.

- **사운드 카드(Sound card)**: 사운드 카드는 디지털 데이터를 소리 신호로 바꾸어 스피커로 출력하고 마이크로 들어온 소리 신호는 디지털 데이터로 바꾸어 주는 역할을 합니다. 과거에는 개별 장치였지만 현재는 보통 메인보드에 단일칩으로 내장됩니다.
- **키보드(Keyboard)**: 키보드는 문자를 입력할 수 있는 입력 장치입니다.
- **마우스(Mouse)**: 마우스는 커서(Cursor)를 이용해 그래픽 사용자 인터페이스(Graphical User Interface, GUI)❺ 기반의 프로그램을 조작하도록 만들어 주는 입력 장치입니다.
- **HDD(Hard Disk Drive, 하드 디스크 드라이브)**: 프로그램, 파일 등의 데이터를 영구 저장할 수 있는 기억 장치입니다. 같은 용도의 SSD에 비해 저렴한 대신 속도가 느린 편입니다.
- **SSD(Solid State Drive, 솔리드 스테이트 드라이브)**: HDD와 마찬가지로 파일을 영구 저장하는 기억 장치입니다. HDD에 비해 비싸지만 속도가 빠릅니다.
- **네트워크 인터페이스 카드(Network interface card)**: 컴퓨터를 인터넷에 연결하는 장치입니다. 유선과 무선 방식이 있습니다. 과거에는 개별 장치였지만 현재는 보통 메인보드에 단일칩으로 내장됩니다.
- **그 외 다양한 주변 장치**: 터치 스크린(Touch Screen)❻, GPS(Global Positioning System)❼, 프린터(Printer)❽, 자동차❾, 자이로 센서(Gyro Sensor)❿, 카메라(Camera), 온도 센서, 습도 센서, 7-세그먼트(7-Segment) 등 다양한 종류가 있습니다. 사실 컴퓨터에서 필수 장치인 CPU, 메모리, 발진기, 시스템 버스 정도 외에 거의 모든 장치는 주변 장치라고 봐도 무방합니다.

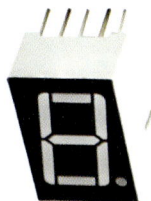

▲ 7-세그먼트

---

❺ 11.1.3에서 자세히 설명합니다.
❻ 손가락 등으로 화면에 입력할 수 있는 장치로 모바일에서 대표하는 주변 장치입니다.
❼ 지구에서 현재 위치를 찾는 장치로 특히 모바일에서 사용합니다.
❽ 인쇄 장치
❾ 요즘 자동차의 많은 부분은 컴퓨터로 제어됩니다. 그래서 자동차 그 자체가 커다란 주변 장치로 볼 수 있습니다.
❿ 회전하는 물체의 각속도를 측정할 수 있는 장치로 특히 모바일에서 사용합니다.

8.2
주변 장치의 구조와 연결 방식

주변 장치의 종류는 너무나 다양하고 그 동작 방식도 다 다릅니다. 이렇게 서로 다른 주변 장치들의 일반적인 구조와 연결 방식 대해 알아보겠습니다.

8.2.1 일반적인 구조

키보드, 마우스, HDD, SSD, 프린터 등 주변 장치들은 그 하드웨어 구조와 동작 방식이 모두 다르므로 데이터의 입출력 방식도 다릅니다. 그래서 주변 장치들과 CPU 사이에 전송되는 데이터의 입출력 방식을 규격화 할 수 있는 장치 제어기(Device Controller)가 있습니다. 일상에서 흔히 볼 수 있는 어댑터를 생각하면 됩니다.

주변 장치 대부분에는 장치 제어기[11]가 들어가며, 이 장치 제어기는 시스템 버스와 연결되어 데이터를 주고받을 수 있게 도와줍니다. 장치 제어기는 일반적으로 데이터 버퍼, 상태 레지스터, 제어 레지스터로 구성되어 있습니다.

- **데이터 버퍼(Data Buffer)**: 데이터 버퍼는 주변 장치로 입/출력하는 데이터를 임시 저장합니다. 보통 CPU에 비해 주변 장치는 훨씬 느린 편입니다. 만약 데이터 버퍼가 없다면 CPU는 주변 장치에 데이터를 입출력하기 위해 한참을 기다려야 해서 비효율적일 것입니다. 그래서 CPU가 주변 장치로 데이터 출력 시, 데이터 버퍼에 데이터를 넣기만 하고 바로 다른 일을 합니다. 데이터 버퍼에 쌓인 데이터는 주변 장치가 천천히 처리하게 되죠. 반대로 데이터 입력 시 주변 장치는 데이터를 데이터 버퍼에 쌓기 시작

---

[11] 7 세그먼트(7-Segment) 같이 단순하게 동작하는 경우, 장치 제어기가 없을 수도 있습니다.

합니다. 그리고 나중에 CPU가 한꺼번에 가져와 처리하게 되죠. 데이터 버퍼는 일종으로 고속 기억 장치로 보통 정적 램, 동적 램으로 만듭니다. 주변 장치에 따라 데이터 입력/출력이 공용인 경우, 입력용과 출력용이 따로 있는 경우, 없는 경우 등 다양합니다.

- **제어 레지스터(Control Register 또는 Command Register)**: 제어 레지스터에 값을 넣어 주변 장치를 제어할 수 있습니다. 제어할 수 있는 동작은 주변 장치에 따라 다릅니다. HDD를 예로 들면, 데이터 쓰기/읽기/삭제 등을 지시하는 값을 넣을 수 있습니다.
- **상태 레지스터(Status Register)**: 상태 레지스터[12]는 주변 장치의 상태를 나타냅니다. 주변 장치에 따라 나타낼 수 있는 상태의 종류는 다양합니다. 프린터를 예로 들면, 인쇄 가능/인쇄 진행/잉크 잔량/용지 부족 등을 나타낼 수 있습니다.

CPU가 주변 장치를 동작 시키기 위해 장치 제어기와 어떻게 데이터를 주고받는지 알아볼 텐데, 예로 프린터를 들겠습니다. 프린터 내부에는 상태 레지스터, 데이터 버퍼, 제어 레지스터를 가진 장치 제어기가 들어갑니다. 여기에 다음과 같이 데이터를 주고받으며 프린터를 동작(인쇄) 시킵니다.

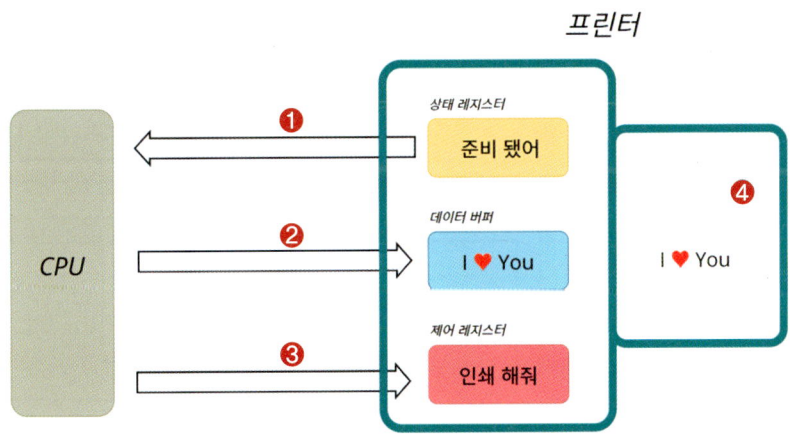

▲ 프린터의 장치 제어기

❶ CPU는 상태 레지스터에서 데이터를 가져와 인쇄 가능 여부를 확인합니다.
❷ CPU는 데이터 버퍼에 인쇄할 데이터를 보냅니다.
❸ CPU는 제어 레지스터에서 인쇄를 요청하는 데이터를 보냅니다.
❹ 프린터는 데이터 버퍼에 있는 데이터를 출력(인쇄)합니다.

---

[12] CPU의 상태 레지스터와 다른 것입니다. (2.2.3 참고)

8.2.2 연결 방식

CPU 입장에서 보면 주변 장치는 메모리와 마찬가지로 데이터를 입출력할 수 있는 주소를 가진 공간입니다. CPU는 메모리와 시스템 버스로 연결하죠? 주변 장치 또한 시스템 버스로 연결하여 데이터를 입출력 합니다. 시스템 버스의 연결 방식은 메모리 맵 입출력 방식과 고립형 입출력 방식, 이렇게 2가지가 있습니다.

8.2.2.1 메모리 맵 입출력 방식

메모리 맵 입출력(Memory-mapped Input Output) 방식은 CPU가 입/출력하는 데이터의 공간을 메모리와 주변 장치들이 나누어 사용하는 방식으로 현재 ARM, MIPS[13] 등의 CPU에서 채택하고 있는 방식입니다. 다음과 같이 CPU, 메모리, 그리고 3개의 주변 장치(키보드, HDD[14], 타이머)가 있다고 할 때 메모리 맵 입출력 방식으로 시스템 버스를 어떻게 연결하는지 나타낸 그림입니다.

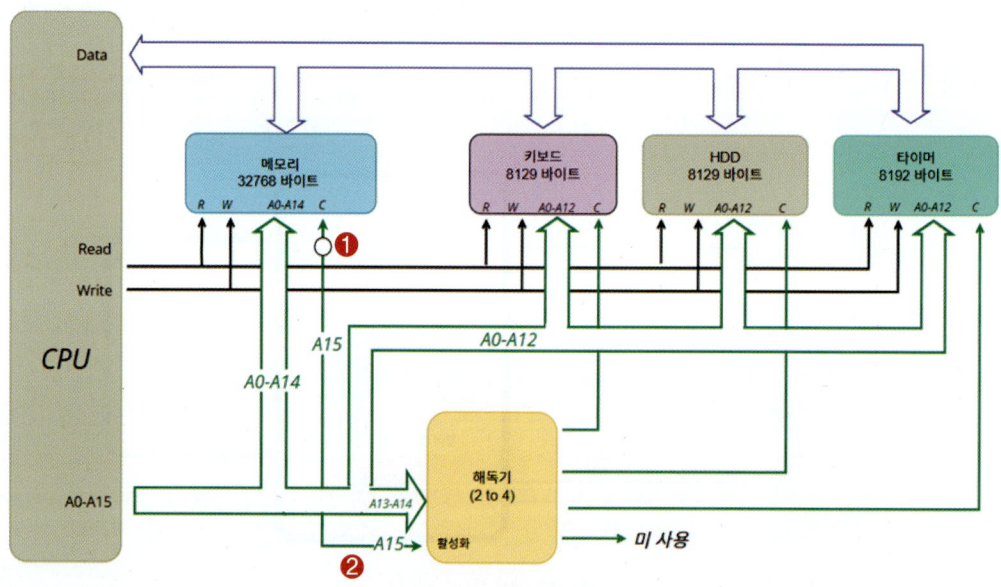

▲ 메모리 맵 입출력 방식 연결

그림과 같이 16비트 주소(그림에서 A0~A15)라면 총 65536바이트(=2^{16}) 공간을 사용할 수 있습니다. 이것을 A15가 0일때는(그림에서 ❶[15]) 메모리를, 1일때는(그림에서 ❷) 주변 장

---

[13] ARM과 더불어 임베디드 시스템에서 자주 사용되는 CPU 중 하나
[14] 하드 디스크 드라이브(Hard Disk Drive)
[15] 동그라미는 반전(=Not)을 나타내는 기호로 A15가 0일때, 1로 바꾸어 메모리를 활성화(Chip Enable)하는 역할을 합니다. 2.4.3.3을 참고하세요.

치를 동작 시키도록 연결하고 있습니다.❶ 그러므로 CPU가 인식하는 메모리의 공간과 주변 장치의 공간은 다음과 같습니다.

	주소 범위(2진수)	공간 크기
메모리 공간 (A15=0)	0000000000000000~0111111111111111 (0x0000~0x7FFF)	32768(=2^{15})바이트
주변 장치 공간 (A15=1)	1000000000000000~1111111111111111 (0x8000~0xFFFF)	32768(=2^{15})바이트

주변 장치 공간은 다시 해독기에 의해 키보드, HDD, 타이머의 공간으로 나뉘게 됩니다. 해독기❶의 입력 A13, A14의 값에 따라 4개 중 하나를 선택하는 공간이 나뉘게 되는 것이죠.

	주소 범위	공간 크기
키보드 (A13=0, A14=0)	1000000000000000~1001111111111111 (0x8000~0x9FFF)	8192(=2^{13})바이트
HDD (A13=1, A14=0)	1010000000000000~1011111111111111 (0xA000~0xBFFF)	8192(=2^{13})바이트
타이머 (A13=0, A14=1)	1100000000000000~1101111111111111 (0xC000~0xDFFF)	8192(=2^{13})바이트
미사용 (A13=1, A14=1)	1110000000000000~1111111111111111 (0xE000~0xFFFF)	8192(=2^{13})바이트

앞의 그림과 같이 메모리 및 주변 장치들이 연결되었을 때 CPU가 바라보는 공간에서 장치들은 다음과 같이 위치합니다.

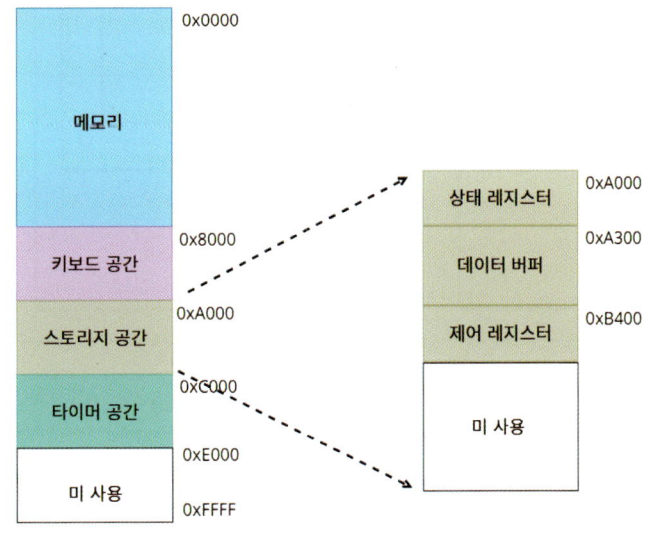

▲ 메모리 맵 입출력 방식에서 장치별 공간

❶ 그림은 전체 공간을 반(1/2)으로 나누어 각각을 메모리의 공간과 주변 장치의 공간으로 사용하고 있습니다. 시스템에 따라 나누는 비율은 다른데, 주소 버스와 해독기를 어떻게 연결하는지에 따라 1/4, 1/8, … 1/2^n등 다양한 비율로 나눌 수 있습니다.
❶ 해독기는 2.4.3.2를 참고하세요

그림을 보면 HDD의 공간도 다시 장치 제어기의 상태 레지스터, 데이터 버퍼, 제어 레지스터의 공간으로 나누어집니다. 이와 같이 주변 장치들은 각자 할당 받은 공간을 다시 내부적으로 나누게 됩니다. 또한 주변 장치에 따라 미사용 공간이 발생할 수 있습니다.

8.2.2.2 고립형 입출력 방식

고립형 입출력(Isolated Input Output) 방식은 메모리와 주변 장치가 각각 별도의 독립된 공간을 가지는 방식으로 현재 인텔, AMD 등의 CPU에서 채택하고 있는 방식입니다. 메모리 입출력 방식이 한 공간을 메모리와 주변 장치가 나누어 가진다면, 고립형 입출력 방식은 메모리와 주변 장치가 각자 자신만의 고유한 공간을 가지는 것입니다.

그림과 같이 고립형 입출력 방식으로 연결하기 위해서는 Mem Read/Write(=메모리 전용 읽기/쓰기) 신호선은 메모리에, I/O Read/Write(=주변 장치 전용 읽기/쓰기) 신호선은 주변 장치에 연결되어야 합니다.

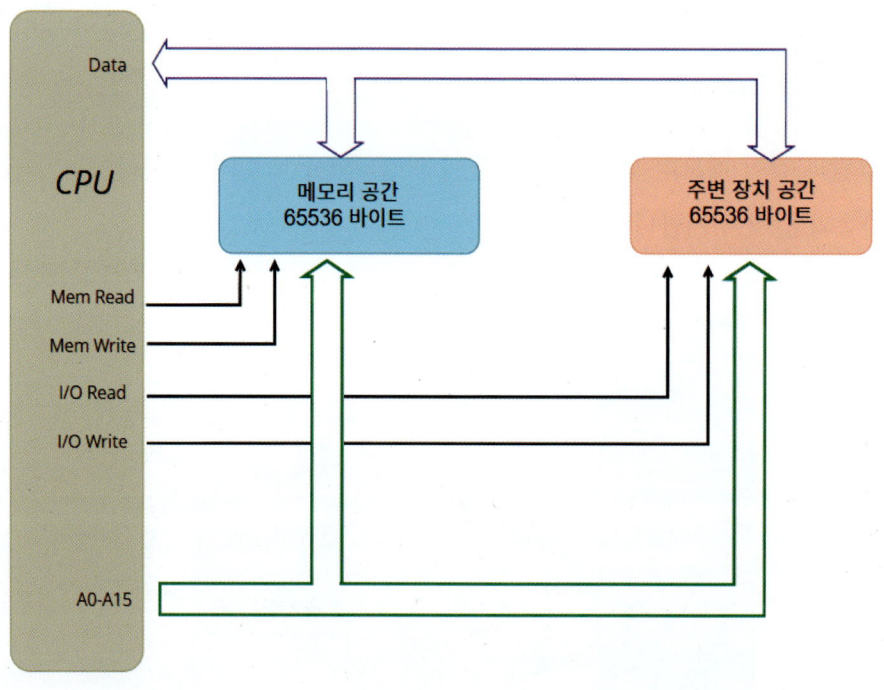

▲ 고립형 입출력 방식 연결

CPU가 메모리로 데이터를 입출력 할 때는 Mem Read/Write 신호를 보내고, 주변 장치로 데이터를 입출력 할 때는 I/O Read/Write 신호를 보냅니다. 이렇게 하면 CPU가 메모리와 주변 장치의 공간을 개별로 취급하는 것이 됩니다.

앞의 그림과 같이 메모리 및 주변 장치들이 연결되었을 때 CPU가 바라보는 개별 공간을 나타냅니다.

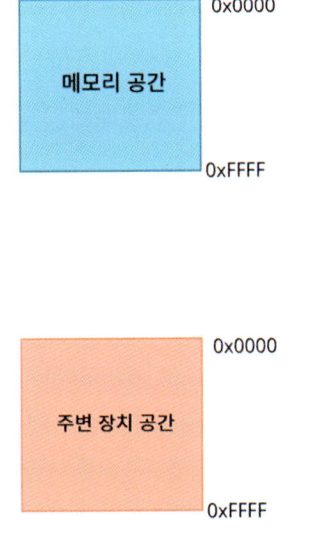

▲ 고립형 입출력 방식에서 장치 별 공간

다음은 메모리 맵 입출력 방식과 고립형 입출력 방식의 차이를 비교한 것입니다.

메모리 맵 입출력	고립형 입출력
메모리와 주변 장치가 한 공간을 나누어 사용	메모리와 주변 장치가 독립된 공간 사용
메모리의 공간과 주변 장치의 공간이 작음	메모리의 공간과 주변 장치의 공간이 넓음
메모리와 주변 장치를 구분할 필요 없이 Read/Write 신호선을 공용으로 사용함. 그래서 CPU 구조가 단순함.	메모리는 Mem Read/Write 신호선을, 주변 장치는 I/O Read/Write 신호선을 따로따로 사용함. 그래서 CPU가 복잡함.
ARM, MIPS 등의 CPU에서 사용	인텔, AMD의 등의 CPU에서 사용

> **Note** 주변 장치 주소 확인
>
> 리눅스의 셸에서 'cat /proc/ioports' 입력하면 연결된 주변 장치들의 목록과 각 장치들이 위치한 주소를 확인할 수 있습니다.
>
> ```
> [linux@user] cat /proc/ioports
> 0000-001f : dma1
> 0020-003f : pic1
> 0040-005f : timer
> 0060-006f : keyboard
> 0070-007f : rtc0
> ```
>
> 임베디드 시스템을 개발할 때, 주변 장치가 정상적으로 설치되었는지, 운영체제는 제대로 인식하고 있는지, 어느 공간을 사용하는지, 등의 확인 과정이 필요한데 해당 명령어로 확인하게 됩니다.

8.2.3 응용 프로그램에서 주변 장치 접근 방법

우리가 주로 쓰는 워드, 엑셀과 같은 응용 프로그램(또는 사용자 프로그램)은 주변 장치에 직접 접근할 수 없습니다. 만약 특정 주변 장치에 여러 프로그램이 동시에 직접 접근한다면 무질서한 데이터 입출력으로 인하여 정상 동작하지 않을 것입니다. 그래서 응용 프로그램은 운영체제를 통해 간접 접근합니다. 운영체제는 동시 다발로 발생하는 응용 프로그램들의 다양한 데이터를 질서 정연하게 입출력 하도록 만듭니다.

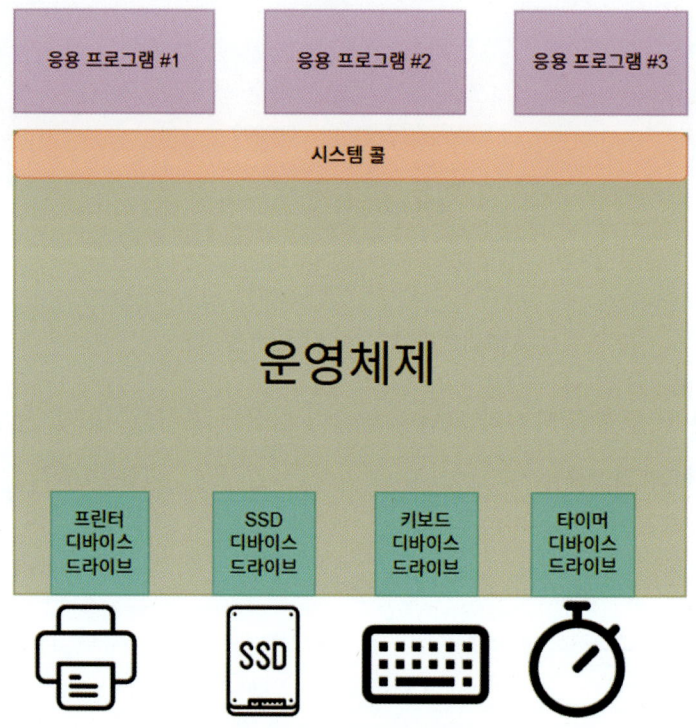

▲ 응용 프로그램, 운영체제, 주변 장치

응용 프로그램은 주변 장치로 입출력 할 데이터를 운영체제에게 요청할 때 시스템 콜 (System Call)[18]을 사용합니다. 가령 워드 같은 응용 프로그램에서 문서를 파일로 저장할 때, 즉 스토리지로 데이터를 출력할 때, 시스템 콜 중 하나인 'write'를 통해 운영체제에게 요청합니다. 운영체제는 그 요청에 따라 데이터를 넘겨 받아 스토리지에 파일 형태로 저장합니다.

반대로 워드 같은 응용 프로그램에서 파일 형태의 문서를 불러올 때, 즉 스토리지에서 데이터를 가져올 때, 시스템 콜 중 하나인 'read'를 통해 운영체제에게 요청합니다. 운영체제는 그 요청에 따라 스토리지에서 파일을 읽어 들여 응용 프로그램에게 넘겨줍니다.

---

[18] 사용자 프로그램이 운영체제에게 필요한 서비스를 요청할 때 사용하는 인터페이스로 open, read, write, close 등 수백 개의 함수로 구성됩니다. 11.1.3.3을 참고하세요.

운영체제는 시스템 콜을 거쳐 요청받은 데이터를 디바이스 드라이브(Device Driver)를 통해 주변 장치로 입출력 합니다. 디바이스 드라이브(Device Driver)는 주변 장치를 가장 직접적으로 제어하는 소프트웨어로 운영체제가 일관된 방식으로 데이터를 입출력 할 수 있도록 인터페이스를 제공합니다.

디바이스 드라이브는 같은 종류의 주변 장치라도 다를 수 있습니다. 가령 같은 프린트라도 앱손(Epson)과 HP(Hewlett Packard) 제품의 디바이스 드라이브는 다릅니다. 인쇄를 한다는 큰 기능은 같지만 세부적으로 입출력 데이터의 종류 및 위치, 제어 방법 등이 다르기 때문입니다[19]. 그래서 디바이스 드라이브는 보통 주변 장치의 제조사에서 만들어 배포하는 경우가 많고 이것을 설치해주어야 해당 주변 장치를 사용할 수 있습니다.[20]

---

[19] 키보드, 마우스 같이 이미 표준화된 주변 장치의 경우, 디바이스 드라이브가 제조사와 상관없이 같을 수 있습니다.
[20] 타이머, RTC 같이 널리 보급된 주변 장치의 경우 운영체제에 이미 내장되어 있어 별도의 설치가 필요 없는 경우도 있습니다.

8.3 아날로그 신호와 디지털 데이터의 상호 변환

우리가 흔히 접하는 이미지나 소리 같은 것은 컴퓨터가 어떻게 받아들일까요? 컴퓨터 바깥 세상에 돌아다니는 이미지(=광파), 소리(=음파) 등은 파동 형태의 연속적인 아날로그 신호인 반면, 컴퓨터 내부는 비트로 이루어진 이산적인[21] 디지털 데이터를 처리하죠. 그래서 외부의 아날로그 신호와 내부의 디지털 데이터를 상호 변환하는 장치가 있는데 바로 ADC와 DAC입니다.

8.3.1 ADC와 DAC

아날로그 신호를 디지털 데이터로 변환하는 장치를 ADC(Analog to Digital Converter), 반대로 디지털 데이터를 아날로그 신호로 변환하는 장치를 DAC(Digital to Analog Converter)라고 합니다. 카메라, 마이크로 들어오는 아날로그 신호는 ADC를 거쳐 디지털 데이터로 변환됩니다. 반대로 디지털 데이터는 DAC를 거쳐 아날로그 신호로 변환되어 모니터, 스피커로 나갑니다.

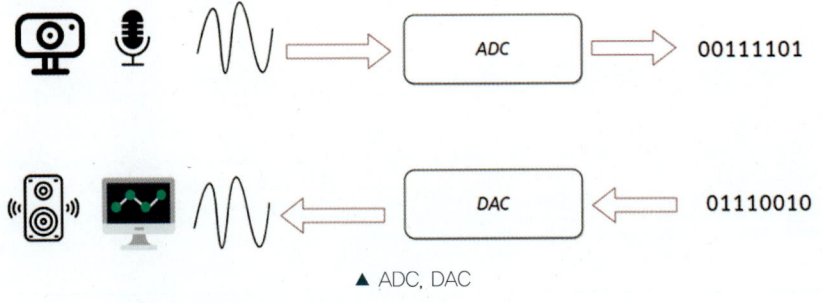

▲ ADC, DAC

[21] 연속적인 것의 반대로 불연속적인 것을 의미합니다.

8.3.2 신호의 변환 과정

ADC는 표본화, 양자화, 부호화 이렇게 3단계 과정을 거쳐 아날로그 신호를 디지털 데이터로 변환합니다. ADC 과정의 순서를 반대로 하면 그것이 곧 DAC 과정이 됩니다.

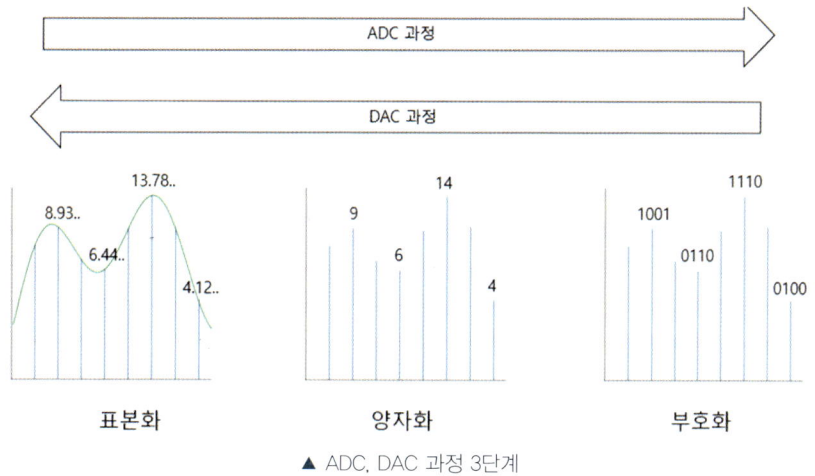

▲ ADC, DAC 과정 3단계

- **표본화**: 연속적인 시간에 따라 변하는 아날로그 신호의 값들을 유한한 개수로 가져오기 위해 시간을 일정 간격으로 등분하는 것입니다. 가령 1초 동안 변하는 아날로그 신호의 값들의 개수는 무한합니다. 1초를 반으로 나누면 0.5초가 되죠? 0.5초를 다시 반으로 나누면 0.25초, 다시 반으로 나누면 0.125초, … 이런 식으로 계속해서 나누면 무한의 구간에 따른 무한한 개수의 값들이 존재합니다. 컴퓨터가 처리하는 유한한 크기를 가지는 데이터로는 이것을 담을 수 없죠. 그래서 연속적인 시간을 일정 간격으로만 등분하고 등분한 지점마다 측정한 유한한 개수의 아날로그 신호의 값들만 가져오는 것입니다.

녹음/녹화하는 프로그램에서 보통 샘플링 레이트(Sampling Rate, Sampling Frequency, 샘플링 주파수)라는 값을 설정하는데, 이것이 바로 표본화에서 1초를 몇 등분할 것인가를 나타낸 값입니다. 예를 들어 샘플링 레이트가 1000Hz(헤르츠[22])라면 1초 동안 변하는 아날로그 신호를 1000군데로 등분하고 등분한 지점마다 측정한 아날로그 신호의 값만 사용하겠다는 뜻입니다. 샘플링 레이트가 클수록 음질, 화질은 좋아지지만 데이터양은 커집니다.

---

[22] 주파수가 1초에 몇 번 진동하는지를 나타내는 단위

- **양자화**: 표본화로 측정된 연속적인 값을 양자 값[23]으로 바꿉니다. 표본화로 측정된 값은 6.44.., 13.78.. 과 같은 연속적인 값의 형태를 띠는데, 이것을 만약 0~15까지의 값만 나타낼 수 있는 4비트 데이터에 넣는다면 6, 14와 같이 비연속적인 양자 값으로 바꾸어 주어야 합니다.

  녹음/녹화하는 프로그램에서 보통 비트 깊이(Bit Depth)라는 값을 설정하는데, 이것이 바로 양자화에서 양자 값을 몇 개로 할지 결정하는 값입니다. 예를 들어 녹음할 때 비트 깊이가 16이라면 표본화로 측정된 값을 2^{16} 개의 양자 값(0, 1, 2 ~ 65535)으로 나타낸다는 뜻입니다. 비트 깊이가 클수록 음질, 화질은 좋아지지만 데이터양은 커집니다.

- **부호화**: 양자화를 거친 양자 값을 이진수의 디지털 데이터로 변환합니다.

---

[23] 특정 최소단위의 정수배로 표현할 수 있는 수들을 말합니다. 정확한 정수는 아니고 정수처럼 군더더기 없이 딱 떨어지는 수라고 생각하면 됩니다.

8.4

HDD와 SSD

HDD와 SSD는 운영체제, 응용 프로그램, 이미지/음악/문서 파일 등을 저장하는 스토리지[24]입니다. 이러한 스토리지는 전원이 꺼져도 데이터가 유지되는 비휘발성 기억 장치라고 6.5에서 배웠는데요. 이번에는 주변 장치 관점에서 내부 구조를 각각 알아보겠습니다.

8.4.1 HDD

HDD (Hard Disk Drive, 하드 디스크 드라이브)는 SSD(Solid State Drive, 솔리드 스테이트 드라이브)에 비해 느린 대신 저렴해 대용량을 필요로 하는 메인 프레임 등에서 많이 사용하고 있습니다. 어떤 구조를 가지며 어떤 방식으로 사용되는지 알아보겠습니다.

8.4.1.1 내부 구조

HDD 내부에는 크게 헤더(Header)와 다수의 원판 모양의 플래터(Platter)가 쌓여 있습니다. 플래터에는 자기장의 N, S극의 방향을 기록할 수 있습니다. 그것으로 비트 정보인 0과 1을 나타냅니다.[25]

일정 속도로 회전하는 플래터 위에 헤더가 부채꼴로 움직이며 기계적으로 데이터를 찾습니다. 이러한 방식을 순차 접근(Sequential Access) 이라고 합니다.

---

[24] 스토리지의 다른 종류로는 자기 테이프(Magnetic tape), 플로피 디스크(Floppy Disk), CD, DVD 등도 있지만 이미 사장되었거나 사장 중이므로 설명을 제외합니다.
[25] 6장 컴퓨터의 다양한 기억 장치를 참고하세요.

▲ 헤더와 플래터

HDD는 보통 플래터들을 여러 층으로 쌓아 대용량의 저장 공간을 가지게 됩니다. 이러한 저장 공간은 실린더, 트랙, 섹터, 클러스터 단위를 통해 나눌 수 있습니다.

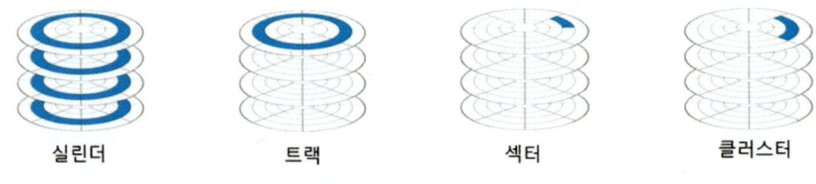

▲ 실린더, 트랙, 섹터, 클러스터

- **실린더(Cylinder)**: 각 플래터(Platters)에서 z축으로 동일 위치에 있는 트랙들을 모아 놓은 것입니다. 그래서 원통 모양이 됩니다. 원통 제일 바깥쪽이 인덱스 0번이고 안쪽으로 갈수록 1씩 증가합니다.
- **트랙(Track)**: 플래터에 있는 동심원입니다. 보통 양면을 사용하므로 하나의 플래터에 2개의 트랙이 있게 됩니다. 그리고 트랙별로 접근하는 각각의 헤더가 있습니다. 그래서 헤더와 트랙 번호는 같습니다.
- **섹터(Sector)**: 트랙은 섹터로 나뉘게 됩니다. HDD는 섹터 단위로 데이터를 저장하고 읽어 들입니다. 보통 한 섹터의 크기는 512바이트입니다. 그래서 프로그램에서 1바이트만 읽기 요청해도 HDD는 섹터의 512바이트를 모두 읽어 들인 후 그 중 1바이트만 프로그램으로 올리게 됩니다.
- **클러스터(Cluster)**: 연속된 여러 섹터가 모여서 하나의 클러스터가 됩니다. 운영체제는 클러스터 단위로 파일을 저장합니다. 보통 4096바이트 크기를 사용합니다. 그래서 1바이트만 파일로 저장해도 4096바이트 공간을 사용하게 됩니다.

> **Note** 실린더, 트랙, 섹터 등 정보 확인하기
>
> 윈도우 검색에서 'msinfo32'를 입력하고 시스템 정보 〉 구성 요소 〉 저장소 〉 디스크 순으로 들어가면 설치된 하드 디스크 드라이브의 정보를 확인할 수 있습니다. 여기서 섹터 당 바이트, 트랙 당 섹터 수, 크기, 총 실린더 수, 총 섹터 수, 총 트랙 수, 실린더 당 트랙 수 등을 확인할 수 있습니다.

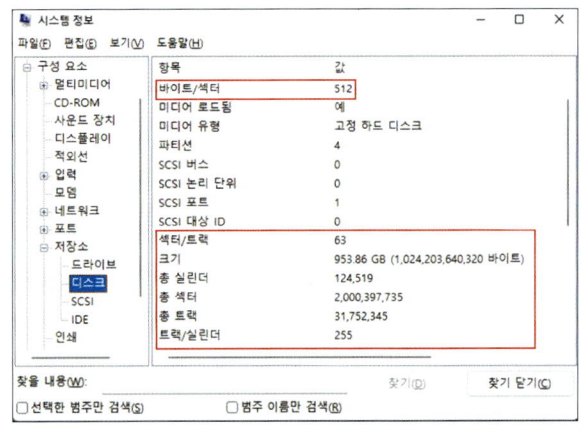

8.4.1.2 HDD 주소

HDD는 실린더, 헤더(=헤더와 트랙 번호는 같다), 섹터의 각 위치 번호를 주소로 사용합니다. 이러한 주소를 CHS(Cylinder, Header, Sector의 각 앞 문자)라고 합니다. CHS 주소는 초창기에 사용되다가 HDD 용량이 점점 커지게 되면서 사용하기 어렵게 되었습니다. 그래서 개선된 주소 방식인 LBA(Logical Block Addressing)가 나왔습니다. LBA는 모든 실린더 및 트랙에 있는 섹터를 일렬로 쭉 나열하여 순서대로 번호를 매겨 사용하는 주소입니다. LBA는 HDD 용량이 커져감에 따라 LBA16, LBA32, LBA48❷⁶ 순으로 발전되었습니다.

실린더 번호, 헤더 번호, 섹터 번호로 구성된 CHS 주소를 LBA 주소로 변환하는 공식은 다음과 같습니다.

> LBA = ((실린더 번호 * 실린더 당 헤드 수 + 헤더 번호) * 트랙당 섹터 수) + 섹터 번호 − 1

그렇다면 CHS 주소를 LBA 주소로 어떻게 변환되는지 한번 계산해볼까요? CHS 주소와 HDD의 정보가 다음과 같이 주어졌다고 가정할 때, 위 공식에 대입하여 LBA 주소를 구할 수 있습니다.

> CHS 주소: (3, 2, 5)(=실린더 번호, 헤더 번호, 섹터 번호)
> 실린더 당 헤더수: 8
> 트랙 당 섹터 수: 8
>
> LBA 주소: ((3 × 8 + 2) * 8) + 5 − 1 = 212

---

❷⁶ 뒤의 숫자는 주소를 나타내는 비트 수입니다. 그래서 섹터가 512바이트라면 LBA48로 지정할 수 있는 공간의 총 크기는 128페타 바이트(= 2^{48} * 512)가 됩니다.

다음은 위의 결과에 따라 CHS 주소가 어떻게 LBA 주소가 되는지를 나타낸 그림입니다.

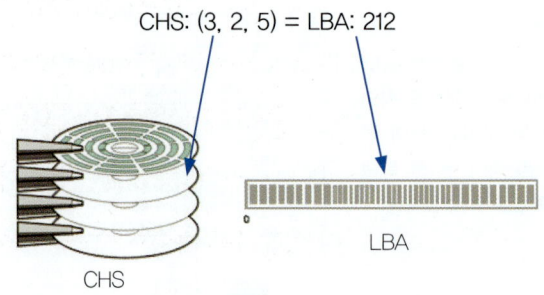

▲ CHS를 LAB 주소로 변환

8.4.1.3 클러스터

클러스터는 연속된 여러 섹터를 모은 것입니다. 운영체제는 파일 입출력 성능을 높이기 위해 클러스터 단위로 파일을 저장하는데, 클러스터가 클수록 한 번에 입출력할 수 있는 데이터양이 많아지므로 처리 속도가 빨라집니다. 대신 사용하지 못 하는 자투리 공간인 갭(Gap)이 커져 공간 사용률은 나빠지게 됩니다.

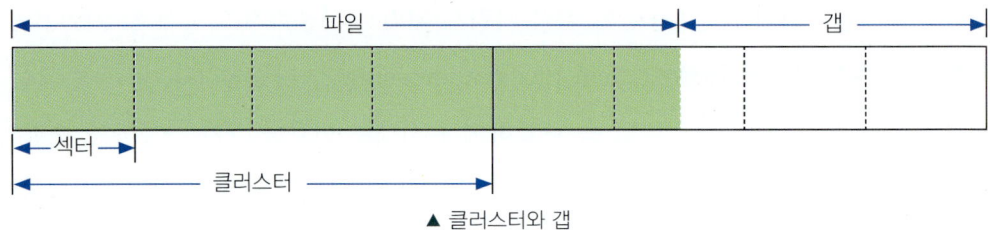

▲ 클러스터와 갭

> **Note 클러스터 크기 설정**
>
> 윈도우에서 HDD를 포맷❷ 할 때, 사용자가 클러스터 크기를 설정할 수 있습니다. 4096 바이트에서 2048킬로바이트까지 다양하게 설정할 수 있는데, 크기가 클수록 HDD의 속도가 빠른 대신, 버려지는 공간은 많아지고, 작을 수록 속도가 느린 대신 버려지는 공간은 적어집니다.
>
>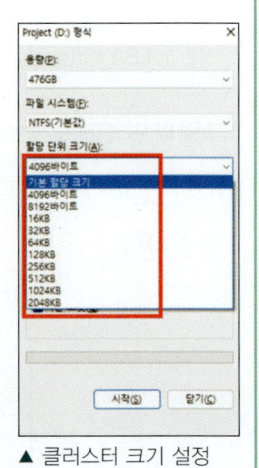
>
> ▲ 클러스터 크기 설정

❷ 스토리지를 빈 공간으로 만드는 초기화 작업

8.4.1.4 디스크 버퍼

디스크 버퍼(Disk Buffer, 또는 디스크 캐시, Disk Cache)는 고속 기억 장치로, HDD로 입출력 하는 데이터를 임시 저장하는 역할을 합니다. 주변 장치에는 데이터 버퍼가 들어간 다고 했었죠? HDD에서는 그것이 곧 디스크 버퍼인 것이죠. 디스크 버퍼는 보통 동적 램으로 만들고 8~256메가바이트 정도의 작은 크기가 설치됩니다.

CPU가 HDD에 읽기 요청하면 HDD는 플래터에서 데이터를 수집하여 디스크 버퍼에 올려 놓습니다. 수집된 데이터는 직접 메모리 접근❷ 기술을 통해 디스크 버퍼에서 메모리로 가게 됩니다.

CPU가 HDD에 저장 요청하면 메모리에 있던 데이터는 직접 메모리 접근 기술을 통해 디스크 버퍼로 가게 됩니다. HDD는 디스크 버퍼에서 데이터를 꺼내 플래터에 기록하게 됩니다.

8.4.1.5 파일 저장 구조

HDD에 저장되는 데이터들의 형태와 종류를 알아보겠습니다.

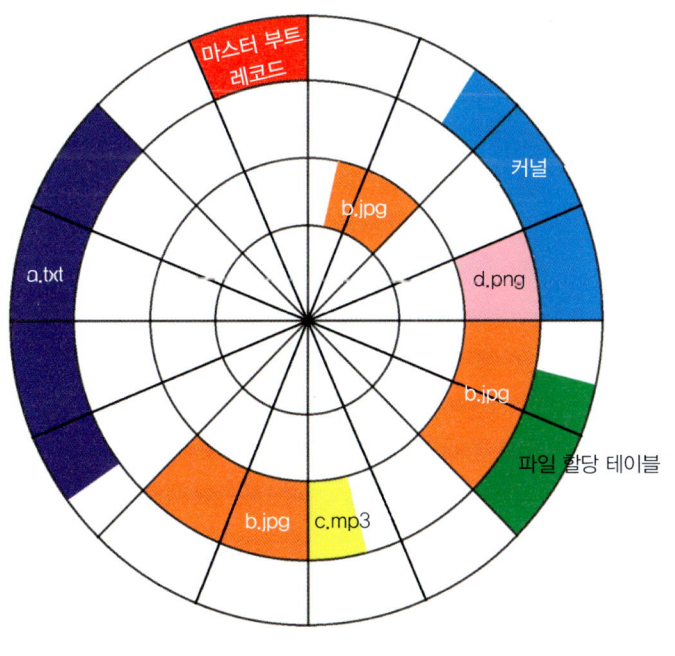

▲ 저장 구조

---

❷ 10장에서 보다 자세히 설명합니다.

- 마스터 부트 레코드(Master Boot Recorder, MBR): 부팅 시 제일 처음 읽어 들이는 0번 섹터[29]로 프로그램이 들어가 있습니다. 부트로더(Boot Loader)[30]라고 하는데, 각 파티션의 위치를 식별하고 커널을 찾아 메모리로 올리는 프로그램입니다. 보통 운영체제가 설치되면서 만들어 집니다.
- 커널(Kernel): 운영체제에서 코어에 해당하는 프로그램입니다.
- 파일 할당 테이블(File Allocation Table, FAT): 윈도우에서 파일들의 이름, 위치, 크기 등의 정보 등이 저장되는 곳입니다. 그래서 윈도우는 이곳을 읽어 들여 파일들의 정보를 사용자에게 나타나게 됩니다. 리눅스에도 비슷한 역할을 하는 슈퍼 블록(Super-Block)이 있습니다.

> **Note 빠른 포맷**
> 빠른 포맷은 윈도우에서 스토리지를 초기화하는 방법 중 하나로 파일 할당 테이블만 삭제하는 것입니다. 파일 할당 테이블이 삭제되면 데이터가 아직 물리적으로 존재하더라도 운영체제는 없는 것으로 간주합니다. 이러한 이유로 빠른 포맷을 한 경우 파일을 복구할 수 있습니다.

- 사용자 파일(a.txt, b.jpg, d.png, c.mp3 ...): 사용자 파일들이 크기에 따라 여러 클러스터에 걸쳐서 저장됩니다. 그런데 b.jpg 를 자세히 보면 연속되지 않은 여러 클러스터에 파편화 되어 저장되었습니다. 파일을 만들고, 수정하고, 지우기를 반복하다 보면 이러한 파편화[31]가 점점 발생하는데, 그에 따라 HDD의 속도도 점점 느려지게 됩니다. 이러한 문제를 해결하려면 파일을 연속된 클러스터에 재배치해야 합니다.

> **Note 조각 모음**
> 윈도우는 파일을 연속된 클러스터에 재배치하는 조각 모음 프로그램을 제공하고 있습니다. 해당 프로그램을 통해 재배치 작업을 하고 나면 파일의 입출력 속도가 빨라집니다.
>
> 리눅스는 파일을 저장 또는 수정할 때 단편화가 발생한다면 최대한 단편화가 발생하지 않는 연속된 클러스터를 찾아 파일을 이동시켜 줍니다. 그래서 별도의 조각 모음 프로그램을 제공하지 않습니다.
>
>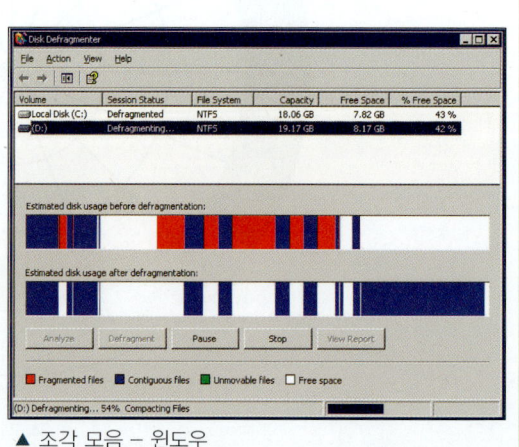
> ▲ 조각 모음 - 윈도우

[29] HDD 공간에서 시작 주소입니다.
[30] 11.1.4에서 자세히 설명합니다.
[31] 파편화로 인한 속도 저하는 물리적으로 원판 구조를 가진 HDD에만 발생하는 문제로 SSD는 그러한 문제가 없습니다.

8.4.2 SSD

SSD(Solid State Drive, 솔리드 스테이트 드라이브)는 HDD에 비해 빠르지만 비싼 편입니다. 그래서 비교적 적은 용량을 필요로 하는 모바일, 개인용 컴퓨터 등에서 많이 사용되고 있습니다. HDD가 기계식 저장 장치라면 SSD는 낸드 플래시를 이용한 전자식 기억 장치라고 볼 수 있습니다. 이러한 SSD는 위치에 상관없이 같은 속도로 접근할 수 있는데 이 것을 직접 접근(Direct Access) 방식이라고 합니다.

8.4.2.1 내부 구조

SSD 내부는 크게 디스크 버퍼, FTL, 블록들로 구성됩니다.

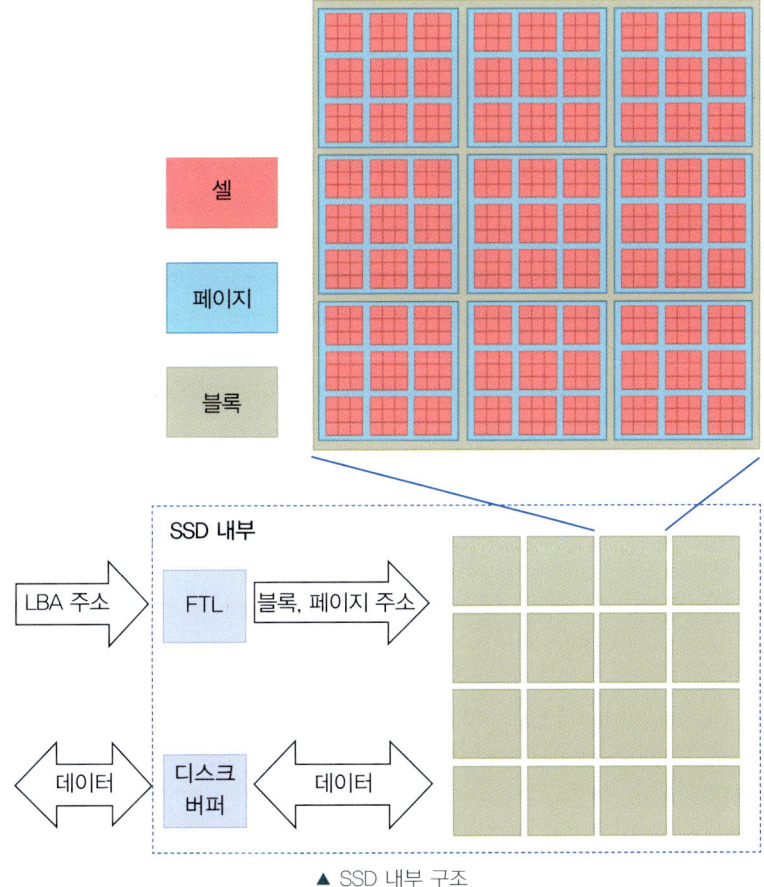

▲ SSD 내부 구조

- **셀(Cell)**: 1비트를 기억하는 소자로 낸드 플래시[32](Nand Flash)로 이루어져 있습니다.

---

[32] 6.4.2를 참고하세요.

- 페이지(Page): 셀들이 모여 페이지[33]가 됩니다. 페이지는 HDD의 섹터와 같이 데이터를 읽고 쓸 때 최소 단위입니다. 보통 4096바이트 크기를 가집니다.
- 블록(Block): 블록은 페이지가 모인 것인데, 보통 512킬로바이트 크기를 가집니다. SSD는 이러한 블록이 다량으로 들어가 큰 용량을 가지게 되죠. SSD는 물리적인 특성 때문에 삭제는 블록 단위로만 할 수 있습니다.
- FTL(Flash Translation Layer): LBA 주소를 변환해 해당 블록과 페이지를 찾아 줍니다. 운영체제 등의 소프트웨어들은 여전히 오래된 HDD에 맞는 LBA 주소를 사용하도록 프로그래밍 되어 있습니다. 그래서 기존 소프트웨어와 호환하기 위해 HDD에 맞는 LBA 주소를 SSD에 맞는 페이지와 블록에 기반한 주소로 변환합니다.
- 디스크 버퍼(Disk Buffer): 디스크 버퍼는 고속의 기억 장치로 입출력 하는 데이터를 임시 저장합니다.

SSD에서 셀을 이루는 낸드 플래시는 물리적인 특성으로 인해 바로 수정 및 덮어쓰기 할 수 없습니다. 그래서 데이터를 수정하려면 먼저 삭제한 다음, 쓰기 해야 합니다. 그런데 SSD는 읽기/쓰기는 페이지 단위로 하고 삭제는 보다 큰 블록 단위로만 할 수 있습니다. 그래서 블록 단위의 데이터 수정은 페이지 단위의 읽기/쓰기에 비해 매우 느린 편입니다.

---

[33] 5장의 페이지와는 다른 개념입니다.

8.5 GPU

GPU(Graphic Processing Unit)는 다량의 실수 연산을 동시에 처리할 수 있는 주변 장치입니다. 빅데이터(Big Data), 딥러닝(Deep Learning), 블록체인(Block Chain), 게임(Game) 등 다량의 실수 연산을 필요로 하는 소프트웨어에서 많이 활용됩니다.

8.5.1 CPU vs GPU

GPU 없이 CPU만으로도 빅데이터, 딥러닝, 블록체인, 게임[34] 등의 소프트웨어를 실행할 수 있습니다. 다만 이러한 소프트웨어에는 공통적으로 다차원 배열 실수 연산이 많은데, GPU는 CPU보다 이러한 종류의 연산을 효과적으로 처리하도록 설계되어 있습니다.

▲ CPU vs GPU

CPU 안에서 실질적으로 연산하는 핵심 장치가 바로 산술 논리 장치라고 2.2.4에서 배웠죠? CPU와 GPU의 근본적인 차이는 바로 산술 논리 장치에 있습니다. CPU의 산술 논

---

[34] 물론 GPU 없이 실행하지 못하는 게임도 있습니다. 이것은 소프트웨어가 GPU만 지원하도록 만든 것이지 게임에 필요한 연산을 GPU없이 처리할 수 없다는 것이 아닙니다.

리 장치는 성능은 좋지만 적은 수가 들어가는 반면, GPU의 산술 논리 장치는 성능은 비교적 낮지만 많은 수가 들어갑니다. 또한 CPU의 산술 논리 장치는 모든 연산을 고루 잘 하도록 설계되지만, GPU의 산술 논리 장치는 다른 연산 보다 우선 실수 연산을 잘 하도록 설계된 특징을 가집니다. 비유하자면 CPU에는 모든 문제를 척척 풀 수 있고 계산도 빨리하는 똑똑한 교수가 몇 명만 들어가 있는 반면, GPU에는 쉬운 문제만 풀 수 있고 계산도 느린 초등학생 수천 명 들어가 있다고 볼 수 있습니다. 초등학생도 충분히 풀 수 있는 1.5+ 4.7, 2.5 * 3.1 같은 비교적 쉬운 실수 계산 수천 개를 해야 한다고 가정해 봅시다. 이것을 CPU의 교수 몇 명이 돌아가면서 계산하는 것, 즉 순차적으로 하나씩 처리하는 것 보다, GPU의 초등학생 한 명이 하나씩 동시에 계산하는 것, 즉 병렬적으로 한꺼번에 처리하는 편이 훨씬 빠를 것입니다. 그래서 GPU는 이러한 수많은 단순 실수 계산을 필요로 하는 다차원 배열 실수 연산에서 CPU 보다 더 뛰어난 성능을 보여줍니다.

그렇다면 다차원 실수 배열을 CPU와 GPU에서 각각 어떻게 처리하는지 알아볼까요? 다음과 같이 2x2 실수 배열의 덧셈을 성능 좋은 산술 논리 장치가 한 개 들어간 CPU와 성능 낮은 산술 논리 장치가 4개 들어간 GPU가 처리한다고 가정합시다.

$$\begin{bmatrix} 1.3 & 2.5 \\ 4.7 & 3.1 \end{bmatrix} + \begin{bmatrix} 6.1 & 7.3 \\ 2.9 & 3.5 \end{bmatrix}$$

CPU는 하나의 산술 논리 장치로 4번의 덧셈을 순차적으로 진행합니다. 반면 GPU는 4개의 산술 논리 장치로 4번의 덧셈을 동시에 병렬적으로 진행합니다.

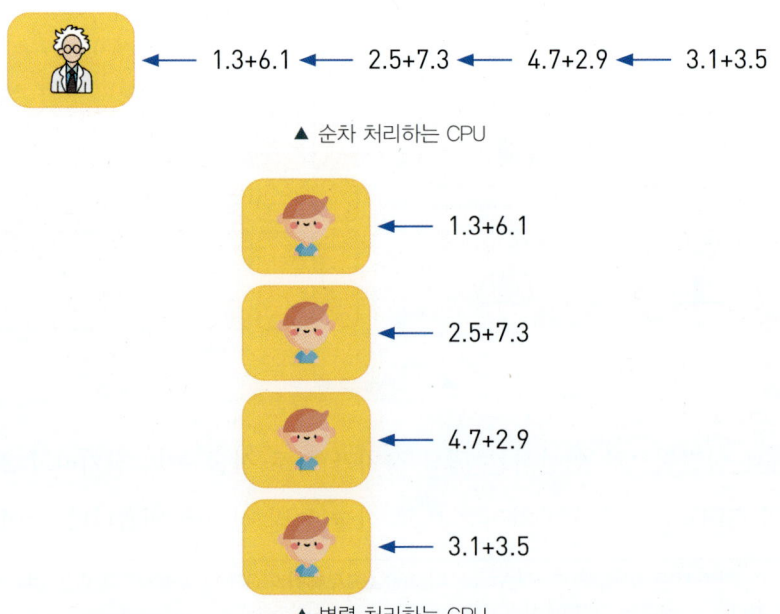

▲ 순차 처리하는 CPU

▲ 병렬 처리하는 GPU

8.5.2 동작 과정

GPU 내부에서는 어떤 과정을 거쳐 연산이 이루어지는지 살펴볼까요? 크게 복사, 명령, 실행, 복사 단계를 거쳐 이루어집니다.

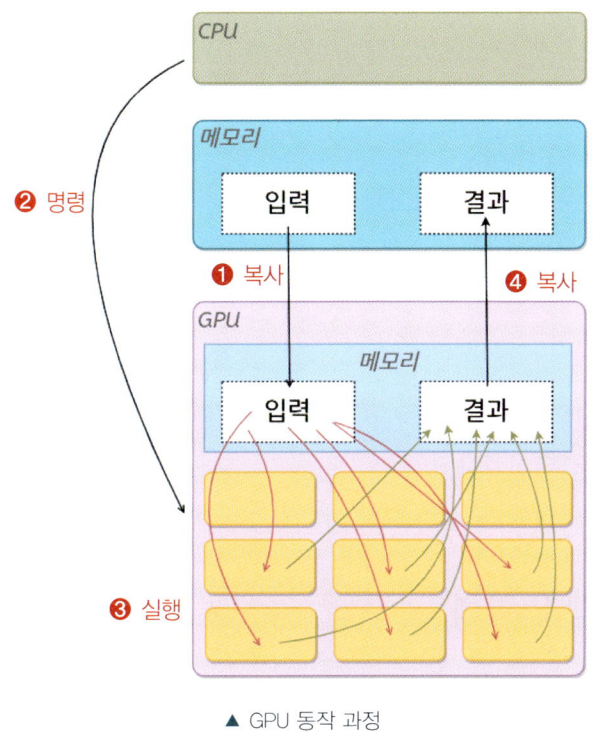

▲ GPU 동작 과정

❶ **복사**: 연산하려는 데이터를 메모리에서 GPU의 메모리 공간으로 복사합니다.

❷ **명령**: CPU는 GPU에 연산을 요청하는 명령을 보냅니다.

❸ **실행**: GPU는 메모리에 있는 데이터를 연산하고 그 결과를 다시 메모리에 저장합니다.

❹ **복사**: GPU의 메모리에 있는 결과 데이터를 메모리로 복사합니다.

GPU가 수행하는 일련의 연산 과정을 API[35](Application Programming Interface)로 형태로 제공하는 프로그램이 바로 CUDA(Compute Unified Device Architecture)[36]입니다.

---

[35] API는 하드웨어 또는 소프트웨어적으로 복잡한 절차를 개발자가 쉽게 사용할 수 있게 도와주는 소프트웨어 인터페이스입니다.
[36] GPU의 동작을 수행하는 소프트웨어로서 엔비디아에서 개발하고 있습니다.

8.6 데이터 입출력 방법

주변 장치로 데이터를 입출력 하는 방법은 3가지가 있습니다. 바로 프로그램 입출력, 인터럽트, 직접 메모리 접근입니다.

8.6.1 프로그램 입출력

프로그램 입출력(Programmed Input/Output, PIO)은 프로그램의 명령어에 따라 CPU가 주변 장치로 데이터를 입출력 하는 방법입니다. 프로그램 입출력 방법을 사용하는 대표적인 주변 장치로는 임베디드 시스템에서 자주 사용되는 7-세그먼트(7-Segment)가 있습니다.

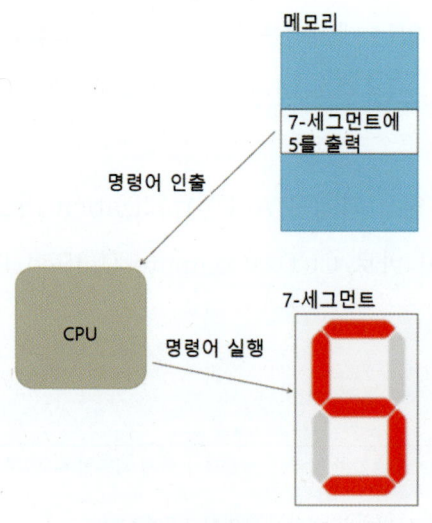

▲ 프로그램 입출력, 7-세그먼트

프로그램 입출력을 주기를 가지고 반복하는 것을 특별히 폴링(Polling)이라고 합니다. 폴링을 적용한 대표적인 주변 장치가 임베디드 시스템에서 많이 사용되는 와치독(Watch dog)입니다. 와치독은 설정한 시간 안에 CPU로부터 심장 박동(=Heart beat) 신호[37]를 받지 못하면 시스템에 장애가 발생한 것으로 판단하여 리셋 신호를 보내 시스템을 재부팅 시킵니다.

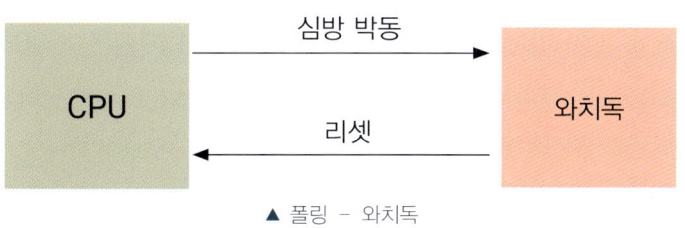

▲ 폴링 – 와치독

하지만 프로그램 입출력은 CPU가 주변 장치로 언제 데이터를 입출력 할 수 있는지 알 수 없는 경우 적용하기 어려운 방법입니다. 주변 장치에 아직 유효한 데이터가 준비되지 않은 상태인데 CPU가 데이터를 가지고 간다면 문제가 될 것입니다. 반대로 주변 장치가 아직 출력할 데이터를 받을 수 없는 상태인데 CPU가 데이터를 보낸다면 역시 문제가 될 것입니다. 그래서 이러한 문제가 있을 경우 인터럽트 방법을 사용합니다.

8.6.2 인터럽트

인터럽트는 주변 장치가 데이터를 입출력 할 수 있는 준비가 되면 CPU에게 인터럽트 신호를 보내 처리하게 하는 방법입니다.

▲ 인터럽트, 키보드

---

[37] 주기적인 심장 박동이 발생하면 살아 있음을 알 수 있는 것처럼, 임베디드 시스템이 살아 있음을 알려주기 위해 주기적으로 보내는 신호

❶ 사용자가 키보드에서 'A'를 누릅니다.
❷ 'A'는 데이터 버퍼에 들어갑니다.
❸ 인터럽트 신호를 CPU에게 보냅니다.
❹ CPU는 데이터 버퍼에 데이터(='A')를 가져옵니다.

키보드나 마우스 같이 사용자가 데이터를 언제 입력할지 알 수 없는 경우, 인터럽트 방법이 적합합니다. 키보드는 사용자가 데이터를 입력하면 CPU에게 인터럽트 신호를 보내 처리할 데이터가 있다고 알려줍니다. 그러면 CPU는 진행하던 작업을 중단하고 키보드에서 입력된 데이터를 가져와 처리합니다. 보다 자세한 과정은 9장에서 설명합니다.

하지만 인터럽트 방법도 키보드나 마우스 같이 입출력 할 데이터양이 적은 경우에만 적용할 수 있다는 한계가 있습니다. 주변 장치의 입출력 데이터는 처리되기 위해 CPU의 레지스터에 임시 저장해야 하는데 보통은 레지스터의 크기가 작기 때문이죠. 그래서 입출력할 데이터 양이 크다면 직접 메모리 접근이 적합합니다.

8.6.3 직접 메모리 접근

직접 메모리 접근은 많은 양의 데이터를 주변 장치에서 메모리로 보내거나 반대로 메모리에서 주변 장치로 보낼 때 사용하는 방법입니다. 데이터가 중간에 CPU를 거치지 않으므로 CPU는 다른 할 일을 할 수 있는 이득이 있습니다.

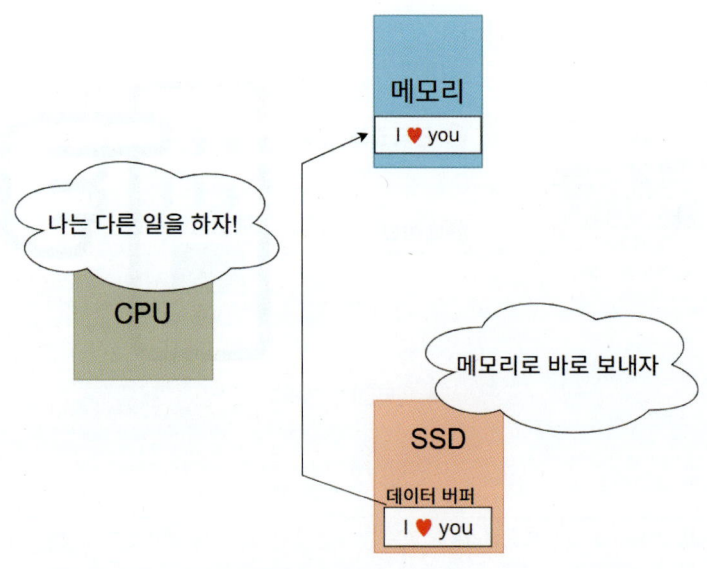

▲ 직접 메모리 접근 - SSD

네트워크 인터페이스 카드, SSD, HDD와 같이 큰 양의 데이터를 입출력할 때 적합한 방법입니다. 데이터는 CPU를 거치지 않고 메모리로 보내거나 반대로 메모리에서 가져올 수 있습니다. 직접 메모리 접근은 10장에서 보다 자세히 설명합니다.

8.7 마무리

이번 장에서는 주변 장치들의 종류, 일반적인 구조, 연결 방식 등을 알아보았습니다. 특히 중요한 주변 장치인 HDD와 SSD, 그리고 GPU에 대해서는 상세히 알아보았습니다.

주변 장치의 데이터를 입출력 하는 방법 3가지, 프로그램 입출력, 인터럽트, 직접 메모리 접근을 간단히 알아보았습니다. 이 중 인터럽트는 다음장에서 상세히 알아보겠습니다.

CHAPTER
9

인터럽트

　인터럽트란 진행중인 프로세를 제쳐두고 갑자기 처리해야 할 돌발 상황이 발생하는 것을 말합니다. 8.6.2에서 사용자가 키보드를 입력하면 인터럽트가 발생한다고 간단히 알아보았는데요. 사용자가 언제 키보드를 입력할지 CPU로서는 알 방법이 없죠. 그렇다고 입력이 발생할 때까지 CPU가 계속해서 확인하는 것도 비효율적일 것입니다❶. 그래서 CPU는 다른 일을 하던 중에, 키보드 입력이 발생하면 즉시 하던 일을 멈추고, 키보드 입력을 처리하는데, 이러한 돌발 상황이 바로 인터럽트입니다. 먼저 돌발 상황의 종류, 즉 인터럽트 종류부터 알아보겠습니다.

---

❶ 데이터 입출력을 주기를 가지고 반복하는 것을 폴링이라고 8.6.1에서 배웠습니다. 폴링 방식으로 키보드의 입력을 처리하는 것이 기술적으로 구현 가능하지만, 언제 입력이 발생할지 모르는 키보드는 보통 인터럽트 방식으로 처리하는 편이 적합합니다.

9.1
인터럽트 종류

인터럽트는 발생되는 원인에 따라 그 종류가 다양한데 트랩, 외부 인터럽트, 내부 인터럽트 이렇게 3가지로 분류할 수 있습니다.

9.1.1 트랩

트랩(Trap)은 진행 중인 프로세스에서 예기치 않은 상황을 만나 발생하는 인터럽트입니다. 여기서 예기치 않은 상황이란 더 이상 프로세스를 진행할 수 없는 상황으로 소프트웨어 오류 등입니다. 다음은 예시로 트랩의 고유 번호, 종류, 발생 원인을 나타냅니다.

고유번호	종류	발생 원인
0	Divide error	어떤 수를 0으로 나눌 경우
3	Break point	브레이크 포인트[2]가 설정된 명령어인 경우
5	Bound Range Exceeded	배열의 인덱스가 상한 또는 하한을 벗어난 경우
6	Invalid Opcode	무효한 연산코드를 가진 명령어인 경우
11	Segment Not Present	세그먼트[3]가 없는 경우
12	Stack-segment	스택 세그먼트 관련 에러가 발생한 경우
14	Page Fault	찾는 페이지가 메모리에 없는 경우[4]
16	FPU error	실수 연산에서 에러가 발생

▲ 트랩 목록[5]

---

[2] 디버깅을 목적으로 특정 코드에서 실행을 멈추기 위해 설정하는 포인트입니다. 여기서 디버깅이란 소프트웨어 개발 중 발생하는 비정상 동작의 원인을 찾는 작업을 말합니다.
[3] 세그먼트는 프로세스를 구성하는 공간입니다. 12장에서 자세히 다룹니다.
[4] 5.3.1 페이지 폴트 인터럽트를 참고하세요
[5] 보다 자세한 목록은 다음에서 확인할 수 있습니다. CPU 종류에 따라 목록은 다릅니다.
https://wiki.osdev.org/Interrupt_Vector_Table

여기서 고유 번호는 CPU가 인터럽트의 종류를 인식하는 번호로 CPU 설계시 지정됩니다.

트랩이 어떻게 발생하는지 예를 들어보면 '0으로 나누라[6]'는 명령어를 실행할 때 발생합니다. 해당 명령어는 실행 불가능하므로 이것에 해당하는 0번 인터럽트가 발생합니다.

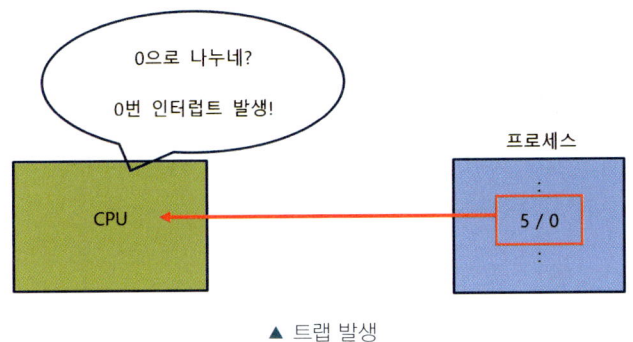

▲ 트랩 발생

인터럽트 번호를 구한 CPU는 운영체제에서 인터럽트 번호에 해당하는 인터럽트 함수를 실행하여 인터럽트를 처리합니다. 자세한 처리 과정은 9.2에서 설명합니다.

9.1.2 외부 인터럽트

외부 인터럽트(External Interrupt, 또는 하드웨어 인터럽트)는 주변 장치에 의해 발생하는 인터럽트입니다. 외부 인터럽트 역시 종류에 따라 고유 번호를 가지는데, 트랩의 고유 번호에 이어 지정됩니다. 다음은 예시로 외부 인터럽트의 고유 번호, 종류, 발생 원인을 나타냅니다.

고유번호	종류	발생 원인
32(시작 번호)	Timer	타이머에 의해 발생
33	Keyboard	키보드에 의해 발생
40	RTC	실시간 시계에 의해 발생
44	Mouse	마우스에 의해 발생
46	First IDE	첫번째 하드 디스크 드라이브에 의해 발생
47	Second IDE	두번째 하드 디스크 드라이브에 의해 발생

▲ 외부 인터럽트 목록

보통 컴퓨터 안에는 다양한 주변 장치가 들어가기 때문에 CPU에게 인터럽트를 처리해 달라는 요청, 즉 인터럽트 요청이 동시다발로 발생합니다. 하지만 보통 CPU는 인터럽트를

---

[6] 수학에서 어떤 수를 0으로 나누는 것은 불가능합니다. CPU도 이러한 경우 오류로 처리합니다.

한번에 하나씩 만 처리하도록 설계됩니다. 그래서 동시다발로 발생하는 인터럽트 요청을 CPU에 순차적으로 보내는 역할을 하는 PIC[7](Programmable Interrupt Controller)라는 장치가 있습니다. 이 장치를 CPU와 주변 장치 사이에 설치하게 되죠. 다음은 CPU, PIC, 주변 장치들이 서로 연결된 구조를 나타냅니다.

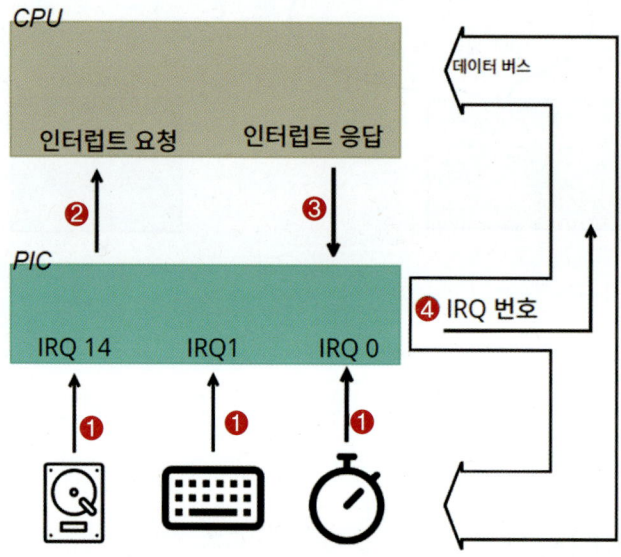

▲ 외부 인터럽트를 위한 장치들의 연결 구조

그림을 보면 PIC와 주변 장치들은 고유 번호를 가진 각각의 IRQ(Interrupt Request Line) 라는 신호선으로 연결됩니다(그림에서 ❶). 주변 장치에서 처리해야 할 인터럽트 상황이 발생하면 연결된 IRQ 신호선으로 인터럽트를 요청하는 신호, 즉 인터럽트 요청을 PIC로 보내게 되죠. 여기서 IRQ 번호는 외부 인터럽트의 고유 번호에서 외부 인터럽트의 시작 번호(32)를 뺀 값입니다.

IRQ 번호 = 인터럽트 고유 번호 − 외부 인터럽트 시작 번호

▲ IRQ 번호 계산 공식

그래서 위의 외부 인터럽트 목록을 기준으로 하드 디스크 드라이브는 IRQ 14(=46−32), 키보드는 IRQ 1(=33−32), 타이머는 IRQ 0(=33−33)의 신호선과 연결됩니다. 낮은 번호에 연결된 주변 장치일수록 우선 순위가 높습니다. 예를 들어 키보드와 하드 디스크 드라이브에서 동시에 인터럽트 요청이 들어왔다면 더 낮은 IRQ 번호를 가진 키보드의 것부터 처리하게 됩니다.

---

[7] PIC는 과거에는 개별 장치였지만 현재는 2장에서 배웠던 노스 브릿지(North Bridge) 또는 사우스 브릿지(South Bridge) 칩에 들어가 있습니다. 다음은 개별 장치였던 과거의 사진입니다.
https://en.wikipedia.org/wiki/Intel_8259#/media/File:Intel_8259A_IRQ_chip.JPG

PIC는 CPU 방향으로 인터럽트 요청(INTR, Interrupt Request) 신호선(그림에서 ❷)과 요청에 대한 응답을 받는 인터럽트 응답(INTA, Interrupt Acknowledge) 신호선(그림에서 ❸)으로 연결됩니다. PIC는 주변 장치로부터 인터럽트 요청이 들어오면, 곧 바로 CPU와 연결된 인터럽트 요청 신호선으로 신호를 보내 인터럽트 요청하게 됩니다.

다음으로 PIC에서 인터럽트 요청을 받은 CPU는 연결된 인터럽트 응답 신호선으로 신호를 보내 인터럽트 응답합니다. 이 때 인터럽트 응답은 CPU가 인터럽트를 처리할 준비가 되었을 때 보냅니다. CPU가 아직 처리 중인 명령어❽가 있다면 바로 인터럽트 처리를 진행할 수 없습니다. 그래서 인터럽트 응답은 진행 중인 명령어 처리가 온전히 끝난 후 PIC로 보내게 되는 것이죠.

다음으로 인터럽트 응답을 받은 PIC는 IRQ 번호를 데이터 버스를 통해 CPU로 보냅니다(그림에서 ❹). CPU에게 처리할 인터럽트의 번호를 구할 수 있도록 IRQ 번호를 알려 주는 것입니다.

다음으로 IRQ 번호를 받은 CPU는 〈IRQ 번호 계산 공식〉에 따라 인터럽트 번호를 구하게 됩니다. 인터럽트 번호를 구한 CPU는 운영체제에서 인터럽트 번호에 해당하는 인터럽트 함수를 실행하여 인터럽트를 처리합니다. 자세한 처리 과정은 9.2에서 설명하겠습니다.

다음 그림은 주변 장치 중 하나인 키보드를 입력하면 이것에 해당하는 33번 인터럽트가 발생한 상황을 나타낸 것입니다.

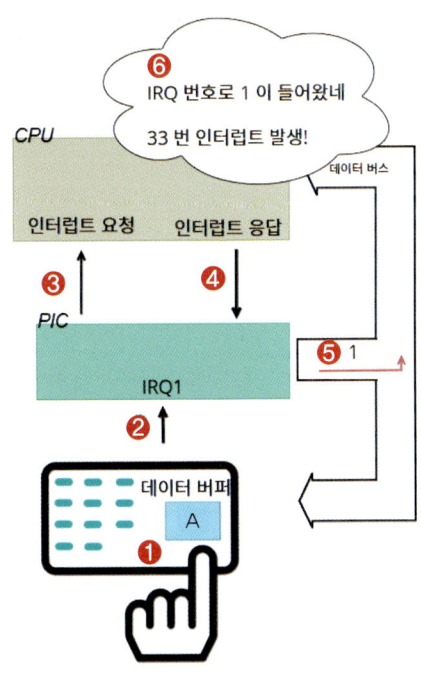

▲ 키보드에 의한 인터럽트 발생

---

❽ 명령어에 따라 처리에 필요한 사이클은 다릅니다. 4장에서 명령어의 간접 방식, 직접 방식, 즉시 방식을 참고하세요.

❶ 키보드를 입력하면 문자가 데이터 버퍼에 들어갑니다.
❷ 키보드는 IRQ 1번으로 인터럽트 요청 신호를 보냅니다.
❸ PIC는 CPU에 인터럽트 요청 신호를 보냅니다.
❹ 인터럽트 요청 신호를 받은 CPU는 인터럽트 응답 신호를 PIC로 보냅니다. 그리고 IRQ 번호를 받기 위해 대기합니다.
❺ PIC는 IRQ 번호인 1을 데이터 버스를 통해 CPU로 보냅니다.
❻ IRQ 번호 1을 받은 CPU는 〈IRQ 번호 계산 공식〉에 따라 인터럽트 번호 33(=1+32)을 구합니다. 인터럽트 번호를 구한 CPU는 운영체제에서 인터럽트 번호에 해당하는 인터럽트 함수를 실행하여 인터럽트를 처리합니다.

> **Note** **IRQ 번호 확인**
>
> 리눅스의 쉘에서 'cat /proc/interrupts'를 입력하면 IRQ 번호와 주변 장치를 확인할 수 있습니다.
>
> ```
> [linux@user] cat /proc/interrupts
> IRQ              DEVICE
>   0:             timer
>   1:             i8042
>   8:             rtc0
>   9:      …      acpi        …
>  12:             i8042
>  16:             AudioPIC
>  19:             eth0
> 120:             dmar0
> 124:             amdgpu
> ```

9.1.3 내부 인터럽트

내부 인터럽트(Internal Interrupt, 또는 소프트웨어 인터럽트)는 시스템 콜(System Call)에 의해 발생하는 인터럽트입니다. 시스템 콜은 8.2.3에서 응용 프로그램이 운영체제에게 필요한 서비스를 요청할 때 사용하는 인터페이스로 open, read, write, close 등 수백 개의 함수로 구성된다고 말씀드렸는데요. 응용 프로그램이 이러한 시스템 콜의 함수를 사용하는 순간 실행이 중단되고 운영체제가 실행되어 내부 인터럽트를 처리하게 됩니다.

응용 프로그램은 시스템 콜을 위한 내부 인터럽트를 발생시키기 위해 다음 명령어들을 실행합니다❾.

---

❾ CPU에 따라 명령어를 다를 수 있습니다.

명령어	해석
load 1	시스템 콜의 종류를 지정한다. 1은 write를 의미한다.
int 128	128번 인터럽트 발생시킨다.

먼저 'load 1'은 '누산기에 1을 넣어' 라는 명령어인데, 사용할 시스템 콜의 종류를 나타내는 번호를 넣는 것입니다. 운영체제에 따라 read는 0, write는 1, open은 2, close는 3과 같이 시스템 콜의 종류를 나타내는 고유 번호가 지정되어 있습니다.[10]

다음 명령어 'int 128'[11]은 128번 인터럽트를 발생시키라는 명령어인데, 앞의 'int'는 4장에서 배운 명령어 구조에 들어가는 명령 코드 중 하나로 interrupt의 줄임 말입니다. 뒤의 매개 변수 128 은 내부 인터럽트를 나타내는 인터럽트의 고유 번호로 보통 외부 인터럽트의 고유 번호 뒤의 값 중 하나를 지정하여 사용합니다.

다음 그림은 응용 프로그램이 시스템 콜 중 하나인 write 하기 위해, 내부 인터럽트를 발생시키는 과정을 나타냅니다.

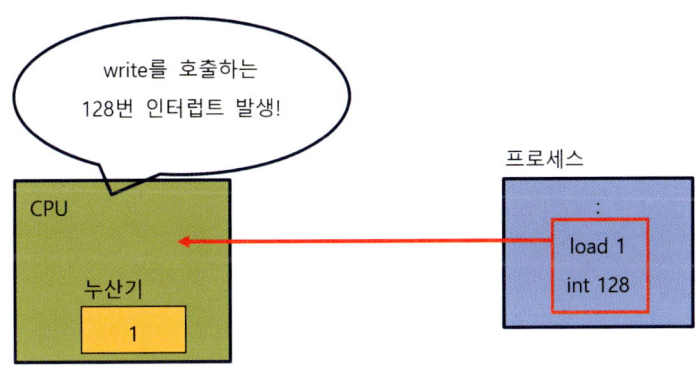

▲ 내부 인터럽트 발생

인터럽트 번호를 구한 CPU는 운영체제에서 인터럽트 번호에 해당하는 인터럽트 함수를 실행하여 인터럽트를 처리합니다. 이제 자세한 처리 과정을 알아보죠.

---

[10] 전체 목록은 여기서 확인할 수 있습니다.
https://chromium.googlesource.com/chromiumos/docs/+/master/constants/syscalls.md
[11] 번호는 CPU 및 운영체제에 따라 다릅니다.

9.2 인터럽트 처리 과정

 CPU가 인터럽트 고유 번호를 획득하면 본격적으로 인터럽트를 처리합니다. 인터럽트 처리는 운영체제에서 진행하는데, 그 과정은 크게 4단계로 **1단계: 서술자 테이블에서 엔트리 가져오기, 2단계: 프로세스의 상태 저장, 3단계: 인터럽트 함수 실행, 4단계: 프로세스 상태 복원**입니다. 낯선 용어가 많이 나오는데, 이제 단계별로 차근차근 설명하겠습니다.

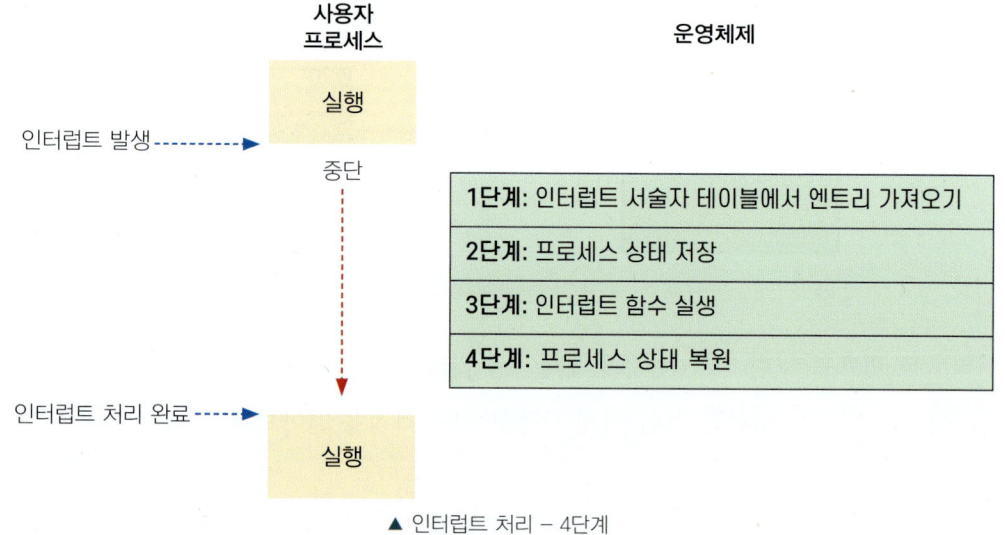

▲ 인터럽트 처리 – 4단계

9.2.1 1단계: 인터럽트 서술자 테이블에서 엔트리 가져오기

인터럽트 서술자 테이블(Interrupt Descriptor Table, 인터럽트 벡터 테이블, Interrupt Vector Table)은 인터럽트 처리에 필요한 정보를 담은 엔트리(Entry)[12]가 인터럽트 고유 번호 순으로 나열되어 있는 배열(Array)[13]입니다. CPU는 이곳에서 인터럽트 고유 번호에 맞는 엔트리를 참고하여 뒤의 2~4단계를 실행하게 되죠. 엔트리[14]에는 2, 4단계에서 필요한 인터럽트 스택 주소, 3단계에서 필요한 인터럽트 함수 주소 등이 들어가 있습니다.

다음 그림은 CPU가 인터럽트 서술자 테이블에서 인터럽트 고유 번호에 맞는 엔트리를 가져오고 있는 것을 보여줍니다.

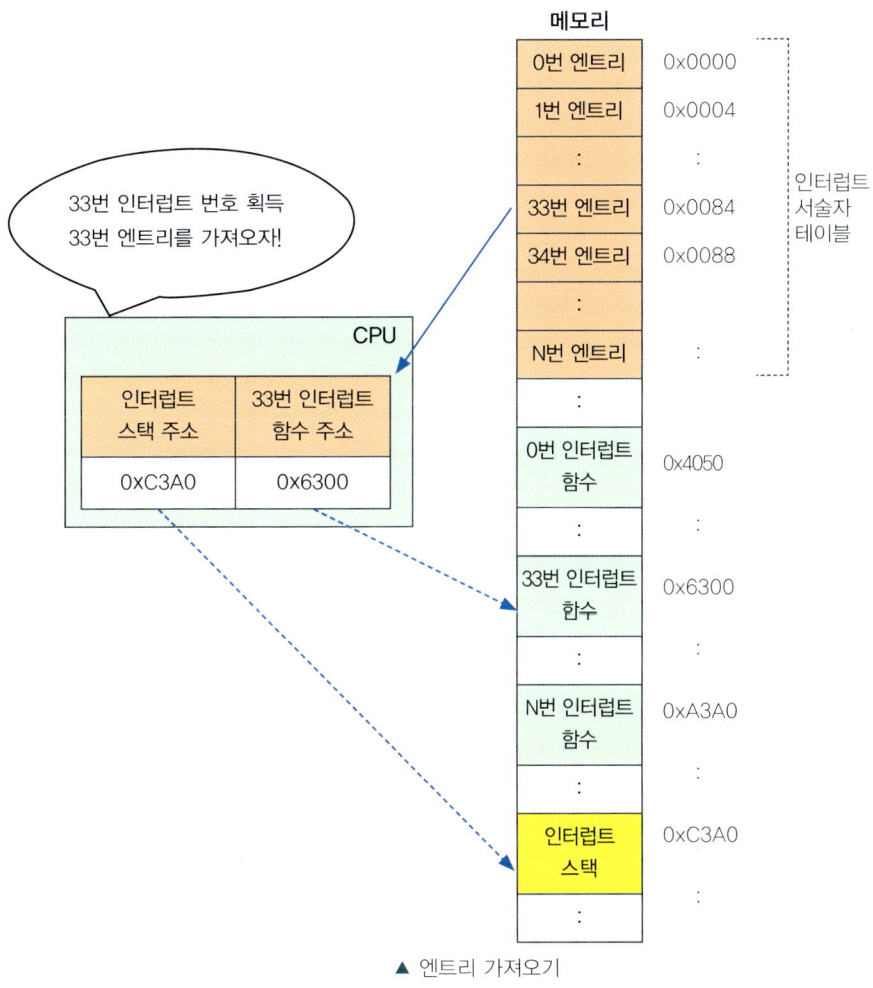

▲ 엔트리 가져오기

---

[12] 목록에서 개별 항목 하나하나를 말합니다.
[13] 데이터들이 연속된 공간에 들어가 있는 자료 구조
[14] 자세한 구조는 다음을 참고하세요 – https://wiki.osdev.org/Interrupt_Descriptor_Table

> **Note** 인터럽트 서술자 테이블 주소
>
> CPU는 인터럽트 서술자 테이블의 주소를 어떻게 알고 있을까요? CPU가 ARM인 경우, 메모리에서 0번지를 사용하도록 지정되어 있습니다. 그래서 ARM에서 실행되는 운영체제는 인터럽트 서술자 테이블을 0번지로 위치시킵니다. 인텔의 경우, 운영체제가 부팅하면서 그 주소를 CPU의 인터럽트 서술자 테이블 레지스터(IDTR, Interrupt Descriptor Table Register)에 등록하게 됩니다.
>
> 이와 같이 CPU는 인터럽트가 발생했을 때 참조하는 인터럽트 서술자 테이블의 주소를 알고 있고 여기에다 획득한 인터럽트 고유 번호를 다음과 같이 내부적으로 계산하여 인터럽트에 해당하는 엔트리의 주소를 알아 내게 됩니다.
>
> 엔트리 주소 = 인터럽트 서술자 테이블 주소 + (인터럽트 고유 번호 * 엔트리 크기)[15]

9.2.2 2단계: 프로세스의 상태 저장

CPU는 3단계: 인터럽트 함수를 실행하기 위해 현재 실행 중인 프로세서를 중단합니다. 나중에 인터럽트 함수의 실행이 끝난 후 4단계에서 중단한 프로세스의 실행을 재개하죠. 그래서 중단하는 프로세스를 나중에 원상태로 재개하기 위해, 프로세스의 상태라고 할 수 있는 누산기, 프로그램 계수기 등의 각종 레지스터에 있는 값들을 인터럽트 스택(Interrupt Stack)에 저장하게 됩니다.

다음 그림은 CPU가 각종 레지스터의 값들을 인터럽트 스택에 저장하는 것을 나타냅니다.

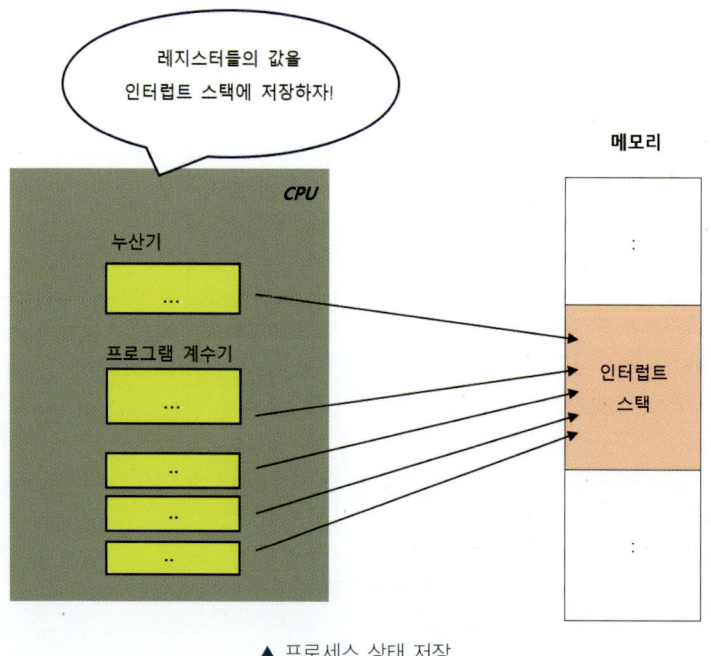

▲ 프로세스 상태 저장

[15] 32비트 CPU는 8바이트, 64비트 CPU는 16바이트를 크기를 가집니다.

9.2.3 3단계: 인터럽트 함수 실행

인터럽트 함수(Interrupt Handler, Interrupt Procedure)를 실행하여 인터럽트를 처리합니다. 인터럽트 함수는 운영체제에서 제공하는 프로시저[16] 입니다.

인터럽트 종류마다 처리하는 내용은 각기 다릅니다. 그래서 인터럽트의 고유 번호 마다 인터럽트 함수가 있고 그 처리 내용은 다릅니다.

다음은 인터럽트 고유 번호에 따른 인터럽트 함수의 처리 내용을 나타냅니다.

고유번호	처리 내용
0	프로세스에서 0으로 나누는 명령어를 처리할 때 실행하는 인터럽트 함수입니다. 해당 함수는 0으로 나누는 오류를 일으킨 프로세스를 강제 종료합니다.
14	찾는 페이지가 메모리에 없을 때 실행하는 인터럽트 함수입니다. 해당 함수는 5.3에서 배웠던 페이지 교체 기술을 진행합니다.
33	키보드를 입력했을 때, 실행하는 인터럽트 함수입니다. 해당 함수는 키보드의 데이터 버퍼에 있는 문자 데이터를 프로세스가 사용할 수 있게 메모리로 넘겨줍니다.
128	시스템 콜이 발생했을 때 실행하는 인터럽트 함수입니다. 해당 함수는 내부적으로 시스템 콜의 종류에 따라 그 처리 내용은 다른데, 만약 시스템 콜 중 하나인 read에 의한 것이라면 주변 장치에 데이터가 입력될 때까지 프로세스를 대기(Block)[17] 상태로 만듭니다.

다음 그림은 앞의 목록에서 특히 중요한 키보드에 의한 인터럽트 함수(고유 번호가 33)가 인터럽트를 처리하는 과정을 나타낸 것입니다.

---

[16] 프로그램에서 절차적으로 수행하는 하나의 단위 작업을 의미합니다
[17] 프로세스는 생성(New), 준비(Read), 실행(Run), 대기(Block), 종료(Exit)의 5가지 중 하나의 상태를 가지고 변화하는데 이것을 프로세스 상태 전이라고 합니다. 11장에서 보다 자세히 설명합니다.

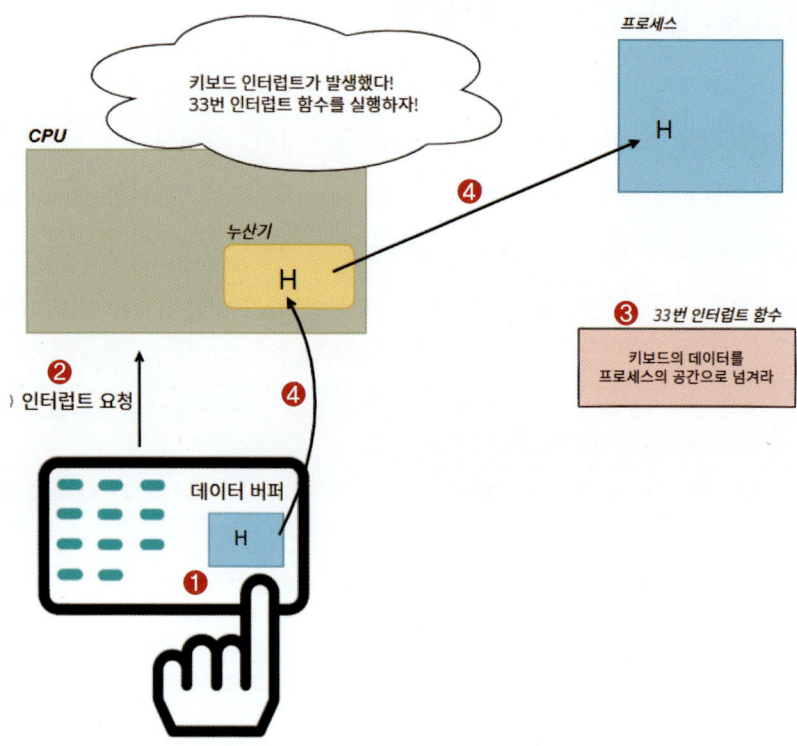

▲ 키보드 인터럽트 함수

❶ 키보드를 입력하면 입력한 문자 데이터(그림에서 'H')가 키보드의 데이터 버퍼에 들어갑니다.
❷ 키보드는 CPU에 인터럽트 요청하여 33번 인터럽트를 발생시킵니다 .
❸ CPU는 1단계, 2단계를 거쳐 3단계 인터럽트 함수를 실행합니다.
❹ 인터럽트 함수는 데이터 버퍼에 들어있는 문자 데이터를 사용자 프로세스가 사용할 수 있게 만듭니다. 그래서 키보드의 문자 데이터는 CPU의 누산기를 거쳐 사용자 프로세스의 공간으로 보냅니다.

9.2.4 4단계: 프로세스 상태 복원

인터럽트 처리가 끝났다면 중단했던 프로세스를 원상태로 실행을 재개합니다. 그래서 2단계에서 인터럽트 스택에 저장했던 각종 레지스터의 값들을 CPU의 각 레지스터로 올립니다. 그러면 프로세스는 중단했던 마지막 상태로 복원되어 다시 실행됩니다.

9.3 마무리

이번장에서는 인터럽트를 알아보았습니다. 인터럽트는 갑자기 처리해야 하는 돌발 상황으로 다양한 원인에 의해 발생된다는 것을 알 수 있습니다. 그리고 원인에 따라 트랩, 외부 인터럽트, 내부 인터럽트로 분류할 수 있었습니다.

CPU는 인터럽트 번호를 획득하면 운영체제에 의해 인터럽트를 처리하는데, 그 과정은 크게 4단계로 1단계: 인터럽트 서술자 테이블에서 엔트리 가져오기, 2단계: 프로세스의 상태 저장, 3단계: 인터럽트 함수 실행, 4단계: 프로세스 상태 복원 순으로 진행된다는 것을 알 수 있었습니다.

다음 장에서는 직접 메모리 접근에 대해 알아보겠습니다.

CHAPTER
10

직접 메모리 접근

직접 메모리 접근(Direct Memory Access, DMA)이란 주변 장치가 CPU를 거치지 않고 곧 바로 메모리로 데이터를 전송하는 것을 말합니다. 주변 장치 중 특히 스토리지, 네트워크 카드, 카메라, 마이크, 사운드 카드, 그래픽 카드 등이 직접 메모리 접근으로 데이터를 전송합니다. 가령 스토리지는 프로그램이 파일을 읽기 요청하면, 데이터를 읽어 곧 바로 메모리로 보냅니다. 반대로 파일로 저장 요청하면, 데이터를 곧 바로 메모리에서 가져와 저장합니다. 사운드 카드는 메모리에 있는 소리 데이터를 곧 바로 가져와 출력하고, 카메라는 이미지 데이터를 곧 바로 메모리로 보냅니다. 네트워크 카드, 그래픽 카드 등도 마찬가지로 중간에 CPU를 거치지 않고 곧 바로 메모리와 데이터를 주고받습니다. 이러한 직접 메모리 접근을 실현하는 장치가 바로 DMA 제어기인데 어떻게 동작하는지 살펴봅시다.

10.1 DMA 제어기

DMA 제어기[1] (DMA Controller)는 주변 장치의 직접 메모리 접근을 실현해주는 장치로 다수의 주변 장치에서 발생하는 직접 메모리 접근 요청을 순차적으로 진행시킵니다. 동작은 크게 시스템 버스 사용권 요청과 데이터 전송으로 나눌 수 있습니다.

10.1.1 시스템 버스 사용권 요청

시스템 버스 사용권이란 데이터 전송에 필요한 시스템 버스를 사용할 수 있는 권한을 의미합니다. 주변 장치와 메모리가 주고받는 데이터는 시스템 버스를 통해 흐릅니다. 그런데 이 시스템 버스는 CPU 또한 메모리와 데이터를 주고받기 위해 사용합니다. 만약 CPU가 시스템 버스로 데이터를 보내는데, 주변 장치도 동시에 시스템 버스로 데이터를 보낸다면 충돌 문제가 발생하여 컴퓨터는 정상 동작하지 않을 것입니다. 그래서 주변 장치는 집적 메모리 접근으로 데이터를 전송하기 앞서 DMA 제어기를 통해 시스템 버스의 사용권을 CPU에게 가져옵니다. 주변 장치가 DMA 제어기를 통해 시스템 버스 사용권을 가져오는 과정을 살펴봅시다.

---

[1] DMA 제어기는 2장에서 배운 사우스 브릿지(South Bridge) 또는 노스 브릿지(North Bridge) 칩에 들어갑니다.

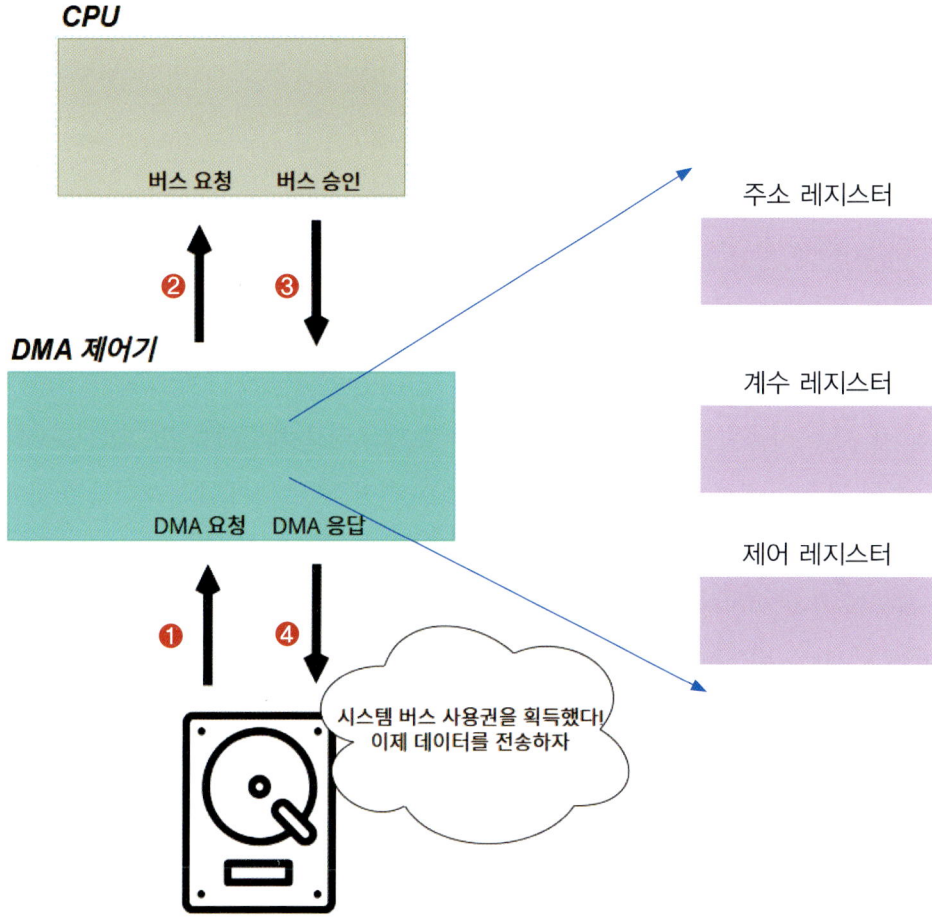

❶ 주변 장치는 DMA 제어기에게 DMA 요청(DMA Request) 신호를 보냅니다.

❷ DMA 요청 신호를 받은 DMA 제어기는 CPU에게 시스템 버스 사용권을 요청하는 버스 요청(Bus Request) 신호를 보냅니다.

❸ 버스 요청 신호를 받은 CPU는 DMA 제어기에게 시스템 버스 사용권을 승인하는 버스 승인(Bus Grant) 신호를 보냅니다.

❹ 버스 승인 신호를 받은 DMA 제어기는 주변 장치에 DMA 승인(DMA Grant) 신호를 보냅니다.

위의 ❶~❹ 과정이 끝나면 주변 장치는 DMA 승인 신호를 받게 되고 시스템 버스 사용권을 획득합니다.

> **Note 무중단 CPU**
>
> 직접 메모리 접근으로 인해 CPU의 작업이 중단되지 않습니다. 직접 메모리 접근은 CPU가 시스템 버스를 사용하지 않을 때, 실행되기 때문입니다. 명령어 주기[2]를 보면 명령어 인출, 데이터 인출, 데이터 저장 구간에는 CPU가 시스템 버스를 사용하지만 그 외 명령어 해석, 명령어 실행 구간은 시스템 버스를 사용하지 않고 내부적으로만 동작합니다.
> CPU가 DMA 제어기로부터 버스 요청 신호를 받아 버스 승인 신호로 응답하는 구간은 명령어 주기에서 내부적으로만 동작하는 명령어 해석과 명령어 실행 구간입니다. 그렇기 때문에 CPU가 시스템 버스를 사용하지 않는 구간에만 직접 메모리 접근이 실행되므로 CPU의 작업은 중단되지 않습니다.

10.1.2 데이터 전송

시스템 버스 사용권을 얻은 주변 장치는 이제 메모리로 데이터를 전송합니다. 이때 데이터 전송에 필요한 정보들은 주소 레지스터, 계수 레지스터, 제어 레지스터라는 곳에 들어갑니다. 이 3개의 레지스터는 한 세트로 DMA 제어기 내부에 주변 장치별로 들어갑니다. 레지스터들의 값이 의미하는 것은 다음과 같습니다.

❶ **주소 레지스터**: 데이터가 입출력 되는 메모리의 주소입니다.

❷ **계수 레지스터**: 전송하려는 데이터의 남은 크기입니다.

❸ **제어 레지스터**: 읽기/쓰기를 나타내는 0 또는 1[3]이 들어갑니다. 읽기는 주변 장치가 메모리의 데이터를 읽는다(=가져온다)는 것을 의미합니다. 쓰기는 주변 장치가 메모리에 데이터를 쓴다(=보낸다)는 것을 의미합니다.

이 레지스터들의 값은 운영체제가 설정합니다. 가령 사용자 프로그램이 파일을 읽는다면 운영체제는 스토리지가 직접 메모리 접근하기 위한 설정 작업을 합니다. 이때 스토리지에 해당하는 레지스터들에 값을 넣게 됩니다.

여기까지 DMA 제어기가 어떻게 동작하는지 살펴보았습니다. 이제 DMA 제어기, 주변 장치, 메모리, CPU가 함께 연계하여 전체적인 관점에서 직접 메모리 접근을 살펴보겠습니다. 크게 직접 메모리 접근의 쓰기 과정과 읽기 과정으로 나눌 수 있습니다.

---

❷ 4장 명령어 주기를 참고하세요.
❸ 해당 값은 시스템에 따라 다를 수 있습니다.

10.2 직접 메모리 접근 쓰기

직접 메모리 접근 쓰기는 주변 장치의 데이터를 메모리로 보내는 것입니다. 대표적으로 사용자 프로그램에서 파일을 읽을 때 발생합니다. 전체 과정을 크게 1단계: 설정, 2단계: 전송, 3단계: 종료로 나누어 알아볼 텐데, 스토리지에 파일 형태로 들어있는 'DOG' 문자열을 읽는다고 가정하겠습니다.

10.2.1 1단계: 설정

직접 메모리 접근의 쓰기를 위한 1단계: 설정은 운영체제의 인터럽트 함수가 작업합니다. 사용자 프로그램이 파일을 읽기 위해서 시스템 콜(구체적으로 read)을 호출하면 내부 인터럽트가 발생하여 해당 인터럽트 함수가 실행됩니다[4]. 인터럽트 함수는 직접 메모리 접근을 실현하기 위해 다음 3가지 작업을 합니다.

---

[4] 9.1.3을 참고하세요.

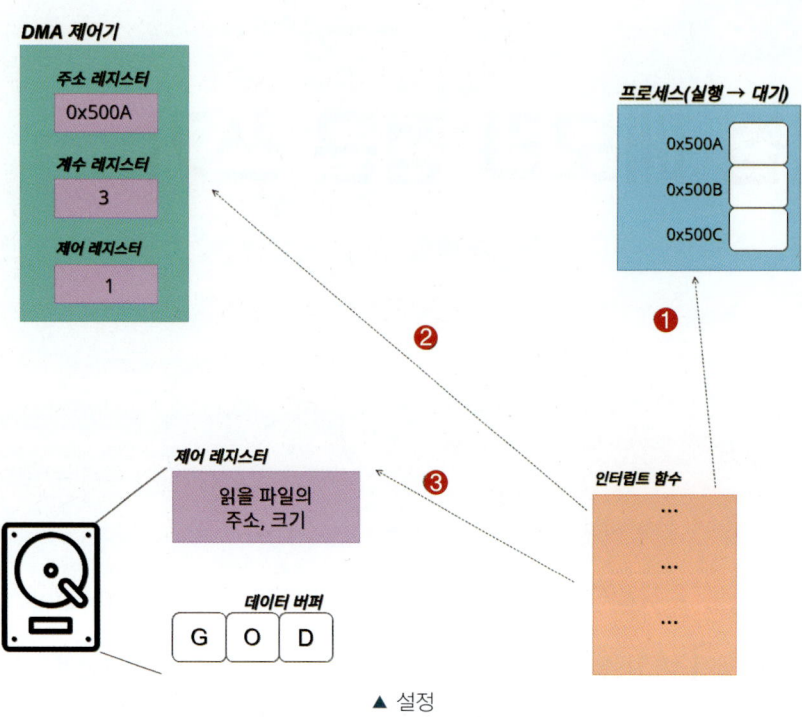

▲ 설정

❶ 프로세서를 직접 메모리 접근의 읽기가 끝날 때까지 실행되지 못하도록 대기 상태로 설정합니다.

❷ DMA 제어기의 레지스터들을 설정합니다. 주소 레지스터에는 데이터가 전송될 기억 장치의 주소(0x500A)를 설정합니다. 계수 레지스터에는 전송하려는 데이터 크기(3바이트)를 설정합니다. 제어 레지스터에는 쓰기를 의미하는 값(1)을 설정합니다.

❸ 스토리지에 파일을 읽기 위한 설정을 합니다. 파일이 저장된 주소❺, 읽을 크기 등을 스토리지의 제어 레지스터에 설정합니다. 이제 스토리지는 해당 주소의 파일을 읽어 데이터 버퍼(또는 디스크 캐시)에 올려 놓게 됩니다.❻

---

❺ 8.4의 LBA를 참고하세요.
❻ 실제 스토리지는 섹터 단위(보통 512바이트)로 데이터를 읽어 들입니다. 그런데 여기서는 쉬운 이해를 위해 1바이트 단위로 읽는다고 가정하겠습니다.

10.2.2 2단계: 전송

스토리지의 데이터 버퍼에 데이터가 올라오면 데이터를 메모리로 보내는 2단계: 전송을 진행합니다. 그 과정은 다음과 같습니다.

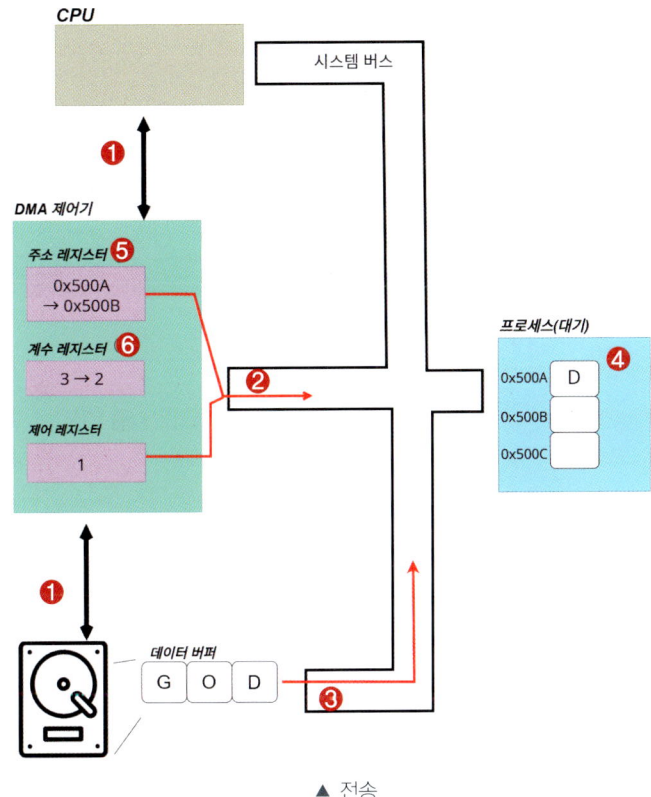

▲ 전송

❶ 스토리지는 시스템 버스 사용권을 획득합니다(10.1.1 참고)

❷ DMA 제어기는 수소 레지스터에 있는 주소(0x500A)와 제이 레지스터의 값(1)에 따른 쓰기 신호를 시스템 버스로 보냅니다.

❸ 스토리지는 데이터 버퍼에 있는 데이터('D')를 시스템 버스로 보냅니다.

❹ 시스템 버스로 주소, 쓰기 신호, 데이터를 받게 된 메모리는 데이터를 해당 주소에 저장합니다.

❺ DMA 제어기는 주소 레지스터의 값을 증가시켜 다음 주소(0x500A -> 0x500B)를 가리킵니다.

❻ DMA 제어기는 계수 레지스터의 값을 감소(3 -> 2)시켜 남은 데이터 크기를 지정합니다.

위의 ❶~❻ 과정을 계수 레지스터의 값이 0이 될 때까지 반복하면 모든 스토리지의 모든 데이터가 메모리로 올라가게 됩니다.

10.2.3 3단계: 종료

2단계: 전송이 끝나면 사용자 프로그램을 깨워 스토리지에서 읽은 데이터를 사용할 수 있도록 만듭니다. 그 과정은 다음과 같습니다.

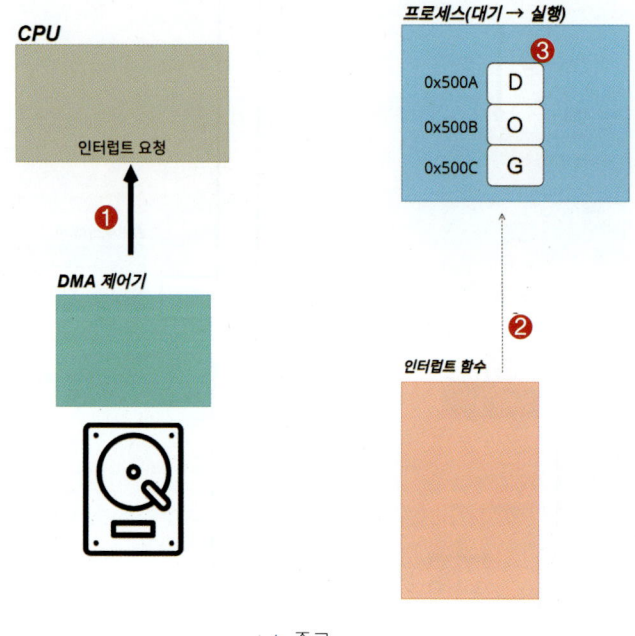

▲ 종료

❶ DMA 제어기는 CPU에게 인터럽트 요청 신호를 보내 인터럽트 함수를 실행하도록 만듭니다.[7]

❷ 인터럽트 함수는 대기 상태에 있던 사용자 프로세스를 깨워 실행 상태로 만듭니다[8].

❸ 프로세스는 스토리지에서 읽어온 데이터('DOG')를 사용합니다.

---

[7] 자세한 외부 인터럽트 과정은 9장을 참고하세요.
[8] 프로세스 상태는 생성, 준비, 대기, 실행, 종료가 있는데 11장에서 보다 자세히 설명합니다.

10.3 직접 메모리 접근 읽기

직접 메모리 접근 읽기는 메모리의 데이터를 주변 장치로 보내는 것입니다. 대표적으로 사용자 프로그램이 파일을 저장할 때 발생합니다. 과정은 크게 1단계: 설정, 2단계: 전송, 3단계: 종료로 나누어 알아볼 텐데, 프로세스가 'CAT' 문자열을 스토리지에 파일로 저장한다고 가정하겠습니다. 읽기 과정은 쓰기 과정과 데이터 전송 방향만 다를 뿐 전반적으로 비슷합니다.

10.3.1 1단계: 설정

직접 메모리 접근의 읽기를 위한 1단계: 설정은 운영체제의 인터럽트 함수가 작업합니다. 사용자 프로그램이 파일을 쓰기 위해서 시스템 콜(구체적으로 write)를 호출하면 내부 인터럽트가 발생되고 해당 인터럽트 함수가 실행됩니다. 인터럽트 함수에서는 직접 메모리 접근을 실현하기 위해 다음 3가지 작업을 합니다.

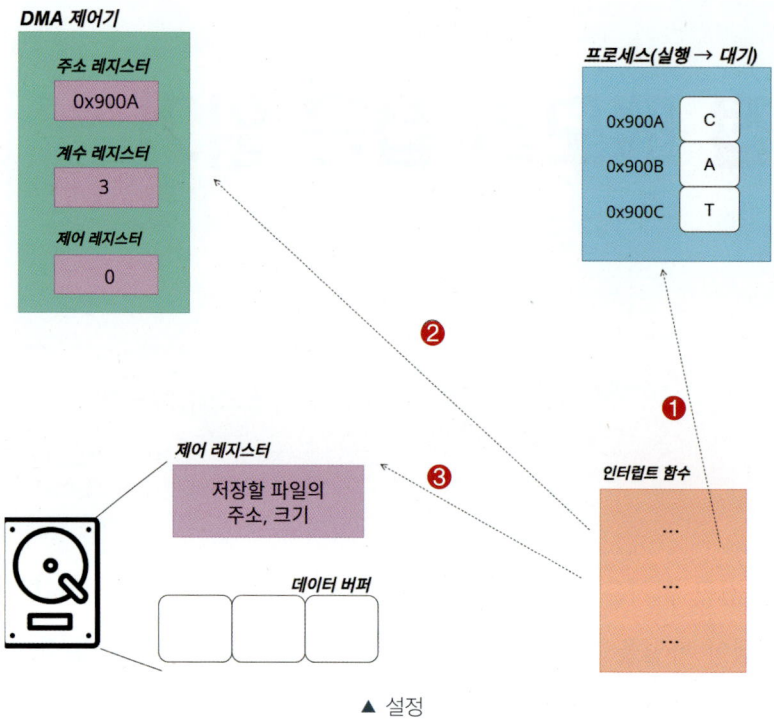

▲ 설정

❶ 프로세서를 직접 메모리 접근의 쓰기가 끝날 때까지 실행되지 못하도록 대기 상태로 설정합니다.

❷ DMA 제어기의 레지스터들을 설정합니다. 주소 레지스터에는 데이터가 올라가 있는 메모리의 주소(0x900A)를 설정합니다. 계수 레지스터에는 전송하려는 데이터 크기(3바이트)를 설정합니다. 제어 레지스터에는 읽기를 의미하는 값(0)을 설정합니다.

❸ 스토리지에 파일을 쓰기 위한 설정을 합니다. 저장할 파일의[9] 주소, 크기 등을 스토리지의 제어 레지스터에 설정합니다. 이제 스토리지는 데이터 버퍼(또는 디스크 개시)로 들어오는 데이터를 해당 주소에 파일로 저장할 준비를 합니다.

10.3.2 2단계: 전송

스토리지가 데이터를 저장할 준비가 되면 메모리의 데이터를 스토리지로 가져오는 2단계: 전송을 진행합니다. 그 과정은 다음과 같습니다.

---

❾ 8.4의 LBA를 참고하세요.

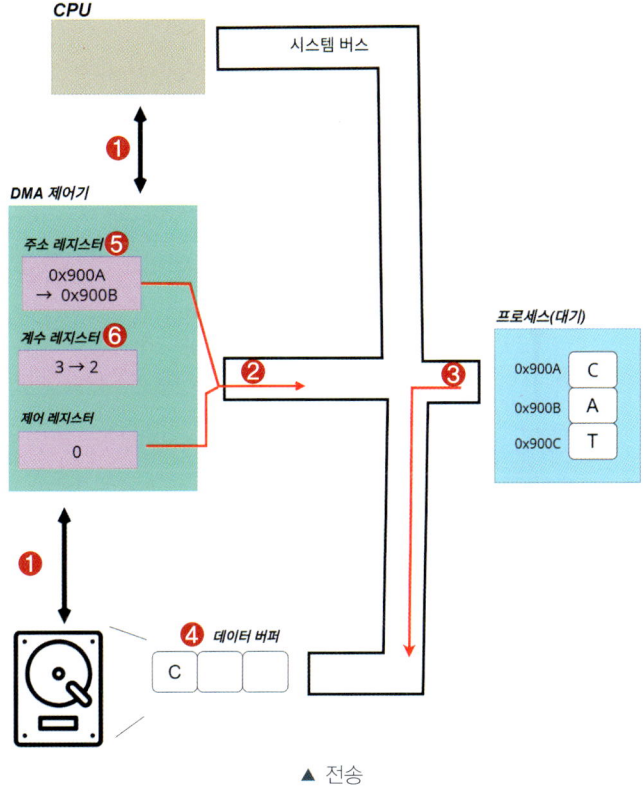

▲ 전송

❶ 스토리지는 시스템 버스 사용권을 획득합니다(10.1.1 참고).

❷ DMA 제어기는 주소 레지스터에 있는 주소(0x900A)와 제어 레지스터의 값(0)에 따른 읽기 신호를 시스템 버스로 보냅니다.

❸ 시스템 버스로 주소, 읽기 신호를 받게 된 메모리는 해당 주소의 데이터('C')를 데이터 버스로 내보냅니다.

❹ 데이터는 스토리지의 데이터 버퍼로 들어오고, 스토리지는 곧 제어 레지스터에 설정된 주소(파일 주소)에 저장합니다.

❺ DMA 제어기는 주소 레지스터의 값을 증가시켜 다음 주소(0x900A -> 0x900B)를 가리킵니다.

❻ DMA 제어기는 계수 레지스터의 값을 감소(3 -> 2)시켜 남은 데이터 크기를 지정합니다.

위의 ❶~❻ 과정을 계수 레지스터의 값이 0이 될 때까지 반복하면 메모리의 모든 데이터가 스토리지로 저장됩니다.

10.3.3 3단계: 종료

2단계: 전송이 끝나면 사용자 프로그램을 깨워 실행 상태로 바꿉니다. 그 과정은 다음과 같습니다.

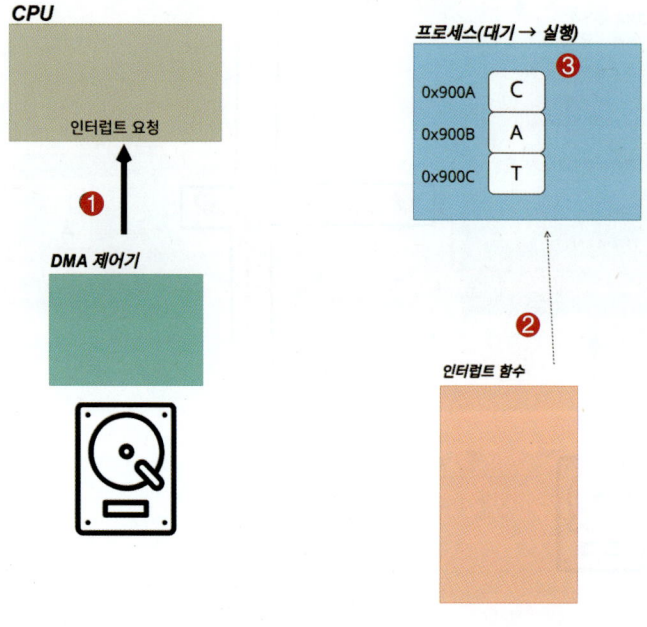

▲ 종료

❶ DMA 제어기는 CPU에게 인터럽트 요청 신호를 보내 인터럽트 함수를 실행하도록 만듭니다[10].

❷ 인터럽트 함수는 대기 상태에 있던 프로세스를 깨워 실행 상태로 만듭니다.

❸ 프로세스는 데이터('CAT')를 파일로 저장하는 작업이 완료됩니다.

---

[10] 자세한 외부 인터럽트 과정은 9장을 참고하세요.

10.4 마무리

주변 장치가 메모리로 데이터를 입출력 하는 직접 메모리 접근에 대해 알아보았습니다. DMA 제어기는 직접 메모리 접근을 실현하는 장치로 다수의 주변 장치의 직접 메모리 접근을 순차적으로 진행시킨다는 것을 알았습니다. 또한 내부에는 주변 장치별로 주소 레지스터, 계수 레지스터, 제어 레지스터가 들어가는데, 이곳에 데이터 전송에 필요한 정보가 설정된다는 것을 알 수 있었습니다.

직접 메모리 접근의 과정은 3단계로 1단계: 설정, 2단계: 전송, 3단계: 종료였습니다.

여기 10장까지는 하드웨어 중심의 컴퓨터 구조를 설명하였습니다. 그 과정에서 운영체제를 일부가 곁들여 함께 설명했습니다. 다음 11장에서는 운영체제의 남은 기능들을 설명하겠습니다.

CHAPTER 11
운영 체제

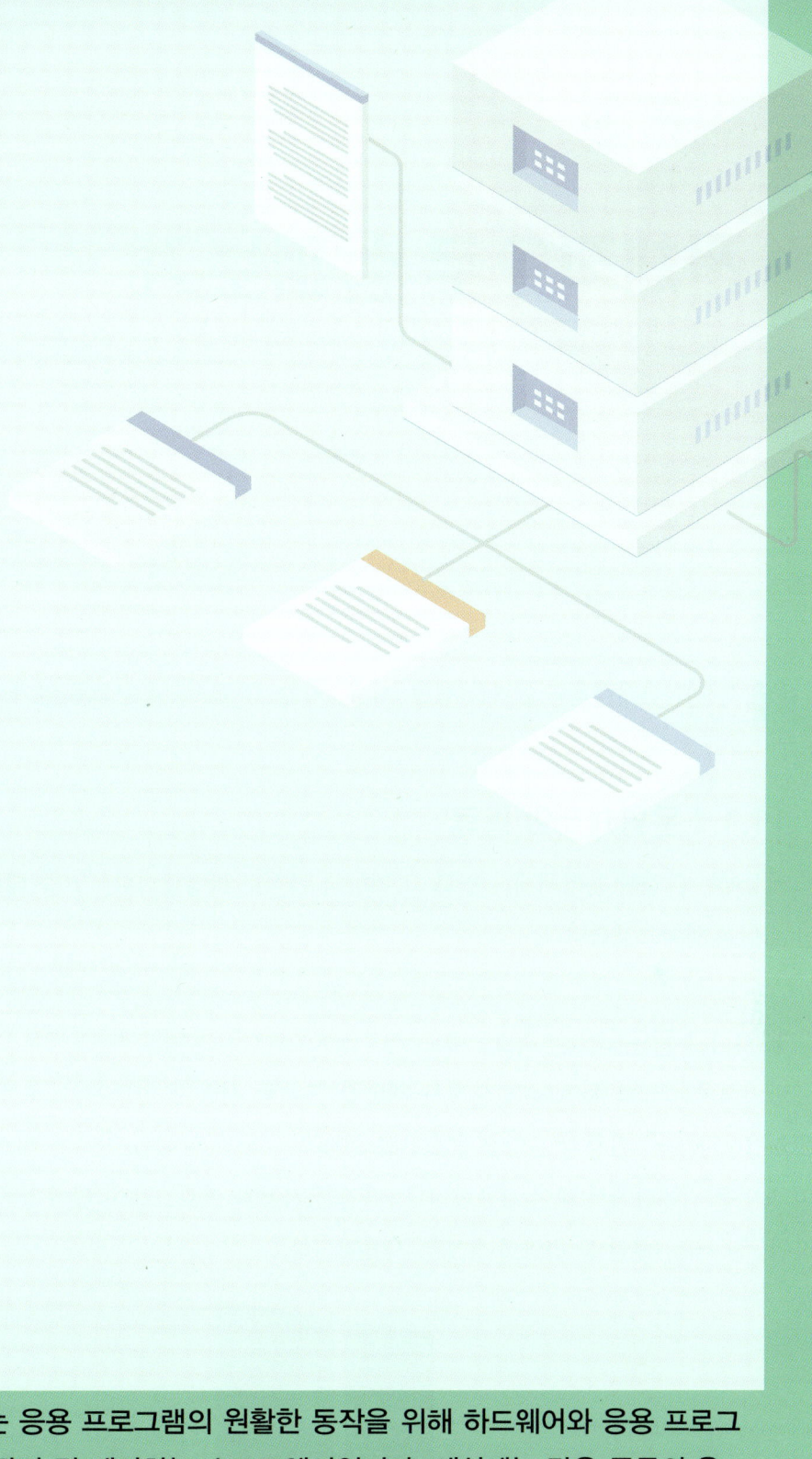

운영체제는 응용 프로그램의 원활한 동작을 위해 하드웨어와 응용 프로그램 사이를 관리 및 제어하는 소프트웨어입니다. 세상에는 많은 종류의 운영체제가 있고 세부적으로 제공하는 기능 및 역할이 다양하지만 전체적으로 보면 크게 다르지 않습니다.

11.1 전체적으로 살펴보기

운영체제를 전체적으로 살펴볼 텐데, 종류, 역할, 구조, 부팅 순으로 알아보겠습니다.

11.1.1 운영체제의 종류

세상에는 다양한 운영체제가 있고 그 기능과 목적도 다양합니다. 그 중 대표적인 몇 가지만 간단히 알아보겠습니다.

11.1.1.1 윈도우

마이크로소프트(Microsoft)사에서 개발한 그래픽 사용자 인터페이스(GUI, Graphical User Interface) 환경의 운영체제입니다. 인텔 및 AMD CPU를 장착한 데스크 탑, 노트북의 개인용 컴퓨터에서 많이 사용합니다. 다양한 사용자 프로그램이 있어 문서 작성, 그래픽 작업, 웹 서핑, 게임 등 다양한 용도로 사용됩니다.

11.1.1.2 리눅스

리눅스는 정확히 운영체제에서 핵심 소프트웨어인 커널입니다. 오픈 소스[1]라 확장성이 좋아 우분투(Ubuntu), 센트오에스(CentOS), 데비안(Debian) 등의 수십가지[2] 운영체제가 만들어 질 수 있었습니다. 임베디드 시스템, 메인 프레임, 모바일 등 다양한 분야에서 두루 사용됩니다.

11.1.1.3 OSX

애플사의 아이맥(iMAC), 맥북(Mac Book)의 컴퓨터에서 돌아가는 그래픽 사용자 인터페이스 환경의 운영체제입니다. 윈도우와 마찬가지로 문서 작성, 그래픽 작업, 웹 서핑 등의 다양한 용도로 사용됩니다.

11.1.1.4 안드로이드

커널을 리눅스로 사용하는 모바일용 운영체제입니다. 터치 스크린(Touch Screen)을 입력으로 하는 그래픽 사용자 인터페이스 환경을 제공합니다.

---

❶ 소스 코드가 공개된 형태로 자유롭게 수정 및 배포할 수 있습니다.
❷ 자세한 목록은 다음에서 확인할 수 있습니다. https://ko.wikipedia.org/wiki/%EB%A6%AC%EB%88%85%EC%8A%A4_%EB%B0%B0%ED%8F%AC%ED%8C%90

11.1.1.5 iOS

애플의 아이폰(iPhone), 아이패드(iPAD)용 운영체제입니다. 터치 스크린을 입력으로 하는 그래픽 사용자 인터페이스 환경을 제공합니다.

11.1.1.6 유닉스

유닉스(UNIX)는 초창기에 만들어진 운영체제로, 현존하는 대부분의 운영체제의 모태가 됩니다. 다중 사용자(Multi-User)와 다중 프로세스(Multi-Process)을 지원하도록 설계되었습니다.

11.1.2 운영체제의 역할

사용자는 유튜브 시청, 그래픽 작업, 문서 작성 등을 위해 웹 브라우저(Web browser)❸, 포토샵(Photoshop)❹, 워드(Word)❺ 같은 소프트웨어를 사용합니다. 이러한 소프트웨어들은 자원(또는 리소스, Resource)을 제공받아야 실행할 수 있습니다. 여기서 자원이란 CPU, 메모리, 주변 장치로 소프트웨어 실행에 필요한 하드웨어를 말합니다. 운영체제는 이러한 자원에 대해 배분 및 회수, 인터페이스 제공, 보호하는 역할을 합니다.

11.1.2.1 자원 배분 및 회수

보통 컴퓨터에는 다수의 사용자 소프트웨어가 실행되는 다중 프로세스(Multi-Process)가 돌아가는데, 프로세스들이 사용하는 자원의 종류, 크기, 상태는 시시각각 변합니다. 메

---

❸ 인터넷을 사용할 수 있는 프로그램입니다.
❹ 그래픽 작업을 할 수 있는 프로그램입니다.
❺ 문서 작업을 할 수 있는 프로그램입니다.

모리를 많이 사용하다가 적게 사용하기도 하고 스토리지를 사용하다가, 그래픽 카드를 사용하기도 하죠.

운영체제는 이러한 프로세스의 상황에 맞추어 자원을 배분 및 회수합니다. 하지만 프로세스에 필요한 자원은 한정되어 있습니다. 그래서 운영체제는 모든 프로세스들이 고르게 동작하도록 한정된 자원을 효율적으로 배분합니다.

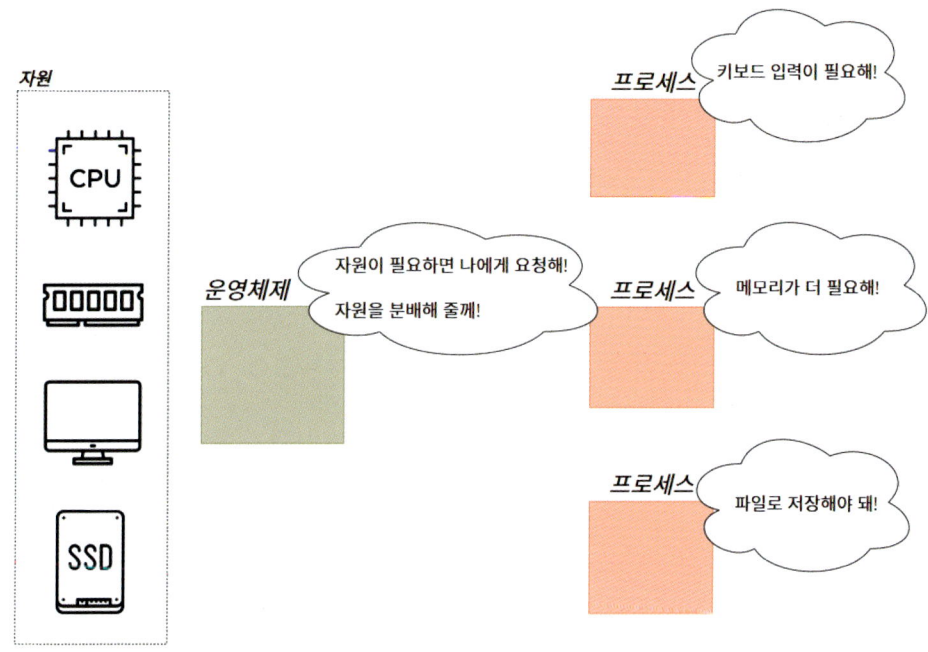

▲ 운영체제의 자원 배분

11.1.2.2 자원 인터페이스 제공

운영체제는 프로세스에게 자원을 요청할 수 있는 규정된 인터페이스를 제공하는데 이것을 시스템 콜(System Call)이라고 합니다. 즉 시스템 콜은 프로세스가 운영체제에게 필요한 자원을 요청할 때 접근하는 창구라고 볼 수 있습니다. 11.1.3.3에서 보다 자세히 설명합니다.

11.1.2.3 자원 보호

운영체제는 프로세스가 자원을 함부로 사용하지 못하도록 보호합니다. 만약 특정 프로세스가 자원을 독점하거나 잘못된 방식으로 사용한다면 다른 프로세스는 악영향을 받아 제대로 동작하지 못할 것입니다. 가령 특정 프로세스가 다른 프로세스의 메모리 공간을 침범한다면 문제가 될 것입니다. 또한 특정 프로세스가 파일을 저장하고 있을 때, 다른 프로세스에서 같은 파일에 동시에 저장한다면 충돌 문제가 발생할 것입니다. 운영체제는 이러한 문제가 발생하지 않도록 자원을 보호합니다.

>  **운영체제 없는 컴퓨터**
>
> 세상에는 운영체제가 없는 컴퓨터도 있습니다. 운영체제는 다중 프로세스가 돌아가는 환경에서 자원을 배분하는 역할을 합니다. 그런데 만약 단일 프로세스만 돌아간다면 자원 배분 없이 한 프로세스가 모든 자원을 독점해도 무방하겠죠? 이러한 경우 운영체제가 굳이 필요 없습니다.
>
> 아두이노(Arduino)는 대표적인 운영체제가 없는 컴퓨터로 임베디드 시스템으로 많이 사용되고 있습니다. 이러한 컴퓨터에는 운영체제 없기 때문에 단일 프로세스만 실행할 수 있습니다.
>
>
>
> ▲ 운영체제 없는 컴퓨터 – 아두이노

11.1.3 운영체제의 구조

운영체제는 장치 드라이버, 커널, 시스템 콜, 사용자 인터페이스 순으로 쌓인 계층 구조를 가집니다.

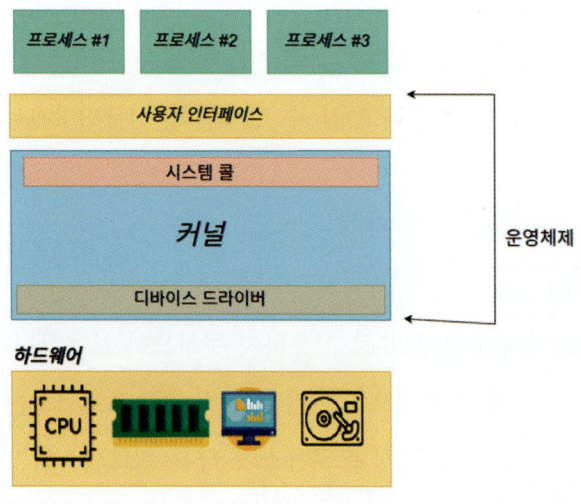

▲ 계층 구조

11.1.3.1 장치 드라이버

장치 드라이버(Device Driver)는 스토리지, 그래픽, 마우스, 키보드 같은 주변 장치를 가장 직접 제어하는 소프트웨어입니다. 세상에는 많은 종류의 주변 장치가 있고, 그것들 마다 동작 및 제어 방법은 서로 다릅니다. 장치 드라이버는 운영체제가 주변 장치를 일관된 방식으로 제어할 수 있도록 하는 어댑터(Adapter) 같은 역할을 합니다.

11.1.3.2 커널

커널(Kernel)은 운영체제에서 핵심 기능을 담당합니다. 여기서 프로세스 관리(11.2 참고), 메모리 관리(5장 참고), 인터럽트(9장 참고), 직접 메모리 접근(10장 참고) 등을 합니다.

11.1.3.3 시스템 콜

시스템 콜은 사용자 소프트웨어가 필요한 자원을 운영체제에 요청할 때 창구 역할을 하는 인터페이스입니다. 운영체제에 따라 보통 수백가지를 제공하는데 다음은 그 중 대표적인 몇 가지를 나타냅니다[6].

윈도우	리눅스	설명
CreateProcess	fork	프로세스 생성
ExitProcess	exit	프로세스 종료
OpenFile	open	파일 열기
ReadFile	read	파일 읽기
WriteFile	write	파일 쓰기
CloseHandle	close	파일 닫기
DeviceControl	ioctl	장치를 직접 제어
GetCurrentProcessID	getpid	프로세스 ID 가져오기
SetTimer	alarm	타이머 설정
Sleep	sleep	지정한 시간 동안 대기하기
CreatePipe	pipe	프로세스간 통신 통로 생성
SetFileSecurity	chmod	파일의 읽기, 쓰기, 실행에 대한 허용/금지 설정
SetSecurityDescriptorGroup	chown	파일을 소유한 사용자 설정

---

[6] 전체 목록은 여기서 확인할 수 있습니다.
https://chromium.googlesource.com/chromiumos/docs/+/master/constants/syscalls.md

11.1.3.4 사용자 인터페이스

사용자 인터페이스(User Interface)는 응용 프로그램 실행, 파일 탐색, 프로세스 상태 확인, 네트워크 설정 등 컴퓨터 전반을 제어 및 관리하기 위한 일종의 응용 프로그램입니다. 사용자 인터페이스의 종류로는 그래픽 사용자 인터페이스와 명령줄 인터페이스가 있습니다.

그래픽 사용자 인터페이스(Graphic User Interface)는 마우스, 터치 스크린으로 조작할 수 있는 환경으로 안드로이드, iOS 윈도우, OSX 등에서 채택하고 있습니다. 사용자는 바탕화면의 아이콘을 마우스로 클릭하거나 터치 스크린에 터치하여 프로그램을 실행할 수 있습니다. 또한 내 PC(또는 내 컴퓨터) 프로그램을 통해 스토리지에 파일을 탐색할 수 있고 작업 관리자를 통해 프로세스의 상태 및 자원의 사용량 등을 확인할 수 있습니다. 이 외에도 제어판, 네트워크 관리자 등의 프로그램을 통해 컴퓨터를 설정 및 관리할 수 있습니다.

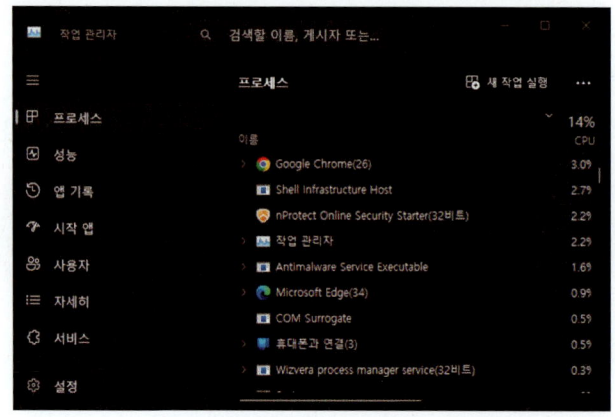

▲ 작업 관리자 - 윈도우

명령줄 인터페이스(CLI, Command-Line Interface)는 키보드 입력을 통해 문자열의 명령어로 조작하는 환경입니다. 예를 들어 리눅스의 명령줄 인터페이스에서는 ls[7], ps[8] 등의 명령어를 입력하면 파일 탐색, 프로세스 상태 등을 확인할 수 있습니다. 명령줄 인터페이스의 종류로는 명령 프롬프트(Command Prompt), 배시 셸(Bash Shell), C 셸(C Shell) 등이 있습니다.

---

[7] 파일을 검색하는 명령어입니다.
[8] 프로세스들의 상태를 확인하는 명령어입니다.

▲ 배시 셸 - 리눅스

11.1.4 운영체제의 부팅

컴퓨터가 켜지고 운영체제의 실행이 완료될 때까지의 과정을 부팅(Booting)이라고 합니다. 부팅이 끝나야 비로서 응용 프로그램을 실행할 수 있게 됩니다. 부팅은 총 4단계로 1단계: CPU 초기화, 2단계: 바이오스 실행, 3단계: 부트로더 실행, 4단계: 커널 실행 순으로 진행됩니다.

11.1.4.1 1단계: CPU 초기화

CPU의 레지스터들을 초기화합니다. 레지스터 중 특히 명령어의 주소를 가리키는 프로그램 계수기(PC, Program Counter)에는 바이오스가 설치된 롬(ROM, Read Only Memory)의 시작 주소가 설정됩니다.

11.1.4.2 2단계: 바이오스 실행

바이오스(BIOS, Basic Input/Output System)는 CPU가 가장 처음 시작하는 소프트웨어로 롬에 설치되어 있습니다. 바이오스는 다음 2가지를 실행합니다.

❶ **시동 자체 시험(POST, Power-On-Self-Test)**: CPU, 메모리 등의 장치들을 테스트하여 동작 이상 유무를 확인합니다. 만약 문제가 발견되면 에러를 보여주고 부팅을 더 이상 진행하지 않습니다.

❷ **부트로더 올리기**: 스토리지의 마스터 부트 레코더(MBR, Mater Boot Record)[9]에 저장된 부트로더를 메모리로 올립니다.

> **Note 바이오스 설정**
>
> 컴퓨터에서 부팅 시에 F2 등의 특정 키를 누르게 되면 사용자가 바이오스를 설정하는 프로그램으로 진입할 수 있습니다. 그곳에서 시간, 스토리지 위치, 시스템 클럭 등의 하드웨어 설정을 할 수 있습니다. 설정된 하드웨어 정보는 CMOS[10]라는 별도 기억 장치에 저장됩니다.
>
>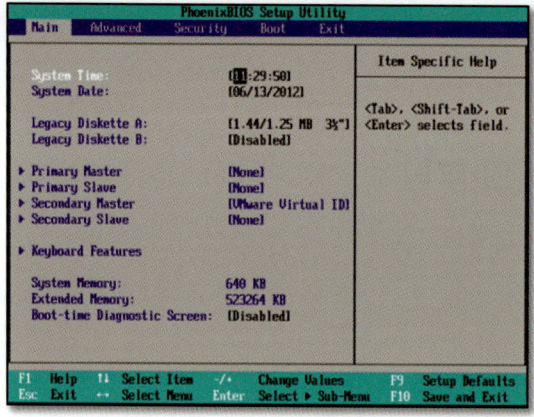
>
> ▲ 바이오스 설정
>
> 보통 바이오스 설정은 데스크톱에서는 제공되지만 스마트폰, 임베디드 시스템에서는 잘 제공되지 않습니다. 데스크톱은 사용자가 하드웨어 구성을 바꿀 수 있으므로 바이오스 설정이 필요합니다. 하지만 스마트폰, 임베디드 시스템 등의 경우 하드웨어 구성이 거의 바뀌지 않으므로 바이오스 설정을 제공할 필요가 없습니다

11.1.4.3 3단계: 부트로더 실행

부트로더(Boot Loader)는 스토리지에 설치된 커널을 찾아 메모리로 올리는 소프트웨어입니다. 부트로더의 종류로는 리눅스는 GRUB, SYSLINUX, 윈도우는 BOOTMGR, NTLDR가 있습니다.

11.1.4.4 4단계: 커널 실행

커널이 실행되면 프로세스 관리, 메모리 관리 등을 시작합니다. 최종적으로 사용자 인터페이스가 실행되면 사용자는 응용 프로그램을 실행할 수 있는 상태가 됩니다.

---

[9] 스토리지 공간에서 0번지를 나타냅니다. 8.4.1을 참고하세요.
[10] 메인보드에 내장된 장치로 2.3.2를 참고하세요.

11.2 프로세스 관리

운영체제는 한정된 자원을 효율적으로 배분하여 프로세스들이 원활하게 실행되도록 만든다고 하였습니다. 즉 프로세스들을 관리하는데, 어떻게 하는지 알아봅시다.

11.2.1 프로세스 제어 블록

프로세스 제어 블록(PCB, Process Control Block)은 프로세스의 정보를 담은 하나의 구조체[11] 입니다. 운영체제는 프로세스 제어 블록을 통해 프로세스들을 관리하는데, 프로세스가 생성되면 추가하고 종료되면 제거하죠.

프로세스 제어 블록은 옷에 붙은 가격표(Price tag)에 비유할 수 있습니다. 가격표를 보면 옷에 관한 가격, 제조년월일, 소재, 세탁 방법 등이 나와 있죠? 마찬가지로 프로세스 제어 블록에는 프로세서에 관한 프로세스 ID, 프로세스 상태, 프로세스 주소, 크기 등의 정보가 들어가 있습니다.

---

[11] 여러 종류의 데이터를 하나로 묶어놓은 그룹 데이터를 말합니다.

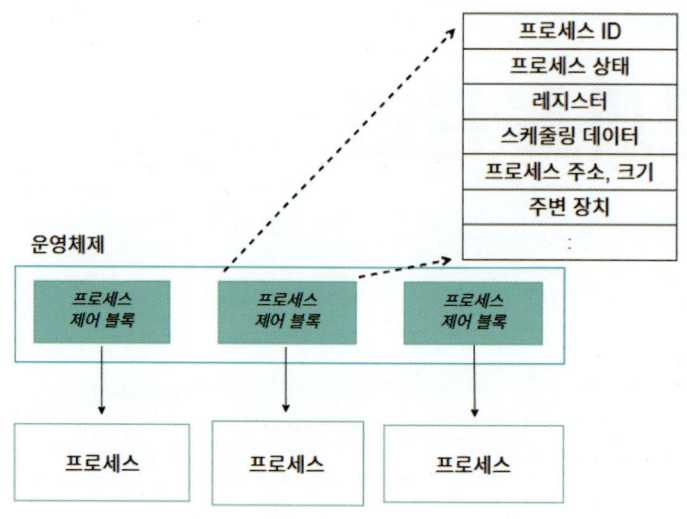

▲ 운영체제에 있는 프로세스 제어 블록

11.2.1.1 프로세스 ID

프로세스 ID(Process ID, PID)는 프로세스를 나타내는 고유 번호로 프로세스가 생성될 때 사용하지 않는 임의의 번호를 찾아 할당합니다. 리눅스는 쉘에서 'ps -e' 명령어를 입력하면 프로세스별 고유 번호를 확인할 수 있습니다.

```
[linux@user] ps -e
ID          PROCESS
 1          systemd
 2          kthreadd
 4          kworker
 6          mm_percpu_wq
 7          ksoftirqd
 8          rcu_sched
```

▲ 프로세스별 ID(고유 번호) - 리눅스

11.2.1.2 프로세서 상태

프로세스의 상태(Process State)는 생성, 준비, 실행, 대기, 종료를 가질 수 있는데, 이것을 저장합니다. 11.2.3에서 자세히 설명합니다.

11.2.1.3 프로세스의 주소, 크기

프로세스가 점유한 메모리의 주소, 크기 등이 들어갑니다. 그래서 페이지 테이블(5장 참고), 세그먼트 주소(12장 참고)와 같은 프로세스의 위치 정보 등이 들어갑니다. 운영체제는 해당 정보를 통해 프로세스가 사용 중인 메모리의 공간을 파악하게 됩니다.

11.2.1.4 레지스터

문맥 전환시에 레지스터 값을 임시 저장하는 공간입니다. 문맥 전환은 11.2.4에서 자세히 설명할 예정입니다.

11.2.1.5 스케줄링 데이터

프로세스의 스케줄링에 필요한 우선 순위, 실행 시간, 마지막 실행 시간 등의 데이터가 들어갑니다. 프로세스의 스케줄링은 11.2.2에서 자세히 설명할 예정입니다.

11.2.1.6 사용 중인 파일 및 주변 장치

프로세스가 사용 중인 파일 및 주변 장치에 관한 정보를 이곳에 저장하여 충돌 문제 등을 방지합니다. 만약 한 프로세스가 특정 파일에 데이터를 쓰는 중에, 다른 프로세스도 동일한 파일에 쓴다면 심각한 문제가 발생할 것입니다. 그래서 사용 중인 파일 및 주변 장치를 이곳에 저장하여 충돌 문제 등이 발생하지 않도록 관리합니다.

11.2.2 프로세스 스케줄링

프로세스 스케줄링(Process Scheduling)은 운영체제에서 동작하는 소프트웨어 알고리즘으로 프로세스의 실행 순서를 결정합니다. 보통 컴퓨터에서 실행되는 프로세스의 수는 그것을 실행시키는 CPU 내부의 코어 수 보다 더 많습니다. 그러므로 코어가 다수의 프로세스를 실행해야 하기 때문에 어떤 순서로 실행할지, 실행 순서를 결정해야 합니다.

프로세스 스케줄링에는 다양한 알고리즘이 있지만 이중 기초적인 몇 가지만[12] 알아보겠습니다. 프로세스의 조건이 다음과 같다고 가정할 때 각 알고리즘들은 어떤 순서로 처리하는지 알아봅시다.

프로세스	실행 길이	들러온 순서	우선 순위
A	4	1	3
B	3	2	1
C	2	3	2

---

[12] 현재 대표격 운영체제인 리눅스는 CFS(Completely Fair Scheduler)를 사용합니다. 이와 같이 현실에서는 성능을 극대화한 복잡한 알고리즘을 사용하는데 운영체제를 직접 만들 것이 아닌 이상 깊이 들어갈 필요는 없을 것 같습니다.

11.2.2.1 선입 선출

선입 선출은 들어온 순서대로 프로세스를 실행하는 알고리즘입니다. 가장 단순한 알고리즘으로 늦게 들어온 프로세스 일 수록 오래 기다려야 하는 단점이 있습니다.

▲ 선입 선출

11.2.2.2 최단 작업 우선

최단 작업 우선은 실행 길이가 짧은 프로세스부터 우선 처리하는 알고리즘입니다. 프로세스의 실행 시간을 정확히 측정할 수 없고, 측정한다고 해도 비용이 발생한다는 문제가 있습니다.

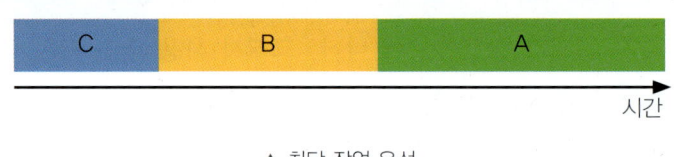

▲ 최단 작업 우선

11.2.2.3 우선 순위

우선 순위는 프로세스에 부여된 우선 순위에 맞춰 실행하는 알고리즘입니다. 프로세스마다 우선 순위를 정하는 작업이 필요하며 우선 순위가 낮은 프로세스는 오래 기다려야 하는 단점이 있습니다.

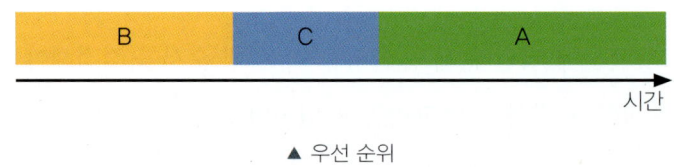

▲ 우선 순위

11.2.2.4 라운드 로빈

라운드 로빈(Round Robin)은 주어진 시간(Time Slice)마다 프로세스를 번갈아 가며 실행하는 알고리즘입니다. 프로세스의 실행이 아직 남았는데 주어진 시간이 만료(Time Out) 된다면 맨 뒤로 가서 남은 실행을 기다립니다. 이 알고리즘은 프로세스가 중단 후 재개하는데 필요한 문맥 전환(Context Switching)의 비용이 발생하는 단점이 있습니다.

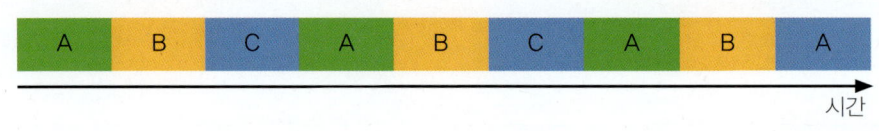

▲ 라운드 로빈

프로세스 스케줄링, 특히 라운드 로빈을 보면 프로세스는 중단되고 기다리고 다시 실행되는데요. 이렇게 프로세스는 변화하는 상태를 가집니다.

11.2.3 프로세스 상태

프로세스는 생성, 준비, 대기, 실행, 종료의 상태 변화를 거치게 됩니다. 이 상태 값은 운영체제가 프로세스를 관리하기 위해 만든 프로세스 제어 블록에 들어갑니다.

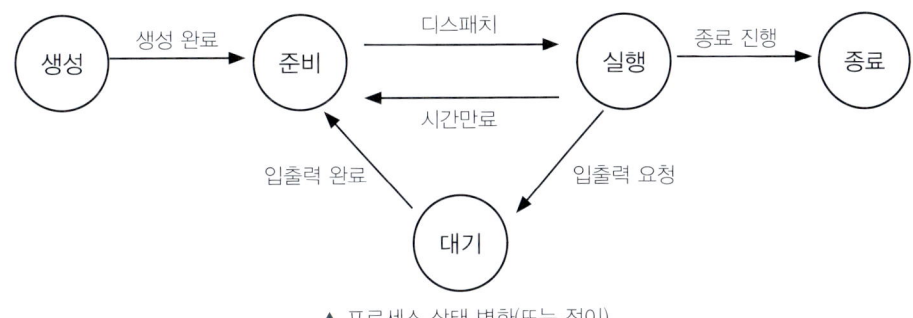

▲ 프로세스 상태 변화(또는 전이)

11.2.3.1 생성

생성(Create) 상태는 프로그램이 실행되어 프로세스가 생성중인 상태를 나타냅니다. 생성이 완료되면 준비 상태로 넘어 갑니다.

11.2.3.2 준비

준비(Ready) 상태는 프로세스가 실행을 기다리는 상태를 나타냅니다. 준비 상태에 있던 프로세스는 실행 상태로 넘어 갈 수 있는데 이것을 디스패치(Dispatch, =보내다)라고 합니다.

11.2.3.3 실행

실행(Run) 상태는 프로세스가 실행 중인 상태를 나타냅니다. 실행 상태에서는 준비 상태, 대기 상태, 종료 상태로 넘어 갈 수 있습니다.

❶ 준비 상태로 가는 경우: 프로세스 스케줄링에 의해 시간이 만료한 경우입니다.
❷ 대기 상태로 가는 경우: 스토리지 같은 주변 장치에 시스템 콜을 통해 입출력 데이터를 요청한 경우입니다.
❸ 종료 상태로 가는 경우: 프로세스의 실행이 끝나는 경우입니다.

11.2.3.4 대기

대기(Wait) 상태는 주변 장치에 요청한 데이터의 입출력을 기다리는 상태입니다. 요청한 데이터의 입출력이 완료되면 준비 상태로 넘어갑니다.

11.2.3.5 종료

종료(Exit) 상태는 프로세스가 종료된 상태를 나타냅니다. 종료 상태가 된 프로세스는 메모리에서 곧 이어 소멸됩니다.

11.2.4 문맥 전환

문맥 전환(Context Switching)이란 CPU가 실행하는 프로세스를 교체하는 작업으로 교체 당하는 프로세스의 문맥은 보관하고 교체하는 프로세스의 문맥은 복원하는 과정을 말합니다. 여기서 문맥은 프로세스의 실행 상태로 각종 레지스터 값을 의미합니다. 그러므로 문맥 전환은 교체 당하는 프로세스의 레지스터 값들은 저장하고, 반대로 교체하는 프로세스의 레지스터 값들은 복원하는 작업입니다.

문맥 전환은 실행 상태의 프로세스가 준비 또는 대기 상태로 바뀌는 경우(11.2.3.3 참고), 운영체제에 의해 진행됩니다. 다음은 프로세스 A에서 B로 문맥 전환하는 과정을 나타냅니다.

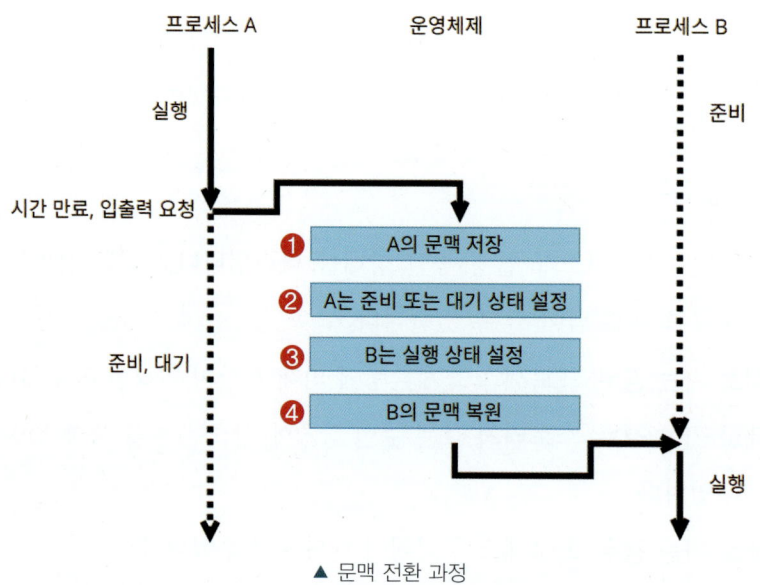

▲ 문맥 전환 과정

❶ **A의 문맥 저장**: 레지스터 값들을 A의 프로세스 제어 블록에 저장합니다.
❷ **A의 상태 설정**: A의 프로세스 제어 블록에 준비 또는 대기 상태로 설정합니다.
❸ **B의 상태 설정**: B의 프로세스 제어 블록에 실행 상태로 설정합니다.
❹ **B의 문맥 복원**: B의 프로세스 제어 블록에 있던 레지스터 값들을 레지스터로 복원합니다.

> **Note 문맥 전환 과정 vs 인터럽트 처리 과정**
>
> 문맥 전환 과정은 인터럽트 처리 과정(9.2 참고)과 비슷해 보이지만 개념적인 차이가 있습니다. 인터럽트 처리는 실행 중인 프로세스를 잠시 중단하고 인터럽트 처리가 끝난 후 다시 실행을 재개하는 과정입니다. 반면 문맥 전환은 실행하는 프로세스를 교체하는 과정입니다. 또한 인터럽트 처리 과정에서 레지스터들의 값은 인터럽트 스택에 저장하지만 문맥 전환 과정에서는 프로세스 제어 블록에 저장합니다.

11.3 마무리

이번 장에서는 운영체제에 대해 전체적으로 알아보았습니다. 운영체제는 다중 프로세스 환경에서 한정된 자원을 배분하기 위해 자원 배분 및 회수, 자원 요청 인터페이스 제공, 자원 보호하는 소프트웨어라는 것 알았습니다.

운영체제에서 핵심 기능은 커널이 담당하는데, 프로세스 관리, 메모리 관리, 인터럽트 처리, 직접 메모리 접근 등을 한다는 것을 알 수 있었습니다. 부팅은 컴퓨터가 켜져서 운영체제의 실행이 완료하기 까지의 과정으로 1단계: CPU 초기화, 2단계: 바이오스 실행, 3단계: 부트로더 실행, 4단계: 커널 실행의 총 4단계로 진행하는 것을 알았습니다.

운영체제는 프로세스의 정보를 담은 프로세스 제어 블록을 통해 프로세스를 관리한다는 것을 알 수 있었습니다. 프로세스 스케줄링은 다중 프로세스 환경에서 어떤 순서로 실행할지 결정하는 알고리즘으로 다양한 종류가 있었습니다. 프로세스 스케줄링 등의 이유로 프로세스 상태는 생성, 준비, 실행, 대기, 종료의 5가지 상태로 변한다는 것을 알 수 있었습니다.

문맥 전환은 실행하는 프로세스를 교체하는 작업으로 운용체제에 의해 진행된다는 것을 알았습니다.

다음 장에서는 메모리에 올라간 프로세스의 구조를 알아보겠습니다.

CHAPTER 12

프로세스의 구조

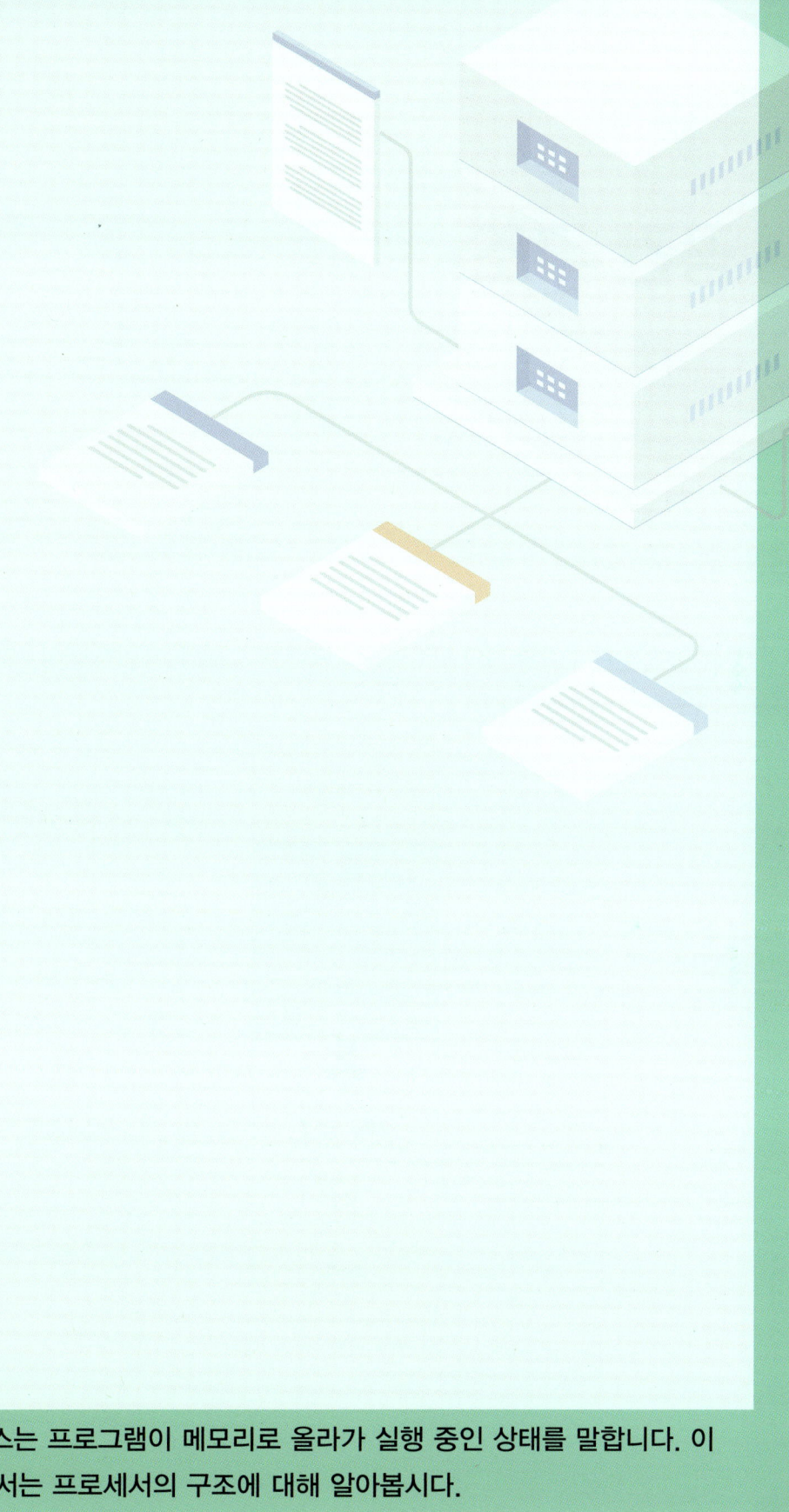

프로세스는 프로그램이 메모리로 올라가 실행 중인 상태를 말합니다. 이번 장에서는 프로세서의 구조에 대해 알아봅시다.

12.1 공간 구조

프로세스는 메모리 공간을 데이터의 종류에 따라 코드 영역, 데이터 영역, 힙 영역, 스택 영역으로 구분하여 점유합니다.

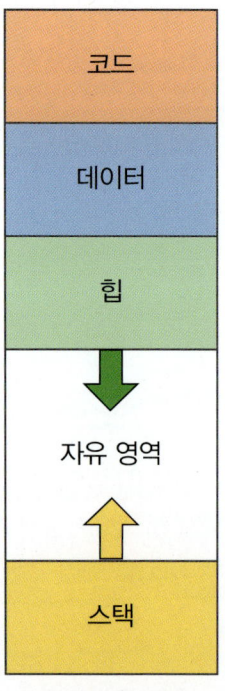

▲ 프로세스 구조

12.1.1 코드 영역

코드 영역(Code Segment, Text Segment)에는 CPU가 처리하는 명령어(4장 참고)들이 올라 갑니다. 프로세스를 구성하는 명령어들은 실행 중에 변하지 않습니다. 그래서 이곳은 계속 고정된 상태를 유지합니다. 또한 이곳은 CPU에 들어있는 프로그램 계수기(Program Counter)[1]가 가리키는 곳입니다.

12.1.2 데이터 영역

데이터 영역(Data Segment)에는 전역 변수, 정적 변수가 올라갑니다. 전역 변수(Global variable)와 정적 변수(Static variable)는 프로세스가 살아있는 동안 고정된 크기를 가지고 계속 사용되는 특징을 가진 데이터입니다. 보통 C++, Java 등의 프로그래밍 언어에서 선언하여 사용할 수 있는데, 전역 변수는 프로그램 전체 영역 어디서든 접근 가능한 반면, 정적 변수는 함수(Function)[2] 내에서 만 접근 가능하다는 점이 다릅니다. 어쨌거나 두 변수는 프로세스가 살아있는 동안 고정된 크기를 가지므로 데이터 영역의 크기는 변하지 않지만, 그 안의 값은 변할 수 있습니다.

12.1.3 힙 영역

힙 영역(Heap Segment)은 동적 할당에서 사용하는 공간입니다. 동적 할당(Dynamic Memory Allocation)이란 프로세스의 실행 중에 발생하는 임시 데이터를 저장하기 위한 공간을 할당 및 해제하는 것을 의미합니다. 프로세스에서 동적 할당 및 해제는 빈번히 일어나게 되고, 이에 따라 힙 영역의 공간 상태는 시시각각 변합니다. 64비트 컴퓨터 기준으로 최대 256테라바이트까지 사용할 수 있고, 주소가 증가하는 아래쪽 방향으로 사용됩니다. 참고로 C++ 등의 프로그래밍 언어에서는 동적 할당 및 해제할 수 있는 new/delete 같은 키워드를 제공합니다.

---

[1] 레지스터의 한 종류로 처리할 명령어의 주소가 들어갑니다(4장 참고).
[2] 프로그램에서 독립된 작업 단위

> **Note** 메모리 누수
>
> 메모리 누수(Memory Leak)란 동적 할당한 공간의 사용이 끝났음에도 해제하지 않는 문제를 말합니다. 이 문제가 누적되면 가용 메모리가 줄어들어 종국에는 프로그램이 죽거나 오동작 하게 됩니다. 그래서 개발자는 프로그램을 개발할 때 메모리 누수가 발생하지 않도록 주의를 기울여 합니다.
>
> 그런데 Java, C# 같은 최신의 프로그래밍 언어에서는 사용되지 않는 동적 할당 공간을 자동으로 찾아 해제합니다. 이 기술을 가비지-콜렉션(Garbage Collection)이라고 합니다. 그래서 가비지-콜렉션이 돌아가는 프로그램에서는 개발자가 동적 할당한 공간을 해제할 필요가 없고 메모리 누수도 잘 발생하지 않습니다.

12.1.4 스택 영역

스택 영역(Stack Segment)은 함수에서 사용하는 데이터가 들어가는 공간입니다. 함수란 단위 작업을 수행하는 독립적인 코드 집합인데, 여기서 사용하는 데이터의 종류로는 매개 변수, 지역 변수, 반환 값, 복귀 주소가 있습니다.

❶ 매개 변수(Parameter): 함수에 입력으로 들어오는 데이터입니다.
❷ 지역 변수(Local Variable): 함수내에서 사용하는 데이터입니다. 정적 변수[3]와 달리 함수가 시작하면 공간을 만들고 끝나면 제거됩니다.
❸ 반환 값(Return Value): 함수가 완료되었을 때 그 결과를 담은 데이터입니다.
❹ 복귀 주소(Return Address): 함수 완료 후 다음에 실행할 위치를 나타냅니다.

함수의 데이터들이 쌓인 구조를 콜 스택(Call Stack)이라고 합니다. 그래서 함수가 호출, 즉 시작되면 콜 스택이 스택 영역에 추가되고, 함수가 반환, 즉 종료되면 사용되었던 콜 스택은 제거됩니다. 이때 스택 영역은 64비트 컴퓨터 기준으로 대략 1메가 바이트까지 사용할 수 있고, 힙 영역과 반대로 주소가 감소하는 위쪽 방향으로 사용합니다.

콜 스택이 어떻게 추가되고 제거되는지 알아보기 위해 간단한 덧셈 프로그램을 살펴봅시다. 다음 프로그램은 main, test, add 순으로 함수를 호출하는데, 이에 따른 스택 영역의 변화를 확인해봅시다.

---

❸ 정적 변수는 함수가 끝나도 공간이 제거되지 않습니다. (12.1.2 참고)

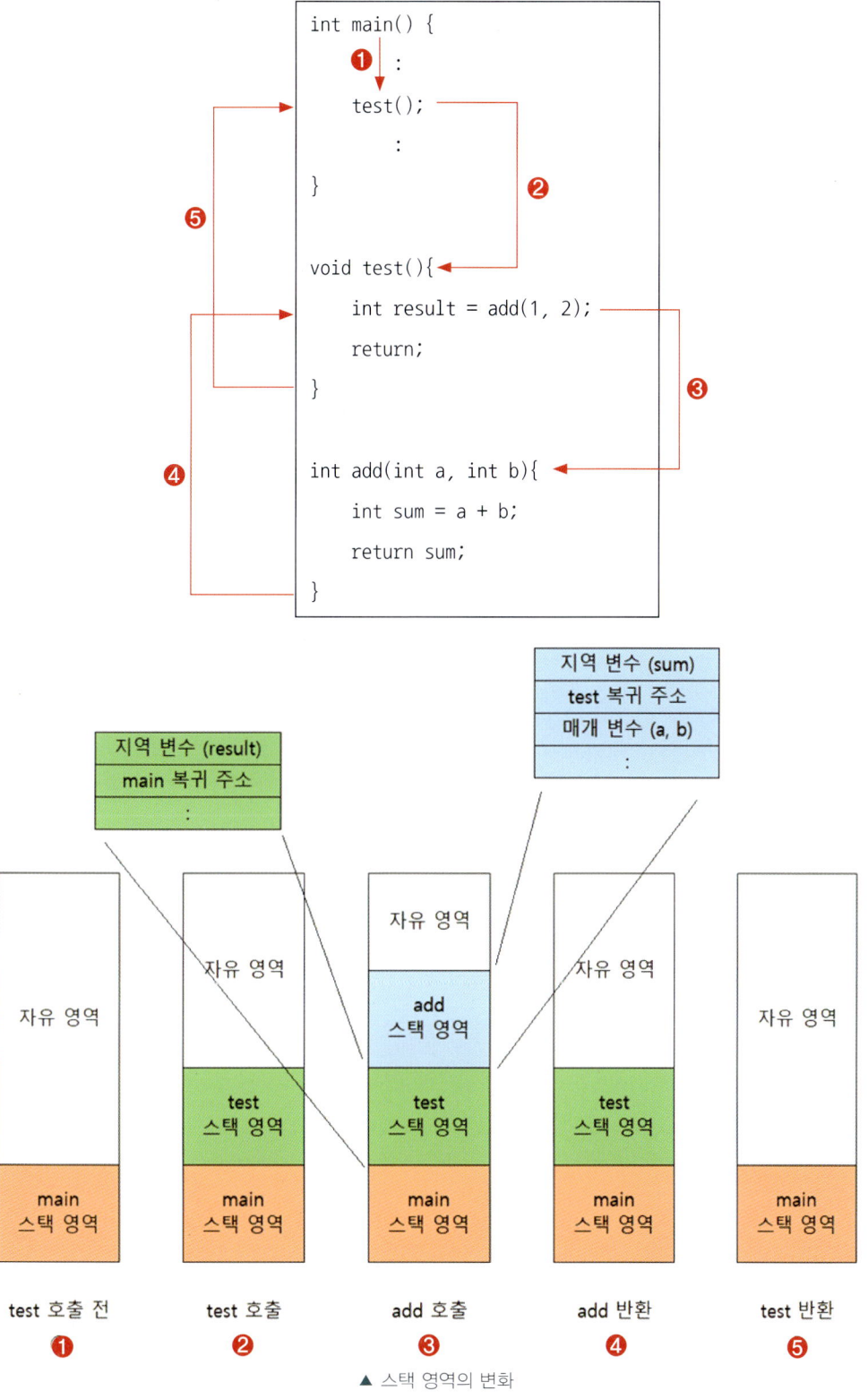

▲ 스택 영역의 변화

❶ **test 호출 전**: main의 콜 스택이 들어가 있는 상태입니다.
❷ **test 호출**: test의 콜 스택이 추가됩니다. test의 콜 스택에는 result(지역 변수), 복귀 주소(함수 완료 후 실행할 main의 주소)를 포함합니다.
❸ **add 호출**: add의 콜 스택이 추가됩니다. add의 콜 스택에는 sum(지역 변수), 복귀 주소(함수 완료 후 실행할 test의 주소), a(매개 변수), b(매개 변수)를 포함합니다.
❹ **add 반환**: add의 콜 스택이 제거됩니다.
❺ **test 반환**: test의 콜 스택이 제거됩니다.

12.2 스레드

스레드(Thread)는 프로세스에서 작업을 실행하는 실행 단위입니다. 기본적인 프로그램은 스레드 한 개가 들어간 단일 스레드(Single Thread) 입니다. 그런데 다수의 스레드가 들어간 다중 스레드(Multi Thread)로도 만들 수 있습니다.

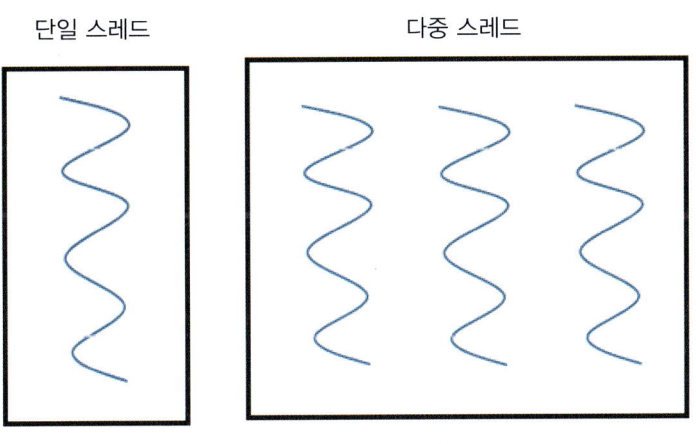

▲ 단일 스레드, 다중 스레드

12.2.1 다중 스레드

다중 스레드(Multi Thread)는 다수의 실행을 병렬로 진행할 수 있는 프로그램입니다. 한번 웹 서버[4]를 만든다고 생각해 볼까요? 웹 서버는 다중 클라이언트에서 오는 동시 다발적

---

[4] 웹 브라우저에서 오는 요청에 대해 응답 데이터를 전송해주는 서비스 프로그램

인 요청에 대해 응답하는 프로그램입니다. 만약 단일 스레드로 만든다면 요청을 하나씩 순차적으로 응답해야 하므로 시간이 오래 걸릴 것입니다. 반면 다중 스레드라면 한꺼번에 병렬로 응답할 수 있어 더 빠르게 처리할 수 있을 것입니다.

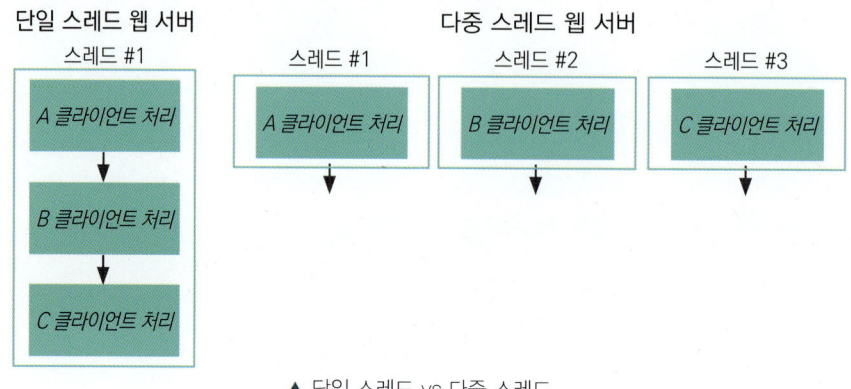

▲ 단일 스레드 vs 다중 스레드

현대의 CPU에는 독립적으로 스레드를 실행을 할 수 있는 코어가 다수 들어갑니다. 그래서 이러한 특징에 맞게 다중 스레드 방식의 프로그램이 선호됩니다. 하지만 무작정 스레드 개수가 많아진다고 성능이 계속 좋아지는 것은 아닙니다. 코어 수 대비 스레드 수가 너무 많다면 코어가 실행하는 스레드를 교체하기 위한 문맥 전환 비용이 증가하게 되어 오히려 성능이 떨어질 수 있습니다. 그러므로 코어 개수를 고려한 적정수의 스레드를 만들어야 성능 끌어 올릴 수 있습니다.

다중 스레드 대신 다중 프로세스 방식으로도 병렬로 실행하는 프로그램을 만들 수 있지만 큰 차이가 있습니다.

12.2.2 다중 스레드 vs 다중 프로세스

다중 스레드는(Multi Thread)는 프로세스의 구조에서 코드 영역, 데이터 영역, 힙 영역은 공유하고, 나머지 스택 영역만 개별로 가지는 구조입니다. 반면 복수의 프로세스를 실행하는 다중 프로세스(Multi Process)는 모든 영역을 별도로 가지는 구조입니다.

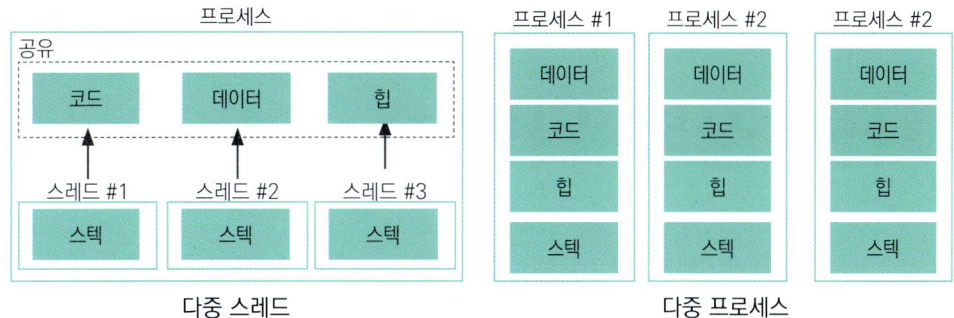

▲ 다중 스레드 vs 다중 프로세스

　다중 스레드와 다중 프로세스는 데이터를 공유하는 부분에서 큰 차이가 있습니다. 다중 스레드는 데이터 영역, 힙 영역을 공용으로 사용하므로 직접 접근할 수 있습니다. 반면 다중 프로세스는 각각 독립된 공간을 가지므로 서로 직접 접근할 수 없습니다. 만약 프로세스 간에 데이터를 주고받고 싶다면 IPC(Inter-Process Communication) 라는 특수한 기술이 필요합니다. IPC는 프로세스 사이에서 운영체제가 개입하여 데이터를 전달하는 기술입니다. 다중 프로세스에서 IPC를 통한 데이터 전달 및 공유는 다중 스레드의 직접 접근에 의한 데이터 공유 보다 무겁고 느립니다.

> **Note** IPC 종류
>
> | 종류 | 설명 |
> | --- | --- |
> | 파이프(Pipe) | 단방향 통신만 가능하고 데이터를 흐름으로 주고받는 기술입니다. |
> | 메시지 큐(Message Queue) | 양방향 통신이 가능하고 데이터를 덩어리로 주고받는 기술입니다. |
> | 공유 메모리(Share Memory) | 메모리에서 같은 공간을 공유하여 데이터를 주고받는 기술입니다. 속도가 가장 빠르지만 자원 공유 위반(12.3 참고)의 소지가 있어 다루기 까다롭습니다. |
> | 소켓(Socket) | 네트워크 상에서 데이터를 전송하기 위한 기술입니다. 소켓은 다시 신뢰성[5] 통신의 TCP와 비 신뢰성[6] 통신의 UDP로 나뉩니다. |

---

[5] 데이터의 손상이나 순서가 바뀌는 등의 문제가 발생하지 않는 통신 방법입니다.
[6] 데이터의 손상이나 순서가 바뀌는 등의 문제가 발생할 수 있는 통신 방법입니다.

12.3 자원 공유 위반

자원 공유 위반이란 다중 스레드 또는 다중 프로세스가 공유하는 자원에 동시에 접근할 때 생길 수는 문제를 말합니다. 만약 이 문제가 발생하면 프로그램은 오 동작하거나 죽을 수 있기 때문에 개발자는 이러한 문제가 발생하지 않도록 주의 깊게 개발해야 합니다.

12.3.1 문제가 발생하는 상황

자원 공유 위반이 발생하는 상황을 구체적으로 알아볼 텐데, 한 계좌에 입출금 하는 두 개 스레드 A, B가 있다고 가정하겠습니다. 잔액 1000원 있는 계좌에 A 스레드는 100원 입금하고 B 스레드는 100원 출금합니다. 그래서 최종 잔액은 변하지 않을 것으로 예상되는 프로그램입니다. 여기서 계좌는 두 스레드가 접근하는 공유 자원으로 메모리 및 주변 장치로 볼 수 있습니다. 이제 두 스레드의 동작을 C++, Java 같은 코드로 작성해 보겠습니다.

```
int account = 1000;                    //계좌 잔액 1000원(공유 자원)

Thread_A{

    int balance = account;             //계좌에서 잔액을 가져온다. ❶
    account = balance + 100;           //잔액에 100원을 더한 결과를 계좌에 기록한다. ❷
}

Thread_B{

    int balance = account;             //계좌에서 잔액을 가져온다. ❸
    account = balance - 100;           //잔액에 100원을 뺀 결과를 계좌에 기록한다. ❹
}
```

위 코드의 실행 순서가 다음과 같이 이상적이라면 자원 공유 위반은 발생하지 않습니다. 이 경우 계좌의 최종 잔액은 1000원 되어 문제없습니다.

❶ – A가 가져온 잔액 1000원
❷ – A가 기록한 잔액 1100원
❸ – B가 가져온 잔액 1100원
❹ – B가 기록한 잔액 1000원

▲ 자원 공유 위반이 발생하지 않은 경우

하지만 다중 스레드에서 코드의 실행 순서는 위와 같이 보장할 수 없습니다. 다음과 같이 실행 순서가 바뀔 수 있죠.

❶ – A가 가져온 잔액 1000원
❸ – B가 가져온 잔액 1000원
❷ – A가 기록한 잔액 1100원
❹ – B가 기록한 잔액 900원

▲ 자원 공유 위반이 발생하는 경우

이 경우 최종 잔액은 900원이 되는 오류가 발생하게 됩니다. 즉 자원 공유 위반으로 인해 문제가 발생한 것입니다. 이 문제를 어떻게 해결할 수 있을까요?

12.3.2 문제 해결하기

자원 공유 위반으로 인한 문제는 임계 구역(Critical Section)을 설정하여 해결할 수 있습니다. 임계 구역이란 한 스레드만 단독 실행할 수 있는 구간입니다. 위에서 A, B 스레드의 각 2가지 동작을 묶어서 실행할 수 있다면 문제가 발생하지 않을 것입니다. 다시 말하면 A의 ❶, ❷ 실행 중간에 B의 ❸, ❹는 실행하지 못하게 하는 것입니다.

임계 구역을 설정하는 도구를 뮤텍스(Mutual Exclution)라고 합니다. 뮤텍스는 C, C++, Java, C# 등의 대부분 프로그래밍 언어[7]에서 제공됩니다. 앞의 코드에 뮤텍스를 적용해 자원 공유 위반이 발생하지 않도록 만들겠습니다.

```
Mutex mutex;                        //뮤텍스

int account = 1000;                 //계좌 잔액 1000원(공유 자원)

Thread_A{

    mutex.lock;                     //임계 구역 시작
    int balance = account;          //계좌에서 잔액을 가져온다. ❶
    account = balance + 100;        //잔액에 입금액 100원을 더해 계좌에 기록한다. ❷
    mutex.unlock;                   //임계 구역 종료
}

Thread_B{

    mutex.lock;                     //임계 구역 시작
    int balance = account;          //계좌에서 잔액을 가져온다. ❸
    account = balance - 100;        //잔액에 출금액 100원을 빼서 계좌에 기록한다. ❹
    mutex.unlock;                   //임계 구역 종료
}
```

이와 같이 뮤텍스로 임계 구역을 설정하면 A 스레드의 ❶과 ❷ 사이에 B스레드의 ❸, ❹는 실행하지 못합니다. 마찬가지로 B스레드의 ❸과 ❹ 사이에 A 스레드의 ❶, ❷는 실행하지 못합니다. 이렇게 하면 자원 공유 위반이 발생하지 않기 때문에, 최종 잔액은 항상 1000원이 되어 문제가 발생하지 않습니다.

---

[7] javascript 같은 단일 스레드(Single Thread) 기반의 프로그래밍 언어에서는 자원 공유 개념이 없으므로 제공되지 않습니다.

그렇지만 임계 구역을 설정하면, 한 스레드가 임계 구역 안을 실행 중일 때, 다른 스레드는 임계 구역 밖, 즉 진입 점에서 대기해야 합니다. 그래서 실행 효율이 떨어진다는 단점이 있습니다.

> **Note** 세마포어
>
> 임계 구역에 진입할 수 있는 스레드 수가 1개일 때 뮤텍스를 사용한다면, 세마포어(Semaphore)는 n개인 경우 사용하는 것입니다. 그러므로 뮤텍스는 세마포어의 한 종류로 볼 수 있습니다. 세마포어는 뮤텍스에 비해 사용되는 경우가 적습니다.

12.4 마무리

이번 장에서는 프로세스에 전반을 알아보았습니다. 프로세스는 사용하는 데이터의 종류에 따라 코드 영역, 데이터 영역, 힙 영역, 스택 영역으로 구분하여 점유한다는 것을 알 수 있었습니다. 프로세스에서 실행 단위는 스레드인데, 다수의 스레드가 들어간 다중 스레드는 다수의 실행을 병렬로 처리할 수 있어 효율이 좋다는 것을 알 수 있었습니다. 다중 스레드와 다중 프로세스의 차이도 알아보았는데요. 특히 데이터를 공유할 때 IPC를 통한 다중 프로세스 보다 직접 접근하는 다중 스레드가 더 빠르다는 것을 알 수 있었습니다.

다중 스레드 환경에서 발생할 수 있는 자원 공유 위반에 대해 알아보았습니다. 자원 공유 위반을 피하기 위해서는 임계구역을 설정해야 한다는 것을 알았습니다.